渤海系列丛书

———— 丛书由渤海大学资助出版 ————

东北史地丛考

王禹浪 —— 著

辽宁人民出版社

图书在版编目（ＣＩＰ）数据

东北史地丛考 / 王禹浪著 . — 沈阳：辽宁人民出
版社，2024.7
（渤海系列丛书）
ISBN 978-7-205-11112-0

Ⅰ . ①东… Ⅱ . ①王… Ⅲ . ①历史地理—研究—东北
地区 Ⅳ . ① K923

中国国家版本馆 CIP 数据核字（2024）第 079076 号

出版发行：辽宁人民出版社
　　　　　地址：沈阳市和平区十一纬路 25 号　邮编：110003
　　　　　电话：024-23284321（邮　购）　024-23284324（发行部）
　　　　　传真：024-23284191（发行部）　024-23284304（办公室）
　　　　　http://www.lnpph.com.cn
印　　　刷：辽宁新华印务有限公司
幅面尺寸：170mm×240mm
印　　张：19.5
字　　数：280千字
出版时间：2024年7月第1版
印刷时间：2024年7月第1次印刷
责任编辑：郭　健　张婷婷
装帧设计：留白文化
责任校对：吴艳杰
书　　号：ISBN 978-7-205-11112-0

定　　价：98.00元

序

渤海大学一直非常重视内涵建设，人文社会科学相关学科与专业获得长足发展。尤其是在历史学科的牵头之下，渤海大学人文社会科学所组建的科研团队，不断产出高水平学术成果，其范围涵盖东北亚问题、国家安全问题、历史与民族问题、中华民族共同体问题等领域。经过多年的建设，在科研团队的共同努力下，形成鲜明的特色研究方向，服务社会的能力不断提高。

习近平总书记指出："东北地区是我国重要的工业和农业基地，维护国家国防安全、粮食安全、生态安全、能源安全、产业安全的战略地位十分重要，关乎国家发展大局。"这里所指出的东北发展五大安全战略，不仅为东北振兴指明方向，更重要的是指出维护国家安全是全国各族人民根本利益所在。

其时恰逢教育部进行学科设置调整。2021年1月，国务院学位委员会、教育部印发通知，新设置"交叉学科"门类，成为中国第14个学科门类。由此开始，"国家安全学""区域国别学"等相继列入"交叉学科"目录。这种设置既是教育部在学科建设布局上的最新引领，更是高校下一步进行人才培养与开展科学研究的最新指导。

为配合东北发展五大安全战略和推进新兴交叉学科建设，渤海大学成立国家安全研究院，在"总体国家安全观"指导下，统筹规划原有的教育部国别和区域研究中心——东北亚研究中心、国家民委基地——渤海大学中华民族共同体研究中心以及"辽海发展高端智库"（与中国社会科学院中国边疆研究所合作共建）诸多平台的建设，同时利用民族学博士后流动站科研基地（与广西民族大学合作共建）和世界史博士后流动站科研基地（与延边大学合作共建）进一步整合科研团队，发挥已有优势，突出特色研究方向。

"知今而不知古，谓之盲瞽；知古而不知今，谓之陆沉。"为了高质量发挥高校人才培养、科学研究和服务社会的基本职能，需要对历史与现实进行全面而深刻的认识。因此，为进一步加强渤海大学历史学等传统学科的可持续发展，进一步推进"国家安全学"和"区域国别学"等交叉学科的融合发展，学校决定出版"渤海系列丛书"。本丛书以"总体国家安全观"为宗旨，书稿内容涉及东北边疆、民族、历史、文化、经济、生态、能源、产业等各个领域，涵盖各个学科。"渤海系列丛书"面向校内外专家征稿，每年出版一辑，确定一个相对具体的主题，连续出版。我们希望通过出版"渤海系列丛书"，进一步凝聚学术团队，提升渤海大学国家安全学研究水平，推动学科建设，更好地服务于东北五大安全战略，为东北全面振兴做出应有的贡献。

2023年4月20日

目　录
Contents

第一章　金代金源文化研究的回顾与展望

第一节　金代金源文化研究现状概述

金源文化是黑龙江省古代历史上封建化的鼎盛时期，当然也是哈尔滨市区域古代历史文化中最为辉煌的时代。金源文化的内核则是金上京城故址的客观存在，这是作为生活在哈尔滨市阿城区阿什河畔的阿城人的骄傲和自豪。然而，何谓金源文化？辽金史学界与地方史、民族史及考古学界已经讨论了近30年，学术界与地方政府已达成共识并有明确的结论。"金源"一词发端于元朝脱脱编写的《金史》中对金朝初都之所特有区域的概述。准确地说，"金源"就是金朝的肇兴之地，即女真人最初立国建都之所——按出虎水（女真语译为"金水"，今称阿什河）中、下游左岸的金上京会宁府所在地。在《金史·地理志》中称之为"金源内地"[①]。这是金源文化地域的核心，宋金时期有"内地"之称。由"金源内地"衍生出来的一切过往的这一地区的金代历史文化，都属于"金源文化"的研究范畴。"文化"是历史、文化、艺术、语言、宗教、社会生活、习俗以及各类相关的遗迹、遗物所反映出来的物质与精神层面的统称，其涵盖的范围非常广泛和丰富。把金源的历史或者金源史学及其文化囊括在"金源文化"中加以认识，具有深入和拓展"金源文化"研究的意味。

---

① （元）脱脱：《金史·地理志》，中华书局2016年版。

早在20世纪80年代，刘国仁先生即致力于金源文物的收藏工作，他把散见在民间的金源地区出土的文物尽可能地进行个人投入，经过近30多年的铢积寸累，现已集腋成裘。其收藏的各类丰富的金源文物形成了品位极高、非常系统的"龙江龙博物馆"。截至目前，这是国内外集中收藏辽金文物最重要的私人博物馆。其中特别值得关注的是宋辽金铜镜的收藏可谓蔚为壮观，数百面铜镜的精品堪称金源文化的精华。金源文化中的铁器的收藏、印章收藏、铜镜收藏、货币收藏、琥珀收藏以及中国蹀躞带的收藏、符牌饰收藏等都已经成为最具地域特色的重要金源文化载体。刘国仁所创立的龙江龙博物馆实际上是研究金源文化的重要宝库，在这个博物馆的成长过程中还培养了丛国安、高大鹏等一批金源文物收藏、鉴定和研究的地方学者。龙江龙博物馆实际上已经成为地域特色鲜明的金源文化博物馆，其挖掘、研究、观赏、鉴别、开发利用的价值极大。关于金源文化研究机构的设立，在20世纪90年代中期，即1995年，由阿城市（区）地方史学者郭长海、那海州组建了"阿城金源文化研究所"（私立）；2000年，哈尔滨市社会科学院地方史研究所与阿城市政府联合组建了"金源文化研究所"，我调任大连大学后，哈尔滨地方史研究所所长黄澄研究员一直坚持对金源文化的研究，并主持《东北史研究》（内刊开辟有"金源文化研究专栏"）杂志的编撰工作；2003年，哈尔滨师范大学金源文化研究所成立，其前身是原阿城农垦师专创立的"金史女真文化史研究所"，这个研究所是因为张碧波先生领衔的"中国古代北方民族文化史"国家社科基金重点项目的子课题而成立，当时的农垦师专的副校长傅道春教授负责，我曾经担任这个子课题的副组长，当时的主要课题组成员有李建勋先生、李成等多位学者。

1985年，我调到黑龙江省社会科学院历史研究所地方史研究室，开始跟随魏国忠先生学习渤海史与辽金史，此时，文学所所长张碧波先生积极筹备申报国家重点课题"中国古代北方民族文化史"的各项工作，我在张碧波先生身边做了大量的联络、组织与秘书工作。1988年，我因留学日本而暂时离开了张碧波先生和魏国忠先生，但是在日本期间一直没有间断金史与女真文化的研究工作。1990年我归国后，又立即投入金史与金源文化的研究工作，陪同张碧波先生经常到阿城农垦师专商谈课题的推进工作。阿城农垦师专后来成长出一批金源史学与金源文化的学者，这与当年张碧波先生的国家重点课题项目的子课题有着密切的关系。我们应该记住不辞辛苦，对金源文化、中国北方民族文化史研究领域做出突出贡献的张碧波先生。后来，把"金源"与"文化"捆绑在一起称之为"金源文化"概念的提出，我是深受张碧波先生的启发。阿城农垦师专合并到哈尔滨师范大学后，遂更名为"哈尔滨师范大学金源文化研究所"，李秀莲教授与王久宇教授一直坚守在金源文化研究所的岗位上。目前为止，上述三个研究金源文化的机构由于人员调动频繁、变化较大以及研究队伍、经费等问题限制了正常的学术活动。近年来，比较活跃的则是由王永年所主持的哈尔滨市阿城区非物质文化遗产学会以及他任执行会长与秘书长的金上京历史研究会，并把"金源文化"的学术研究成果与非物质文化遗产和商业性的旅游开发进行了有机结合。实际上，金源文化理论层面的学术研究一直比较滞后。对金源文化做出了重要贡献的还有北京市考古研究所原所长齐心先生，阿城市原市长郑相浩、副市长洪仁怀，阿城市委宣传部副部长关柏阳，哈尔滨市社会科学院院长贾云江、鲍海春，阿城农垦师专副校长傅道春，哈尔滨师范大学原副校长、著名学者傅道彬教授，民族学家都永浩教授，历史学家魏国忠先生，已故黑龙江省考古研究所研究员张泰湘等众多的政府官员与学者。

21世纪以来，关于金源文化的学术研究成果较多，代表性的著作有：2002年，鲍海春、王禹浪、伊葆力、都永浩编著的《金源文物图集》，这是第一部以文物图集形式出现的金源文化的实物载体书籍。2008年，王久宇等著《金源文化史稿》，对20世纪的金上京地区历史与文化研究进行了汇总，并按照作者的理解进行了金源史学、考古资料、民族关系等方面的编辑与梳理。2014年，黑龙江人民出版社出版了王禹浪先生撰写的《金源文化研究》，集中了作者近20年对金源文化研究的实地踏察和认真思考的专题论集，主要集中论述了"金源文化概念""金源地区历史地理""金源文化"等问题，这是一部系统阐述金源文化的原创性专著。2015年，中国社会科学出版社出版了《中国辽夏金研究年鉴》，其中王天姿的《金上京研究综述》一文，系统地梳理了有关金上京研究的历史、考古、文化、民族等综述，这是一篇较为全面针对2015年以前的金上京城研究成果分类整理的文章，其中专列一节为"金源文化研究"。2016年，社会科学文献出版社出版了王禹浪教授的《哈尔滨地名含义与城史纪元研究》，是对金源文化中哈尔滨地名初始时间与含义为女真语的考证，继而又对哈尔滨城史纪元问题展开讨论，并将哈尔滨城市古代发展史的城史纪元确定在金上京的建城。首次提出了哈尔滨的城史纪元应该具有鲜明的地域特色，金上京的建成则是哈尔滨城史纪元的历史远端的论断，而中东铁路的哈尔滨城市建城史则为哈尔滨历史的近端，带有鲜明的殖民文化的特征，二者不可混淆且又为哈尔滨城市发展史上的统一体。2021年，中国社会科学出版社出版了孙文政先生的《金代上京路研究》，其视野虽然远远超出了金上京城的地域范围，但是论述的重点则是在金上京路所辖区域的建置沿革上，其金上京路的研究及文化方面的论述则多为对前人已有成果的资料梳理。继20世纪80年代末期，黑龙江人民出版社出版了干志耿、孙秀仁著的《黑龙江古代民族史纲》，对金源地区的历史与文化多有论述，这是一部对后世影响巨大的具有开创性的学术著作。20世纪90年代初，朱国忱著《金源故都》，首次用金源故都来命名金上京的历史与文化。与此同时王禹浪所著的《金代黑龙江述略》，首次从横向角度论述了黑龙江流域金代文化的内涵，成为当时影响深远的重要著作。此后，景爱著的《金上京》、白玉奇主编的《大金国第一都》等著作又推动了金源文化诞生的金源史学基础；贾云江、洪仁怀、鲍海春、李伟等主编的金上京历史研究会编撰的多卷本《金上京历史研究论丛》一直作为发表金源文化研究者学术研究成果的阵地。由鲍海春主编、已故郭长海先生独撰的《金源文化大辞典》是这一时期最重要的学术成果，把有关金源文化的6800多条词汇汇集在一起，共计200余万字。应该说，《金源文化大辞典》的出版，标志着这一时期金源文化研究的学术高峰，其学术价值与应用价值不可估量。

此外，从20世纪30年代开始，苏联与俄罗斯学者对金源文化的研究主要是从女真文化的成果开始跨入研究高峰。出现了 В.Е.麦德维杰夫、А.П.奥克拉德尼科夫、Э.В.沙弗库诺夫、В.Е.拉里切夫、М.В.沃罗比约夫等一大批学者，他们对女真文化做了大量的研究，取得了瞩目的成就。2018年，日本学者川崎保、川崎辉美用日文翻译了苏联学者（今俄罗斯）沃罗比约夫（1923—1995）所著的《女真人与金国的文化》，针对女真文化与金国文化做了全面的梳理和研究，其中大量使用了俄罗斯远东地区出土的女真考古文化与金源地区考古发现与发掘的资料。在最后一章专门讨论了女真文化的源流问题，并强调了女真文化的独立性。说明苏联与俄罗斯学者，在对待女真历史与金国的历史文化的源流和性质方面，与中国的主流观点特别是当下提倡的"铸牢中华民族共同体意识"的理论有着本质的不同。值得注意的是，2015年黑龙江人民出版社出版了胡凡、盖莉萍编著的《俄罗斯学界靺鞨女真研究》，把囊括了沙俄、苏联、俄罗斯学者对靺鞨、女真历史与文化研究的三个历史时期的成果汇编到一起，包括对金源文化（靺鞨与女真）在俄罗斯远东地区的分布与研究，是一部研究金源文化重要的案头顾问。金源文化的研究还涉及东北亚地区的许多周边国家，日本、韩国、朝鲜、蒙古以及美国、德国、法国和欧洲等国的学者也都参与了金史与金源文化、女真文化的研究和讨论。中国的台湾地区、香港地区的学术研究机构也有一些重要的研究女真前身靺鞨族、金朝早期历史文化的学术成果，其观点都是强调女真文化的独立性。因此，金源文化的研究涉及中国学术观点在国际上占有话语权的问题。当然，这一时期还有一些重要的金源文化中的文学作品问世以及金源文化资料汇编和相关的成果，在此不一一赘述。

哈尔滨科学技术职业学院创立了"金源文化研究院"的构想，是颇受国内外学术界关注的一件大事。哈尔滨科学技术职业学院是一所毗邻金上京故址（哈尔滨市阿城区）唯一的文科类综合高等院校，长期以来，该校的科研团队对金源文化的研究已经积累了非常丰富的资料。尤其是在金源文化造型艺术、旅游产品的设计与开发、毫米级动漫设计、计算机等基础性研究方面均有很好的经验。金源文化研究院的成立，正是顺应了当下"金源文化"研究的"天时、地利、人和"的条件。我的理解是，其从不断增强边疆地区中华民族共同体意识和深刻理解中华文明在白山黑水①地区的传播、交流、交往与交融的过程等方面，更有深度地解读金源文化在中华文明形成过程中"华夷互变"的应用价值与学术价值，并对已有的"金源文化"研究成果进行重组、鉴别、筛选、梳理、分析、归纳、整合、研究，讲好金源文化与中华文明关系中在黑龙江流域所发生的故事，继而开拓研究金源文化所包含的丰富内涵，更清晰地看到中华文明在金源地区所吸纳和融入的多元文化交错的广度与深度。当然，金源文化研究院的设立，不仅仅是为了学术研究的养成和学科建设的需要，其更重要的任务就是让学术研究进入学以致用、知行合一的逻辑境界，对金源文化与中华文明关系的知识的普及与对地方经济文化的振兴结合，具有重要的价值和广泛的实践意义。

　　"金上京"是作为"金源文化"实实在在的历史文化原型载体，是我国东北地区肃慎族系统的女真族于12世纪初至13世纪上半叶，在白山黑水之间建立的中华文明的一大都会——亦可称之为重要的中国东北北部文明枢纽的都市。金上京城的存在，就是金源文化实体的文明内核，古称"金源内地"是有其特殊含义的地理概念。"金源内地"这一位置的历史地理的枢纽，恰恰与今日的黑龙江省省会哈尔滨市所辖的行政区划地域大体相当。随着12世纪初大金国都的确立与不断发展建设，金源内地所辖的地域概念也随之不断扩大。金源文化的性质、本源、规律、内容等所涵盖的地域范围，所涉猎的

---

① 泛指中国东北的大部地区，东北的南部则称之为"辽海"。

民族、历史、文化、艺术、宗教、建筑及其与当代社会发展的关联性究竟如何，都值得再做深入思考。近年来，金源地区的考古发现层出不穷，在新时代引领下的新问题不断涌现，金源文化的研究已经不仅仅是对概念的讨论和历史地理的考据，而是应该从更高、更远、更深、更广的中华文明的理论层面挖掘"金源文化"的精髓。

从历史地理的枢纽角度去理解，金源文化应该就是以哈尔滨市为中心包括今阿什河流域（古称按出虎水）、蜚克图河流域（古称匹克敦水）、拉林河流域（古称涞流水）、呼兰河流域（古称忽剌浑水或活剌浑水）、松花江流域（古称宋瓦江）、运粮河流域（哈尔滨西郊与双城界）等广大地区。哈尔滨市辖区范围内的阿城区就是金上京城的都市文明的核心，东北亚丝绸之路、北亚丝绸之路、蒙古高原丝绸之路、黄金之路、贡貂之路、蜜蜡之路、琥珀之路、诗书之路、民族迁徙之路、人参之路以及通往中原的交通廊道等，都是以金上京城为中枢通衢，金源故都是12世纪东亚社会乃至欧亚大陆的东方一个新兴的文明都会，这座都市为中华文明的远播，为东北亚地区的变革与发展带来难以想象的冲击与震撼。

20世纪，阿城区还是独立的县级市；目前的阿城几经行政区划的变换，成为哈尔滨市所辖区级行政单位，阿城市从相对独立状态下转换为从属于哈尔滨市的辖区。无疑，金上京城故址就应该属于哈尔滨市古代历史进程中的政治中心区域，从这个意义上说，哈尔滨市古代历史文化的远端就是以阿城金上京城故址为开端，包括今松花江中游流域的大部分区域。从时间上看，金源文化应起始于金朝建国的1115年，并一直延续到金朝灭亡的1234年前后。金源文化的历史时序当与金朝的建立、发展、消亡相始终。但是金源文化的影响力和浸透力、生命力、传播力则是一直延续至今绵延不绝。在以金上京地区为辖区的金源地域所发生和产生的金代历史与文化以及与之相关的人物和历史事件、各类遗迹、遗物等都应属于金源文化的研究范畴。诸如"金源史学""金源文献""金源艺术""金源宗教""金源体育""金源音乐""金源文学""金源建筑""金源城堡""金源文字""金源人物""金源石刻""金源故事""金源铜镜""金源帝王与帝陵""金源民族的源与流""金源行政建置""金源历史地理""金源交通""金源货币与商品流通""金源金银器""金源瓷器""金源丝绸""金源官印""金源岩刻画""金源石雕像""金源瓦当""金源玉器""金源铁器""金源文化遗产""金源考古""金源郡王""金源农业与冶炼""金源的地理环境变迁"等。

金初"无城郭，星散而居"，金灭辽后始建宫室。在金源地区设有京、路、府、州、县、站铺、城寨以及猛安、谋克军镇等行政建制。目前，在金源地区发现了大量的金代古城，其数量之多、规模之大、密度之繁、人口之盛都是黑龙江流域古代历史中空前的。说明金源地区城镇化进程是异常的迅猛，这些古城以及城堡中出土的各类遗物及与之关联的遗迹，都为深入研究和探讨金源文化所带来的黑龙江省的封建化进程以及金源文化与中华文明共同体的关系提供了非常重要的实物例证。

无疑，金源文化就是中华文明在东北古代历史与文化的重要组成部分。把金源文化纳入中华文明的框架体系，在铸牢中华民族共同体意识的视野下定位金源文化，解读金源文化的历史文化细节与考古发现、发掘的遗迹、遗物。

第二节　金代金源文化概念提出的历史经纬与金朝国号的关系

20世纪90年代初期，在以哈尔滨市社会科学院地方史研究所与阿城市政府（区）为中心的地方史研究者们的大力宣传和积极推动下，"金源文化"一词已为广大民众及社会各界所接受。其应用范围之广，应用速度之快，应用的效益之大都是前所未有的。

在20多年时间里，黑龙江省、哈尔滨市、阿城市（区）三级政府在颁发的文件中，提到"金源文化"与"金源文化节""金源旅游纪念品""金源学术研讨会"等，就不下数百次。金源文化的概念不仅深入人心，并已经立法的形式被省、市、区三级人代会确定下来。20多年前，"金源"一词只是作为历史的名词概念深深地被掩埋在长达100余卷的《金史》文献中，只有少数几位学者知道"金源"一词的用意和历史语境产生的背景。"金源"一词从《金史》中解放出来，并得以复合为"金源文化"一词而得到广泛传播，则是发生在1992年的春季。当时，哈尔滨市社会科学院与阿城市政府、黑龙江省农垦师专（后来并入哈尔滨师范大学）联合召开了"首届国际金史学术研讨会"，由哈尔滨市社会科学院地方史研究所所长王禹浪研究员首次正式提出"金源文化"这一全新的概念。这一倡议当即被阿城市（区）政府及阿城地方金史研究者们所接受，并成立了许多民间研究机构。继而，哈尔滨市社会科学院地方史研究所与阿城市政府联合成立了"金源文化研究所"，哈尔滨市地方史研究所与阿城市（区）地方金史研究者们紧紧地捆绑在一起，开始了金源文化研究的漫漫征程。首先，从金上京城所处的地理位置的区位角度开展金史研究，我们深深地感受到《金史·本纪》的开端，就是脚下的这片土地，这里的山川湖泊、平原湿地、高山峡谷、森林草原到处分布着金朝的开创者——女真人的足迹，研究金朝的开国史和女真人"由家变国"的历史过程必然要从金源文化开始。

金源文化不仅代表着中华文明向东北地区的远播，更是中华民族共同体在中国东北形成的一个时代的标志。金源文化实际上是黑龙江流域各民族值得骄傲的一种文化象征，它应该属于黑龙江省哈尔滨人极具特色的"地域文化"。它不仅是阿城区文明的核心，更是黑龙江流域古代文明的核心。不仅要研究它、记住它、传承它，更要学会欣赏、鉴别和接受金源文化中的文明的传播力量。并尽可能把自己的思想和情感以及少有的那种历史情怀与800年前的"金源文化"相联系，用超乎寻常的激情与热情来关注金史中的"金源文化"。哈尔滨市的阿城人，从一开始就没有把自己束缚在所谓的纯粹的学术研究中，而是一直抱着"学以致用"的原则，努力将金史研究及"金源文化"研究同振兴乡邦文化，启迪地方人文心境，思考经济腾飞之路相贯通。因此，金源文化才得以被各级政府和社会各界接纳和认可。

值得称道的是，黑龙江省的新闻媒体在宣传金源文化、推动金源文化的普及，鼓励各级政府对金源文化的重视，特别是鼓励金源文化的地方学者的学术研究、金源史学素养的养成等方面都做出了特别重要的贡献。当我回想起在《生活报》主编袁晓光的带领下，那些青年记者们不辞辛苦与我们一起翻山越岭，跋涉在按出虎水（阿什河）的两岸，攀登金代道教圣地松峰山、完颜阿骨打与完颜吴乞买的合陵——老母猪顶子山，想起玉泉狩猎场的石人、五道岭金代铁矿遗址、拉林河畔的完颜宗翰的家族墓地等情景……就感慨万千！我从心里感谢他们撰写的一篇篇脍炙人口的金源文化与历史故事，用朴实又充满激情的语言描述金源文化与历史，通过报纸新闻传递给社会与广大民众对金源文化的认知。"神秘的金源文化十三陵""三千辆牛车所载的宋朝大库的宝物在金源""黑龙江金代状元徒单镒""哈尔滨地名与城史纪元"等，都为当时普及金源文化做出了巨大贡献。30年过去了，我们这些原本自我封闭在书斋中的研究者们，被这些朝气蓬勃的记者们的文章激励着、鼓舞着、推动着。在金源文化已经取得了丰硕成果的今天，最应该记住的就是那批青年记者激情满怀地跟着我们一起踏察金源文化的情景，回想起来我对他们油然升起了感恩之情。

从"金源文化"一词的诞生过程中，可以深刻地感悟到一个概念和一个名词出现的背景既是历史的积淀，更是时代召唤的产物，应该说这是学者、政府、新闻媒体、高等院校和社科研究机构共同推动的结果，它产生于社会的需要和集体的智慧，这大概就是"应运而生"的道理。然而，金源文化绝不仅仅是学术名词或时髦的词组，它从诞生之日起就已经转化为具有实用价值的地域文化符号。也就是说，"金源文化"这一特殊的具有历史记忆的地域文化符号，已经转化为振兴地方经济的助推器。阿城市（区）政府一直把"金源文化"作为一个最重要的社会传媒与商业文化运作的环节加以利用，今天在阿城区可以清楚地看到一种现象，即利用金源文化遗产的开发项目和产品比比皆是。这就是"金源文化"的历史记忆转化为社会发展服务的现实最有力的证明。也就是说，阿城人民已经把自己最盛大、最隆重、最接地气的节日定位于"金源文化节"，这对致力于金源文化研究的学者们来说的确是一件幸事。金源文化节的定位，可以说是哈尔滨市阿城区长期以来对金源文化研究、宣传、展示的结果。这也充分显示了金源文化的研究方向必须走"知行合一、学以致用"的道路，无疑，是地方史研究中金源史学和断代史、区域史的研究走出困惑、大胆创新、勇于实践的历史与现实交织的光明之路。如今，金源文化已成为一种家喻户晓的哈尔滨地区的古代文明符号的标志。因为阿城已经不属于单列的县级市，而是哈尔滨市的一个区级政府。特别是高等院校从学科建设、高教领域的切入将会助力金源文化研究更加深入，并使"如何理解金源文化与中华文明的关系"走向深入研究之路成为可能。

然而，何谓金源文化？"金源"的含义是什么？金源文化的内涵、性质、范畴究竟应如何解释？等等，诸如这些学术问题，都有待于冷静的再思考和不断的深入研究。

在中国悠久的历史上，无论是汉族还是少数民族所肇创的政权都属于中华民族共同体历史进程的一部分，无论是古国、王国、郡国、帝国莫不以中华民族的传统文化来定立名号作为天命所赐、人杰地灵、万民拥戴的象征和首务。也就是说，中国边疆地区各民族在建立政权选定名号之时，对其名号的起源与取意，都隐含着一种具有中华民族传统文化象征意义的极为特殊的政治背景。一个王号、国号的产生除了接受册封之外，就是要把地域文化的本质与追求中华文明传统文化中的"五德终始说"相吻合，正如赵永春教授所指出："自战国时期阴阳家邹衍首创'五德终始'学说[①]以来，各个王朝为了标榜正统以及将本朝排列到正统发展谱系之中，都按照木、火、土、金、水五行（五德）循环的'五德终始'学说为本朝确定一个德运，作为本朝是中国正统王朝和中国正统发展谱系中一个成员的理论根据。以女真人为统治者建立的金朝也没有例外。"[②]

公元12世纪初，崛起于白山黑水间的黑水靺鞨后裔生女真人完颜部，在其首领完颜阿骨打的率领下，于公元1115年正月，在今哈尔滨市东南阿城区南郊的阿什河畔称帝建国，并确立了大金国号。阿骨打之所以采用汉语译名，以"金"为国号，是具有特殊的理由和意义的。许多文献都说明了阿骨打选定"金"国这一名号的政治目的和抱负。

众所周知，辽国以镔铁为号，镔铁虽坚，终有销坏之时，唯金一色最为珍宝，不变不坏，故而取国号"大金"。然而，这仅仅是"金"国号的政治目的，并非"金"国号的本义。北宋人徐梦莘在其所编著的《三朝北盟汇编》一书记载："女真人取金为国号的献议者，是出自于辽国的旧臣，即投奔完颜阿骨打的渤海人杨朴。他向阿骨打等人献议时说，'女真人完颜部的发祥地有水，名阿禄祖（阿勒楚的同音异写），其本义为金，以水产金而得名，故当以此为国号'。"

金朝国号起源于女真本土有水产金之说，这符合"天帝所赐、人杰地灵、地育圣祖"的心理背景，"金"作为一种神圣的象征，金色熠熠生辉，这是一个激励女真民族之心的名号象征。"金"在金、银、铜、铁、锡这五

---

① 赵永春：《中华民族共同体视域下金人的"中国"历史认同——以〈大金德运图说〉为中心的讨论》，《陕西师范大学学报》（哲学社会科学版）2023年第2期。邹衍等所说的"五德"，是指他们认为的土、木、金、火、水"五行"各具德性，因称"五德"。在阴阳家看来，土、木、金、火、水五行是世界万事万物起源与变化的基本元素，五行之间存在循环的"相生""相克"关系，以至世界万事万物都按照这一循环往复关系发展和变化。阴阳学家将这种五行"相生""相克"引起万事万物发展变化的学说，运用于解释社会的发展变化和王朝更替，形成"五德终始"学说。
② 赵永春：《中华民族共同体视域下金人的"中国"历史认同——以〈大金德运图说〉为中心的讨论》，《陕西师范大学学报》（哲学社会科学版）2023年第2期。

种金属中居首位，"金"能克铁，而"辽"之国号乃为镔铁之意，因此，女真人取"金"为国号当有必取代辽国，或克灭辽朝之深刻的含义。金朝当然会代辽而生，这是按照传统的中华文明传统文化的阴阳五行德运图说相生、相克的原理所得出的结论。

阿禄祖水就是清代的阿勒楚喀河，亦即金代的按春水，这条水由于汉语译音的不同曾被同音异写成"按出虎、安出浒、按春水、按车骨、阿术浒、阿禄阻、阿勒楚"等，现今则写作"阿什河"。今天阿城这一地名就是根据阿什河或清代阿勒楚喀城而得名，所以阿城的本义应译作"金城"，因为"按春、按出、阿术、阿什、阿勒楚喀"均为女真语，译成汉语为"金"的意思。按春水、阿什河的直译即为"金河"或"金水"之意。今北京市天安门前有一条金水河，1153年金王朝从金上京会宁府迁往燕京，即今天的北京市建都，史称"中都"。燕京是辽朝的南京城，因地近燕山而得名。有学者考证北京城内的故宫前面的金水河，可能就是女真人从阿什河畔迁都燕京而把故乡和金朝肇兴之地的地名随之侨置于此，以后又经元、明、清沿用至今。因为在金王朝以前历代王朝的宫城之南很少有金水河之称，从这个意义上说金源文化因都城的南迁而延展到今日的北京地区。其实，完颜亮把祖陵、帝陵、太庙等一并迁往了燕京地区。今北京市的房山区就是金朝祖陵、帝陵或称王陵的地区。

女真人根据水名而将国号名金，并附会为金克"辽"（铁）的政治含义。比较有趣的是，据赵永春先生考证，"宋朝一直把自己推为'土命'，而金朝则是'金命'，土与金之间的关系是相生而不是相克"。这一解释颇有一定道理，这是遵循五行相生的原理，而辽与金的关系则是相克关系，金克铁（辽）则成为代辽而兴的"大金王朝"。不仅如此，女真人还把整个阿什河流域看作金国的肇兴之地，故又有"金源"之称。《金史·地理志》载："上京路即海古之地，金之旧土也，国言金曰按出虎，以按出虎水源于此，故曰金源，建国之号盖取诸此。"女真人入主中原建都燕京之后，将今阿什河流域仍然称为"金源内地"。所谓"金源内地"，概指金朝发源于此，而"内地"既为故地又有核心的语境，是金朝南迁后将政治中心确立于燕京之后，反思故里，回溯历史的一种怀旧心境的表露。因此，金王朝还相继册封了一些出身于金源内地的女真贵族，如"金源郡王""金源郡国夫人""金源郡公""金源郡伯""金源郡侯""金源爵位"等。又如金源郡王完颜娄室、金源郡王完颜忠、金源郡王完颜希尹等，都被冠以金源名号。此外，生活在金上京周边的人，还常自喻为"金源×××""金源××匠人"等，在阿城金上京故址出土的"宝严大师塔墓志铭"中就有"金源荣昌"的字样，而在阿城市东北松峰山太虚洞金代道教遗址出土的曹道士碑，则有"金源杨土才刊"的字样，说明"金源"一词在金朝已被广泛应用。在今哈尔滨市周边与黑龙江流域包括俄罗斯远东，北至金代蒲裕路、南至吉林省境的广大地区，保留有大量的金源郡王一级的墓葬及石人、石羊、石虎、龟趺等。但是，具有金代大墓中石像生的雕刻群，则集中在阿什河流域、哈尔滨市周边地区，这说明金源郡王的封地是以金源内地为多。金源墓葬石像生的分布范围北至乌裕尔河流域，西至蛟流河、霍林河流域，东至俄罗斯乌苏里斯克地域，南至北京地区的房山区金陵一带。此外，在今阿什河流域还出土了大量刻有"金源"字样的铜镜与碑刻。由此可见，"金源"一词早在金代即成为官方对今阿什河流域和拉林河流域，兼及哈尔滨、长春地区的固定概念。所谓的金源文化，不过是今人从历史与文化地理的角度对今天上述地区的金代文化的总称。金源文化无疑也是作为以阿什河流域为中心，边及哈尔滨、长春地区曾经辉煌过的文明历史的典型代表，应该说这是哈尔滨和阿城人的骄傲。更为确切地说它是一种流域文明，是与江河之水域密切相关的一种文化。当代人将这种历史上的文明统称为文化，并附加在"金源"一词之后，因此也就有了"金源文化"一词。目前，金源文化已成为众人熟知的词汇。岂不知，这一词汇是古人与今人的复合之作的结果。那么，什么是金源文化呢？金源文化与中华文明之间又是怎样的关系？这是必须要予以回答的问题。

第三节　金代金源文化的学术方向定位
与存在的问题及对策

关于金源文化概念的讨论虽然已经进行了20余年，随着对金源文化研究的不断深入和考古工作的不断发现，有关金源文化的认识依然存在着许多不同的观点。这些不同的观点既说明了对金源文化认识上的主观意识的差异性，也说明了金源文化内涵的厚重和复杂性。习近平总书记提出的有关深入研究中华文明与文化的指示精神，为地域文化与中华文明的关系指明了正确的方向。我认为要想弄懂什么是金源文化的本质，首先要把金源文化上升到中华文明多元一体的高度加以认识。由此，才能够把金源文化的本质进行比较准确的科学定义。只有从中华文明的角度入手，我们才能够坚持"多学科、多角度、多层次、全方位，密切与考古学、历史学、人文科学和自然科学的联合攻关，拓宽研究时空范围的覆盖领域"[1]。

对金源文化的研究虽然已经取得了丰硕成果，但是依然存在着一些理论高度与深度的探讨空间。例如长期以来，对金源文化的研究缺乏从多元一体的中华文明格局角度去认识"金源文化"，特别是缺乏从多学科、多角度、多层次、全方位的视角看待"金源文化"。尤其是没有能够把金源文化纳入中华文明自古以来就是以开放、包容的文明视野加以审视。其实，金源文化就是中华文明的这种包容、开放、平等、互鉴的文明观的体现。将不同的地

---

[1] 江林昌：《推进考古学与历史学融合发展（学术圆桌）》，《人民日报》2022 年 6 月 6 日第 9 版。

域文化融为一体形成特色鲜明的中华文明，这就是以"宽广的胸怀理解不同文明对价值内涵的认识"①，同理，尊重不同的民族文化以不同的文化形态，超越文明的隔阂，"以文明的互鉴超越文明的冲突，以文明共存超越文明的优越"②，其实这就是对人类文明共同体的深刻认识。习近平总书记的一系列有关人类文明共同体的论断极为精辟，这是指导我们今后研究和深化理解金源文化的理论基石。总之，我们应该从中华文明的角度去思考"金源文化"的历史作用与价值。

其次，在金源文化研究的过程中还缺少金源史学的基础构建，除了有关金源史学的一些零散的历史文献需要认真梳理之外，更为重要的是从物质文化遗产和非物质文化遗产角度对考古学的发现与发掘进行梳理。我们虽然注重了非物质文化遗产的利用与开发功能，文物遗存、遗迹虽然用活了，但是对金源文化遗产的理论研究还没有上升到一定高度，尤其是对金源文化的精神层面的研究还很不够，这就会导致在利用和开发金源文化遗产的过程中缺乏鉴别和考据的能力，一不小心就会出现贻笑大方的张冠李戴的现象。当然，在注重金源文化的考古学方面，不能仅仅停留在考古发现和发掘的成果上，要把这些有关金源文化的历史遗迹、遗物充分地解读用活，这就需要考古学提供的丰富资料的解释学的理论也要有所创新。值得注意的是，由于考古学资料公布的滞后性，会导致考古学与文献学、历史学、文化人类学之间的多角度的解读出现严重的脱节。总之，从历史文化遗产积极推进金源文化的研究角度和多学科合作方面都期待考古学资料的尽快公布，因为这是第一手可信的资料，更是比较、鉴别金源文化与中华文明之间文化血缘赓续的最可靠的实物资料。

再次，目前存在的另一个普遍的问题是，金源文化研究中的史料重复现象和滥用的问题，许多史料和成果相互转抄重复劳动的现象特别严

---

① 江林昌：《推进考古学与历史学融合发展（学术圆桌）》，《人民日报》2022 年 6 月 6 日第 9 版。
② 江林昌：《推进考古学与历史学融合发展（学术圆桌）》，《人民日报》2022 年 6 月 6 日第 9 版。

重，特别是对研究成果缺乏梳理、鉴别、考据、注释就会导致对金源文化研究出现学术上的不规范，尤其是把前人的研究成果当作自己的发现或成果抄袭、复制且不加以注释说明的违规、违法甚至违背学术道德的现象时常发生。

此外，就是很少有人从东北亚丝绸之路的历史枢纽和都市文明的角度，看待金源文化中金上京存在的价值和意义，这就会导致金源文化的核心——金上京城的历史枢纽作用被忽视。事实上，金上京城的金源文化内核是12世纪至13世纪，东北亚地区丝绸之路上最重要的文明枢纽。无论是中原文明的北上，还是东西方文化交流，海上丝绸之路的贸易往来、民族迁徙、文明的移动等，都要与金源文化的核心——金上京城发生必然的联系。在金源地区发现的大量窖藏铜钱，唐宋的铜镜，丰富的丝绸、瓷器、陶器、铁农具、铁兵器、铜器、银器、木器、玉器、石雕、砖雕等，无不与这条东北亚丝绸之路的大动脉上的都市文明有着千丝万缕的联系。从东北亚丝绸之路的视角，对金源文化的研究会使人们从宏观的角度得出新的认识和结论。特别是对待欧亚文明的东西方的互动对黑龙江流域文明具有特殊的意义。

金源文化研究的内容中，缺乏从流域文明的角度进行认真的思考和梳理。每条江河流域的走向都是古代文明迁徙、移动的交通道路，尤其是在塞北寒山地区尤为重要。春、夏、秋三季运输各种物资、物产与传递文书往来、交通站铺的联系是依靠江河湖泊的舟楫航行，冬季则是依靠犬、驯鹿等可驯化的动物在江河冰凌道路上奔袭往返。黑龙江流域的各种貂皮、珍贵的毛皮、稀有药材、马匹、蜜蜡、人参、建筑的砖瓦饰件、陶瓷以及中原的农作物、丝绸等物品都需要发达的江河水道的运输。金上京地区的密集的江河水道构成了金源文化中水道交通网络，发达的水道交通网又为金源文化的迅速崛起和成长提供了重要的客观地理环境优势。我还注意到在金源文化研究成果中，缺乏针对金源地区地理环境变迁的研究，这涉及女真人为什么会把金朝的开国都城修建于此，其地理环境因素的作用到底是什么。现今金上京城的城垣分布与周边地理环境有了怎样的改变？人工疏通运河（金代运粮河）的漕运；金上京城南北二城的中间有一条干涸的河道，上通阿什河、下通运粮河以及人工疏浚的河道等，是十分值得研究的，需要从地理环境变迁的根本问题上予以研究。

实际上，丝路与流域文明及其地理环境变迁，与金源文化的兴盛有着极为深刻的关系，从辽西走廊进入松辽大平原的这条丝绸之路，更是中原文化向黑龙江流域不断传播的中华文化高起点的"诗书之路"，金代的文学、女真文字的创制、宗教的传播以及汉族、契丹人、渤海人的文人的大量文学作品的产生，更把金源文化的诗书之路推向文明的高峰。金源文化中许多诗人、作品与这条丝绸之路、流域文明、地理环境变迁有着千丝万缕的联系。

综上所述，金源文化的学术研究已经完成了对概念的讨论和一般性研究的历史阶段，同时在地方政府的主导下充分利用金源文化转换成社会效益方面，也已经迈出了扎实的一步。金源文化已经得到学界认可、政府推荐、人民群众接受的成熟的概念。目前，金源文化研究亟待解决的问题是如何深化学术研究和扩大影响，转换观念和变换视角则成为金源文化研究院的要务。首先是在深入开展中华文明研究与"铸牢中华民族共同体意识"方面狠下功夫，引领对金源文化研究的历史与现实的需要进行定位，则是非常重要的。鉴于新时代国内外形势的转变，世界秩序和国际环境的变迁，新文科正在重组和交叉以及习近平总书记针对人文社会科学的一系列阐述（对中国的历史学、考古学、民族学以及文明研究都有明确系统的理论阐释），金源文化研究必须在探索边疆史学、区域史学与中华文明的关系，世界史与国别区域之间的关系等方面进行重新思考。我们过去只强调"金源文化""女真文化"的特殊性需要在中华文明的视域下进行考索、鉴别和认定。"求同存异"而不能"求异存同"，无论"金代文化""女真文化""金源文化"都是中华文化不可分割的一部分，不让别有用心的历史虚无主义在文化上分割"金源文化"与中华民族文化的关系。要牢记"历史是一切社会科学的基础"，要"建立具有中国风格，中国特色，中国气派"的考古学。中华文明不同于世界其他文明体的发展历程，金源文化在中华文明中具有自身的发展和行程的特殊规律，探索这些规律用金源文化的遗存、遗迹、遗物与历史文献记载相结合则是今后的长期任务，可谓任重而道远。这就是今后研究金源文化不可动摇的学术方向和政治定位。

第二章 金源地区出土金代"建元收国" 四象铭文石尊研究

　　金代"建元收国"四象铭文石尊，2006年6月出土于哈尔滨市阿城区金上京附近小城子村东约300米处的阿什河的河床内，现收藏于黑龙江省龙江龙博物馆。这是近百年以来，在黑龙江省乃至全国所发现的众多金代文物中弥足珍贵的一件重器，也是金源文化最重要的典祀器物。石尊上的铭文及其四象图案代表着金朝初建国时历史文献中缺失的信息，因此石尊本身具有补史、证史、修史等重要作用。许多学者对这尊石尊进行了饶有兴趣的研究。因其形状如尊，又采用了玄武岩石的材料，经人工凿刻而成尊器，并在石尊的下部（接近底部的位置）刻有"承命建元收国，子曰典祀"10个汉字铭文，故许多学者将这件石尊称之为"建元收国"铭文石尊。笔者认为，这种称谓未能反映石尊所代表的全部内容，因为人们只是对上面的10个汉字铭文给予了特别的关注，却忽略了石尊上面的具有四象、四神、四灵意味的图案。石尊上面的四象、四神、四灵图案，不仅说明了中华文明传统文化对东北古代民族的深刻影响，而且表达了东北地区古代民族的女真人或渤海人在文化理念上全面接受了中华文明中传统文化的四象、四神、四灵思想，并且在四象、四神、四灵的主题内容方面完成了创新与嬗变。因此，应该重新修订对此石尊的称谓，它的正确称谓应修订为"金代'建元收国'四象铭文石尊"。此外，石尊出土的地点与金上京城、祖庙、朝日庙、亚沟石刻、金太祖与太宗合陵、按出虎水与海古勒水的发源地均在同一条中轴线，这种神秘的现象透视出石尊背后的更多惊人的文化密码。本章根据这件代表着金源文化的瑰宝和圣物所表现的神秘文化内涵进行深入思考，以期目睹石尊者，对逝去的渤海文化与女真文化乃至金源之文化引起思索和记忆的兴趣，故作抛砖引玉之笔。

第一节　金代"建元收国"四象铭文石尊出土地点的考察

金代"建元收国"四象铭文石尊出土的直接原因并非是考古发掘，而是小城子村民在挖掘阿什河河道中的淤沙时偶然发现。当时与石尊同时出土的还有一个玄武岩石座，村民们认为那个石座既没有文字也没有纹饰，便被当场推到了阿什河里，只保留了这尊带有文字和纹饰的石尊。他们认为，这尊石尊可能是一件重要的历史文物，随即将石尊送到了当时黑龙江省龙江龙企业集团的博物馆，经过著名的金源文物收藏家刘国仁先生初步鉴定，可能是金源历史文物，并以重金收藏了这尊石尊。那件被村民推到阿什河的方形石座很可能就是置放这尊石尊的石座，是符合天方地圆、具有神秘色彩的尊器置放的器物。

石尊的出土地点看似平常，但是如果把石尊出土地点与其周边的地貌特征和历史遗迹的分布相联系，这尊石尊出土的方位和地点则显示出极不寻常的意义。笔者根据金源文化的地方史学者丛国安、高大鹏先生对石尊出土地点考察后所绘制的"金代建元收国铭文石尊出土地点方位示意图"，对石尊出土地点及其邻近的周边地区的金源文化遗存进行了实地踏察。2009年4月28日，我与黑龙江省民族研究所所长都永浩研究员在金源文化学者刘国仁、丛国安、高大鹏先生的陪同下对金代建元收国石尊出土地点进行了现场考察，并得出如下几点体会。

第一，石尊出土地点与小城子古城遗址具有一定的关联性。

从阿什河流域金源文化遗存的分布规律上看，石尊出土的准确地点濒临阿什河中游的左岸，恰好在阿什河的古河道中，并被河床的淤沙所掩埋。石尊的正西方向约500米处就是金代小城子遗址，石尊出土地点恰好与小城子金代古城遗址唯一的东南门相对，并与小城子东门处在同一条中轴线上。众所周知，小城子金代古城距离金上京城南城（皇城）东墙仅1000米左右，并且恰恰处在南北二城之间的接合部。如果出皇城北门向东，有一条直接通往金上京城南城东墙体中部城门的土路，并直达小城子城下。小城子古城仅有一处城门开辟在古城的东南角处，从保存的遗迹上观察可以推测城门是由夯土版筑而成的瓮门结构，瓮门结构的遗迹非常鲜明，在进入城中两侧的墙体上建有高大城阙。小城子遗址与其他金代古城或金源地区的古城遗址最大的不同，就是此遗址中仅出土了大量的金代的砖瓦和黄、绿色琉璃瓦等皇家、高等级的建筑饰件，几乎不见一般的生活用具与生产工具。并且这座古城仅开东南一门，且城门建筑颇为壮观和规整，这是目前金代古城中仅见的唯一开辟东南门的古城，说明了这座古城具有特殊的功能和作用。从城门两侧存留的高大土阜上看，可以推断出这是一座具有皇家宗庙式的封闭式建筑。小城子古城呈长方形，南北长而东西窄。古城内排列着东西向的宫殿式遗址多处，并且面向东方。出土的琉璃瓦、琉璃砖和大型的布纹板瓦、筒瓦及各种饰以兽面纹、人面纹的瓦当非常规范，完全不同于金源地区其他古城所见的同类金代建筑饰件。20世纪80年代，居住在小城子内的村民为了大搞农田基本建设和便于耕作，用推土机平整了小城子古城内的宫殿式遗址的高大土丘，在这些土丘里出土了大量的金代建筑饰件与各种龙纹砖等。此外，在小城子古城中还出土了许多高品级的金代金、银、玉器等礼俗文物。总之，学术界一致推断小城子古城的性质属于金代皇家宗庙或太庙之类的建筑。

2006年6月，在小城子古城遗址正东600米处发现的这件"金代建元收国四象铭文石尊"，更进一步证明了小城子古城属于皇家宗庙一类的建筑的推断是较为正确的。笔者在考察小城子周边历史遗迹时，发现了石尊出土地点与小城子之间有一处较大的楼阁式或亭台式建筑遗迹。这处遗迹距离小城子古城约300米，并正对小城子东南门的城阙正中央位置。遗址上出土了大量的布纹瓦青砖、绿色琉璃瓦等遗物。附近的村民房屋附近还有大量从遗址中出土的沟纹青砖砌成的砖墙，地面上散落有花岗岩方形柱础等遗物。遗址的面积约在2500平方米，遗址上很少见生活用品与生产工具，更不见金代古城遗址中常见的灰陶罐、瓷器残片、铜钱以及滴水等。从出土的琉璃瓦残片的角度来推断，这处亭台式建筑当与小城子古城或石尊出土地点有关。由此处遗址继续向东约200米就是阿什河的古河道，也就是石尊出土地点所在地。我们推测，这处遗址很可能就是置放"金代建元收国四象铭文石尊"的亭台式建筑。从小城子遗址东南门，经由亭台式建筑，直到阿什河畔石尊出土地点的大地上均分布着大量的金代布纹板瓦、筒瓦等遗物，说明从小城子到阿什河畔均有金代的建筑，可能是专供皇帝出皇城施行祭祖朝拜的回廊式建筑。如果小城子古城是金代祖庙或称太庙的建筑，那么这处遗址就是专门置放在祖庙东侧的祭祖朝拜的石尊亭台建筑无疑。

第二，石尊出土地点与金上京城南城（皇城）及其胡凯山、亚沟石刻的关联性。

这件金代石尊很可能就是专门设置摆放在祖庙之东侧阿什河畔的一件祭拜祖先创业之功的重器，石尊当为盛水或盛酒之类的礼器。因为女真人有在江河侧畔酹水（酒）而拜的习俗。每年金朝皇帝举行祭祖祭天大礼之时，想必正是首先以酹水（酒）祭天、地、祖先后，再从石尊的出土地点步行至小城子内供奉的祖先神像面前焚香祭拜。那么，石尊的正东方向当有与之礼俗相关的重要遗址。察考今天阿什河流域的金源文化遗存，石尊出土的正东方向正是金代早期皇陵区——帝王谷（笔者认为金代早期的山陵当称之为帝王谷）的所在地，即今天的松峰山金代道教圣地和老母猪顶子山，亦即金太祖完颜阿骨打与金太宗完颜吴乞买的合陵胡凯山的所在地。可以明显看出，从金上京城的南城经过小城子古城和石尊出土地点向东，有一条垂直的通往金代帝王谷之最高陵位——金太祖太宗合陵的中轴线。在这条中轴线上由西向东分别分布着金上京南城（皇城）、小城子（祖庙）、石尊（典祀礼器）、刘秀屯（金代朝日殿遗址）、金代亚沟石刻（进入帝王谷的先祖神像）、金代护国林之地、大型金代陵墓区、胡凯山（合陵与金代著名道教圣地）。多年来，对小城子古城的性质、亚沟金代石刻的用意以及老母猪顶子山上的金代大型合葬陵墓、松峰山金代道教圣地一直都存在着无休止的争议，石尊的出土可以把这些遗址存在的相互关联性问题并列在一起进行新的思考和研究，得出的结论显然是令人吃惊的！今天的松峰山和胡凯山（老母猪顶子山）既是金代皇陵区，又是阿什河的河源所在地。阿什河就是金代的按出虎水，又称安春水、阿出浒等，"安春"女真语意即为"金"，安春水发源于金代建国的王陵之地，女真肇兴发端于此，且为河水之源，二者合而谓之，乃"金源"之本意。石尊作为祭祖祭天的重器置放在阿什河畔（按出虎水）当属必然。建元收国，国号大金还有应对中国传统文化中的五行德运相生相克的含义。所以，《金史·卷二太祖本纪》载有："收国元年正月壬申朔，群臣奉上尊号。是日，即皇帝位。上曰：'辽以镔铁为号，取其坚也。镔铁虽坚，终亦变坏，惟金不变不坏。金之色白，完颜部色尚白。'于是国号大金，改元收国。"这里，阿骨打所说的金能克铁的含义喻指为金（女真）能克灭辽（契丹）国。此外，在五大金属金、银、铜、铁、锡中，以金为首，不易变坏变色。并把这种金子的耀眼光芒与女真族的崇尚白色相联系，故取"金"为国号，至此"大金"与"金源"之意甚明。石尊的位置既符合女真人的崇东拜日及尚白之俗，也有典祀金源之地及女真先祖祭祀山陵之意，当为祭天、礼地、敬祖之三才合一的思想理念的完整表达。我认为石尊出土地点很可能就是《金史》记载完颜阿骨打当年起兵反辽，祭祖敬天、酹酒而拜之地。金代的朝日殿，即今刘秀屯北侧的一处重要遗址，是设置在阿什河右岸的崇东拜日的专门场所。由刘秀屯遗址向正东即亚沟镇所在地的山地，由亚沟镇出发的东侧山地就是金代亚沟石刻的所在地。附近的山林就是金代的"护国林"地，所谓的护国林实际上就是护卫金代王陵区遗迹帝王谷的所在地。亚沟石刻为一对女真族男女的夫妇像，男性左腿盘起，右腿半蹲，左手抚靴，右手握权杖，可能是女真人先祖的石刻画像。由此向东直到金代王陵的胡凯山之间，均分布着女真早期贵族或先祖的大型墓地。亚沟石刻为女真人进入祖陵区的祖先图腾的标志性石刻画像，其寓意着对先祖的无限崇拜和崇敬。由此向东则是大岭镇的大型金代古墓、料甸乡金代古墓、金代胡凯山合陵大型墓葬、金代大型道教遗址松峰山太虚洞遗址、小岭乡的金代大型炼铁遗址等。

第三，石尊出土地点与阿什河右岸的半拉城子遗址的关联性。

在石尊出土地点的偏东北方向上，还有一处重要的遗址与"铭文石尊"隔河相对，即所谓半拉城子遗址。这是一处建于辽代的女真族的早期筑城，不规则的城垣和出土的具有早期女真时期的文物，向人们昭示了此城当建于女真人建元收国，国号大金以前的历史。20世纪40年代伪满洲国阿城县长周家碧先生曾对半拉城子进行过考证，他认为，"半拉城子可能是女真建国前政治统治中心。金代四世祖绥可最初从居海古勒水之所"。也有专家认为此城为会宁府的前身——会宁州，还有学者推定此城为契丹旧城——会平州。但是，究属金初何城？确切结论尚待新的考古发现和深入研讨。但是，由于金代四象铭文石尊的发现，小半拉城子的地理位置以及其所显示的重要性尤为突出。它位于金代石尊出土地点的东北方1500米的阿什河畔的半拉城子屯，西濒阿什河（即按出虎水），西南距金上京城故址近4千米。此城址极不规则，多转折弯曲，南北长约800米，东西宽约600米，周长3000—3500米，是金上京城周边较大的一座古城址。该城损毁严重，城墙大部分被夷为耕地或为公路、铁路所占用。西部城墙大半被阿什河水冲毁，"半拉城子"的称谓即由此而得名。这座城池虽然偏离了上京南城—小城子—石尊—亚沟石刻—胡凯山的这条重要的中轴线，但仍然属于临近这条中轴线最近、最大的一座城址，应是女真人较早修筑的城寨之一。由此城向东便是连绵起伏的张广才岭余脉，小城子的南、北、西三面均被大、小海沟河与阿什河所环绕，形成了三面临水、一面靠山的地势，城址就坐落于这三条河流汇聚的冲击性平原上。当时的阿什河曾经作为半拉城子的屏障阻隔着从松嫩大平原方向的来犯之敌，女真人越过阿什河把政治中心从阿什河流域的右岸移动到河流的左岸则是一场重要的革命性的飞跃。一方面显示了女真人的军事力量的强大，而另一方面则是代表着女真人走出金源的半猎、半牧、半渔捞、半采集的森林生活，而进入一个具有高度农业文明的都市生活状态。这种经济方面的转型直接影响女真社会的巨大变化，那就是直接接受辽与北宋王朝所留下的所有政治、经济、文化、军事遗产，变家为国、变臣为君、变奴为主的一场空前的转变。在半拉城址，出土了一些金代的砖、瓦及石雕和建筑构件，而且历年来都有辽、金、元等重要遗物出土，如金代的铜镜、官印、金银器、农具、玉石雕件以及金代宝相花纹黄金带挎、铜火铳等。说明这座城址的品级具有不可忽视的重要性以及具有距离金代建元收国四象铭文石尊如此之近的距离关联性。

第四，石尊出土地点与刘秀屯发现的金代朝日殿遗址的关联性。

2002年，为了配合绥芬河与满洲里之间的高速公路的扩建工程，黑龙江省文物考古研究所对哈尔滨市阿城区至尚志市沿线进行文物普查，结果在金上京城东侧小城子正东方向的阿什河对岸的刘秀屯发现了一处金代大型建筑遗址，随即对这处遗址进行了考古发掘。经初步考古发掘和探查发现，这是一处重要的具有宗教意义的大型郊祭殿址。经发掘与钻探得知，殿基址朝向正东南，并由主殿（前殿）、过廊、后殿、正门及回廊组成，占地面积达5万余平方米。考古工作者对主殿、过廊、后廊和东北角回廊进行了发掘，揭露面积达1万平方米。正门位于东北回廊正中；主殿与正门对称，位于西北回廊正中；后殿位于主殿之后；过廊为连接主殿和后殿之通道；回廊呈正方形，边长184米。主殿台基全部夯筑且高于地面，四周以多层青砖包砌，墙基宽约

1.3米。其规模庞大，面积3823平方米。结构复杂，由正殿、露台、两侧挟屋和后合组成，总体布局呈对称多边形。正殿呈长方形，面积2100平方米。表面清晰可见排列有序的刘秀屯殿基址是我国传统礼制建筑的罕见实例，它的发现与发掘，对研究宋金时期政治体制、宗教信仰、风俗习惯以及建筑风格等，提供了不可多得的第一手资料，在中国建筑史上亦占有重要的地位。最近有专家推断，刘秀屯发现的金代大型殿基址可能是金代设置在金上京城东郊的朝日殿遗址。金代石尊的出土地点恰好在这处朝日殿遗址的阿什河支流的对岸，石尊与刘秀屯遗址当属同一种性质或金代礼俗文化。石尊属于建元立国祀祭祖的重器，而刘秀屯遗址则是金代实行拜天行礼的朝日殿的所在之地，二者隔河相望并与小城子金代祖庙遗址在同一中轴线，更显示出石尊出土地点的不同寻常。

第五，石尊出土地点与阿什河的支流海沟河的关联性。

海沟河即《金史》中记录的女真人最早定居的海古勒水的谐音，今阿城区内大、小海沟河均发源于东部的大青山山区和老母猪顶子山，与金代合陵的所在地同处一条山脉，为阿什河与大、小海沟河的发源地。在石尊出土地点附近，除了阿什河的干流外共有三条阿什河的支流在此汇合，即大、小海沟河与发源于金上京城南部山区，今五常市境内的阿什河支流。这些河流的冲击作用形成了今天阿城区阿什河流域两岸的丘陵式的原野，女真人依靠这些纵横交错的河流与发达的水路交通选择了在这一地区修建了他们的都城、祖庙、山陵、朝日殿以及各种礼俗完备的设施建筑。金代建元收国四象铭文石尊是一件女真人先祖传承下来的最重要的礼器，它不同于一般意义上的九鼎之尊，它是渤海靺鞨人与女真人经历了数百年的努力变家为国的历史见证。如果从民族谱系上说，这件石尊不仅是渤海人、女真人的重器，也是历史上金源文化与中华文明紧密融合的圣物。

总之，从金代建元收国四象铭文石尊出土地点的周边重要遗址遗迹上观察，石尊出土并非偶然。尤其是出土地点正是辽代生女真与建国后完颜女真人典祀祭祖、祭天、礼地的重要场所之一。更为重要的是石尊与金上京南城（皇城）、祖庙、朝日殿、亚沟石刻、护国林带、金太祖与太宗的合陵等遗迹同处一个中轴线的位置上看，石尊则是完颜女真人在举行开国典祀时"酌酒（水）祭拜天地与祖先"的重要圣物。尤其是这条中轴线几乎把女真人的都城、祖庙、拜天、山陵、崇东拜日排列成由东向西的完整序列，这是非常值得研究的。

第二节　金代"建元收国"四象铭文石尊的主体思想与文化内涵

金代"建元收国"四象铭文石尊通体呈青灰色，在阳光下闪烁着浑厚的绿色包浆，并带有玄武岩气孔的锈蚀和斑驳。石尊为圆形直筒式，通高63厘米（7×9的乘积数，七的数字与四象二十八宿中单象的方位七宿之数相合，而九的数字则与九鼎之尊的天子典祀所用九鼎的数字吻合，此数当是设计者别具匠心的设计）。石尊的口径64厘米（为8×8的乘积数，此数恰与易经中的八八六十四爻以及中国传统文化中的八方、八宇、八卦的思想巧合）。石尊的底部直径为57厘米，缘厚7厘米，底厚8厘米，口沿部略微外敞，并带有唇边，唇边的厚度约为6厘米。从石尊唇边的缘底到石尊的底部高度为57厘米。由此可见，石尊的制作在尺寸和技术上的要求是非常考究的，其通高与口径尺寸仅仅差1厘米，几乎相等，口径的尺寸略大于通高的尺寸，这是较为罕见的现象。说明在取用石材时，工匠按照严格的规定在近乎方形的石材上进行的制作。石尊的底部与石尊唇部底缘到器物底部的尺寸也恰好相等，均为57厘米。这种精确的计算更说明了这一石尊的用途乃非同一般之物。

石尊所采用的石材为暗灰色的密度较高、质地坚硬的灰色玄武岩石，由于使用日久和历史年轮的剥蚀，致使石尊的表面呈现一抹青绿色。这种岩石多产于今黑龙江省牡丹江地区的宁安盆地和牡丹江流域以及镜泊湖附近。此地域是火山喷发后形成大量的玄武岩石的重要地区，蕴藏有丰富的玄武岩石块。女真之先民靺鞨人所建立的渤海国时期曾经创造了玄武岩石之文化并将其发展到鼎盛。其极具代表性的文物，就是渤海人用玄武岩石雕刻而成的石灯幢，现藏于黑龙江省牡丹江市渤海镇，渤海国上京龙泉府的遗址内。玄武岩石具有透水性强、抗打磨、有韧性、不易断裂和脆碎等特点，尤其在密度较高的玄武岩石上便于施展高浮雕式的凿刻和雕刻技术。这尊石尊在选材上，至少具有女真人承继靺鞨先民的传统文化和技术含量的因素。

石尊周身外部的前、后、左、右，按照中国传统文化中的四象、四神、四灵、四方的理念，雕刻有代表着"玄武、朱雀、青龙、白虎"的四方之神像的尊位。值得深思的是，在此石尊上所凿刻的四象形态和具象的四神，则与以往汉唐风格的四象和表现手法的四神有着极大的不同。首先，玄武的神态和表现手法，一改汉唐以来的龟蛇合一的神体，而是用一只神龟做攀爬前行之状，回首吐出一缕祥云，在空中回旋渐变为如意云朵之状。这种以祥云代替蛇身而表现出的玄武之神，不仅具有鲜活灵动的艺术感染力，更具有一种特殊的直接表达保佑国家昌盛、民族富强和吉祥如意的象征。从神龟口中脱颖而出的一缕由细渐粗的祥云飘渺的拖带来看，那条代表着玄武神象的蛇身已被这条祥云飘带所替代。此外，还可以从玄武岩的材料名称和四象之神体的"玄武"名称相一致的称谓中，看出女真人或渤海人当时选择玄武岩的直接用意是不言而喻的。这种玄武之神与玄武岩石恐怕不是一种偶然的巧合。神龟口吐如意祥云的图案直接表达了"神"的寓意，并与神龟图案下方的10个汉字铭文"承命建元收国，子曰典祀"的含义相合，预示着由女真人建立的大金王朝不仅是承天之命收复故国，而且也具有永葆大金国如意昌盛之意。

其次，与玄武相对应的石尊正面则是一只作金鸡独立之式的鹤鸟。鹤鸟的整个身体面对东方亦作趋步向前回首凝视状，鹤鸟的神态自然、飘逸、洒脱，傲视远方。在鹤鸟头部长喙的右上方有一朵祥云悬挂在空中，并与鹤鸟形成一体，给人一种鹤鸟如临仙境的意味。在鹤鸟长喙的下方则是表示山川或水波纹的高浮雕图案，显然鹤鸟是趋步于山川之间，飞翔于祥云之下，挺立于天地之间的神鸟，其寓意是具有神圣意义的灵禽之躯。尤其是鹤鸟的头上还特别用写实手法刻画丹顶鹤的头顶红，表现出丹顶鹤的那朵头顶红的突出形态。当然，以鹤鸟来替代南方神灵之躯的朱雀，则又是女真人或渤海人对四象、四神、四灵的重新理解和定义。作为中国传统文化中的四灵中的南方之神鸟朱雀，在这里完全变成了北方民族所尊奉的头上带有顶红的斑纹、象征着朱雀的鹤鸟。众所周知，朱雀亦称"朱鸟"，是中国古代神话中的南方之神，又可称之为凤凰或玄鸟。朱雀是传统文化中的四灵之一，也和其他三灵一样，是南方七宿的总称：井、鬼、柳、星、张、翼、轸。把这几个星座用线连接起来就是朱雀鸟的形状。朱，顾名思义，即为赤色，似火、红色。按照传统的五行德运之说来推演的话，南方属火命，具有火里重生的意境，又有火凤凰鸟之称。在汉唐和高句丽的古墓壁画的四象中的朱雀形象，则往往表现为红色的太阳之中有一只三足乌。《梦溪笔谈》卷七："四方取象，苍龙、白虎、朱雀、龟蛇。唯朱雀莫知何物，但鸟谓朱者，羽族赤而翔上，集必附木，此火之象也。谓之长离……或云，鸟即凤也。"《楚辞·惜誓》："飞朱鸟使先驱兮。"王逸注："朱雀神鸟，为我先导。"

总之，不管朱雀究竟是怎样的形象，但是有一点，那就是火鸟、朱、赤、红的色彩则是朱雀或玄鸟的主题。由此可见，渤海人或女真人之所以选择鹤鸟为南方之灵禽，则主要是选择了经常光顾北方的具有象征意义的丹顶鹤作为替代朱雀的象征。当时，渤海人控制的牡丹江下游以及兴凯湖附近的大片湿地均有大量的迁徙鸟类，诸如天鹅、大雁、野鸭、丹顶鹤以及各种鹳鸟在这里生存繁衍，可能渤海人早已熟知丹顶鹤的习性或被丹顶鹤这种特殊的飞禽所感动，并把它们作为一种图腾信仰加以崇拜，久而久之丹顶鹤便被渤海人作为一种文化符号固定在四象、四神、四灵的内涵中。把丹顶鹤作为玄鸟或朱雀的象征放在四象的位置加以崇拜，说明了东北古代民族对玄鸟或朱雀重新定位和认识，也充分显示了中原传统文化中一直以来对朱雀或玄鸟的具象不确定、悬而未决的意思，而女真人或其先民将其固定下来的决心和意志。丹顶鹤，又称仙鹤，在我国传统文化和民间文化中象征着延年益寿，长保国泰民安、家族兴旺的含义，在这里则是表达了女真人或渤海的先民对其国家祈福延年长久不衰之意。

石尊左右两侧的图案更为奇特。在传统文化四象中的左青龙、右白虎的神象，在这里被两个雕刻精美的头尾倒悬的摩羯纹浮雕所替代。石尊左侧的摩羯浮雕倒悬，头下尾上犹如悬在波涛之中，头如蛟龙，尾部与身躯均为鱼身。在摩羯的身上有水波纹饰横向漫布周身，犹如在汹涌的波涛中作腾翻之势，这是唐代与渤海国时期较为流行的摩羯戏水的图案。石尊右侧的摩羯图案与左侧的摩羯图案完全相同，只是方向相反，摩羯呈头上尾下之势。左、右两侧的摩羯图案的躯体上还带有伸展的两翼，一左一右，上下翻腾，犹如两条硕大无比的神灵，相向回游在波涛汹涌的海中。这种摩羯戏水之状也可以看作摩羯在云中腾飞之态，因为摩羯虽然在波涛中作翻腾之状，但摩羯图案中明确设计出展开双翅的姿态。硕大的翅膀伸展出飞腾的姿势，表现摩羯这种神物不仅是水中的大神能够翻腾于波涛之中，而且能够翱翔于天空之中。

摩羯图案又称“摩伽罗”“摩羯鱼”，其在印度神话中本是河水之精、生命之本，形象为凶猛无比的“海中大鱼”，又称“鱼中之王”。这种摩羯图案出现在中国古代，可能与佛教的东传有关。东汉至北魏前后佛教随着石窟艺术的逐渐东传，摩羯鱼或摩羯纹的雕刻艺术也随之而进入中国内陆。今天依然能够在敦煌石窟、麦积山石窟、云冈石窟、洛阳龙门石窟等北魏—隋唐时期开凿的石窟中找到摩羯鱼和摩羯纹的雕刻作品。《阿含经》中形容摩羯为“眼如日月，鼻如泰山，口如赤谷”。摩羯纹在唐代金银器和唐三彩纹样中已经普遍被采用，尤其是北方民族建立的渤海国与辽朝的金银器、铜镜、大型建筑用的石雕制品等器物多采用摩羯图案。特别是渤海国时期，还在宫殿建筑上采用了大量的摩羯石雕作为水口来代表皇权的象征。近年来，在渤海国上京龙泉府和中京显德府的考古发掘中，还发现和出土了大量修饰在宫殿顶部的摩羯鱼样式的琉璃鸱吻，并与《阿含经》中所描述的摩羯形象几乎完全相似。说明渤海人已经把摩羯鱼或摩羯纹的图案作为渤海国的皇家建筑、社会生活、宗教信仰、祖先崇拜、文化传统中最为重要的精神意志的象征物被固定下来。摩羯图案在唐墓的壁画中、辽代墓葬和渤海国墓葬出土的铜镜中以及贵族和皇家所用的金银器，如手镯、耳环等中也有充分的反映，后来摩羯纹在辽代金银器和辽三彩中也均有表现，说明摩羯图案在那个时代是非常流行的。宋金时期以后这种摩羯纹的装饰却很少流行。

隋唐与渤海国时期的摩羯图案的特点，为长隆嘴、利齿、突睛、鱼身鱼尾，用来象征大海中水族的权威，装饰题材多为"摩羯戏水"和"水波摩羯"。成双或单个的摩羯鱼在波涛翻滚的水浪之中，或追逐嬉戏，或遨游腾翻，水波与摩羯鱼均具有鲜明的动感。石尊上的这对摩羯，一只倒悬于汹涌的波涛中展开双翅劈波斩浪，另一只则引颈翱翔于空中。为了表现摩羯既能鱼翔浅底，又能翔羽长空的灵禽特征，工匠们特意把祥云和山岳置于摩羯的上下，以表现天地相衬。如从摩羯纹的特点观察这件石尊，其风格和具有的时代特征均有唐、渤海之遗韵。值得一提的是，中国的传统文化也一直保留着鱼化龙和鲤鱼跳龙门的传说，唐代为李氏王朝，李氏与鲤鱼的"鲤"字谐音，鲤鱼化龙的故事蕴含着李氏王朝为君权神授的意义，因此从唐朝开始流行鲤鱼图案，这种鲤鱼化为龙的含义与摩羯的龙首鱼身的图案具有千丝万缕的联系，更何况摩羯图案是随着佛教的东传而进入中国的，它的宗教含义与中国固有的"君权神授"思想相互碰撞融合，而成为一种流行的文化图案。皇家采用了龙首鱼身的摩羯图案来装点宫殿和皇家的建筑，而民间则采用鲤鱼化龙的故事来装点自己的生活，并期盼子女成为龙子龙孙或沾染龙气以求富贵。当然在这件石尊上摩羯头部的图案几乎就是龙首的形象，这是一种深受中国文化影响的摩羯图案。

从艺术的角度看，石尊上的四象无论是从构图、造型，还是表现的工艺手法以及雕刻的技法都属于精湛之作。神龟、祥云、仙鹤、摩羯以及用夸张的表现手法所凿刻的水波纹和山脉的每一笔刀法，呈现圆润、简捷和婉约，表现工匠心领神会的高超技艺。尤其是灵禽和动物的神态和悠然的肢体动作都在这种技法下，表现栩栩如生的灵动之美。

石尊上的10个汉字铭文凿刻的技法与四象图案的技法相比，显得十分不协调，文字显得粗犷而拙笨，而图案则显得精雕细琢，刀法细腻而流畅，显然不是同时代的产物。石尊四象图案与石尊当是同时代的产物，尤其是"承命建元收国"六字铭文是凿刻在玄武图案之下，而"子曰典祀"则是凿刻在代表朱雀的仙鹤下方。可见这件石尊上的10个汉字铭文被分成两部分，刻在四象前后玄武和朱雀的下端，其寓意非常明显的是重北轻南。"子曰典祀"是刻在前朱雀的下方，是说明登基大典的时间，而"承命建元收国"则是刻在石尊的后玄武的下方，所表达的主要内容是建立国家的年号，说明了女真人把北方作为最尊崇的地位，建元收国的寓意非常明显，就是要收复女真之先民靺鞨人创立的渤海之国。渤海国是被长期压迫女真人的辽朝于926年所灭，距离女真人1114年建国长达98年，近一个世纪。然而，女真人并没有忘记渤海国被辽王朝所灭亡的事实。女真人之所以要强调"收国"的寓意，显然就是想把渤海人拉进他的灭辽联盟的大军。女真贵族精英们认为这是反辽战争能否取得胜算的重要因素之一，当然女真人采纳了包括渤海人杨扑在内的一些谋士的建议而最终确定下来"渤海女真本同一家"的政治联盟策略。

第三节 确定石尊为金代建国的重要礼器的价值

金代"建元收国"四象铭文石尊出土于2006年6月，已有许多国内外专家给予高度评鉴，并确认为金代开国典祀的重要文物。尤其是著名国际辽金史、契丹文、女真文字专家乌拉熙春教授，对石尊铭文："承命建元收国，子曰典祀"的综合考证所得出的确凿结论，是判定该石尊为金代开国典祀的重要依据。乌拉熙春教授对石尊铭文由来的考证精当到位，并从契丹文与女真文字的比较研究中得出了令人信服的结论，本文所作出的所有结论和推论都是对其研究结论的补充和延伸。归纳起来，判定石尊的年代和此件文物的价值，大致有如下几点。

第一，笔者认为，"金代建元收国铭文石尊"的称谓，应改为"金代'建元收国'四象铭文石尊"。因为在此石尊上除了刻有10个铭文汉字"承命建元收国，子曰典祀"之外，更为重要的是石尊周身的外表刻有四象、四神、四灵的特殊图案，与石尊上的铭文同等重要，应引起学术界、博物馆界、收藏界的高度重视，故建议将其名称改为"金代'建元收国'四象铭文石尊"。

第二，"金代'建元收国'四象铭文石尊"周身所雕刻的四象、四神、四灵图案的内容，与汉唐以来的四象、四神、四灵图案有着很大的不同。其中的玄武已由龟蛇合一的图案演化为神龟回首吐祥云的图案，而神鸟朱雀则被北方民族喜欢的丹顶鹤所替代，左青龙、右白虎已被相向倒悬的龙首鱼身鱼尾的摩羯图案所替代。这种四象、四神、四灵的变化，是东北古代民族女真人或其先民靺鞨人在接受中原汉唐文化的同时，根据自己的生活环境与文化理念和图腾崇拜的特点，最终完成了对传统四象、四神、四灵图案的嬗变，其中蕴含着丰富的文化内涵且具有十分重要的学术研究价值。四象图案所显示的年代特征，是典型的流行于唐朝或渤海国时期、辽朝初年的一种图案，因此可以推断这件石尊的产生年代当属女真建国前100年的渤海人的遗物。

第三，石尊上的雕刻艺术和工匠的技法，反映出唐代、渤海、辽朝三代流行的高超技艺之法。不仅属于精湛的艺术品，更为重要的是石尊的通高、口径、底部、厚度等尺寸的数字，具有非常神秘的文化含量。如：通高63厘米之数，当为7×9乘积的总和，7寓意为四象、四方的二十八宿的星位，9则预示着九鼎之尊。石尊口径的64厘米之数，是8×8的乘积数，则蕴含着八方、八位、八卦的思想。石尊作为一件神圣之物，其尺寸数字与易经中的八卦四象正合，因此定其为重要的礼器或重器当属无误。

第四，"金代'建元收国'四象铭文石尊"制作的石材，选自于黑龙江省牡丹江流域渤海国的上京龙泉府附近的玄武岩石块，利用玄武岩雕刻的技法以及创作具有深厚主题思想的标志性文化作品，早在渤海国时期即臻于成熟。目前在渤海国上京龙泉府内仍然保存着渤海国时期靺鞨人用玄武岩雕刻而成的石灯幢，说明利用玄武岩石雕刻成重要的礼器和宗教意味的作品是女真先民的一种传统工艺技术和成熟的思维定式。

第五，石尊周身雕刻的四象图案与石尊上的铭文，不是同时代的产物的迹象已经十分鲜明。由此可见，金朝建元收国的用意非常明显，即寓意在于收复女真先民靺鞨人所创立的渤海之旧国。从四象图案的时代特点上看，石尊当为渤海国立国之重器，女真人之所以选择此石尊作为开国典祀的圣物，其用意就是在于神化女真灭辽的决心的同时，要广泛建立灭辽的联盟。由此也可以看出，渤海国虽然被辽王朝灭亡了将近100年，但是渤海人的复国之心是非常强烈的，而女真人则是抓住了渤海人的这一心理，打起了渤海女真本同一家，收复故国的大旗。此石尊中的铭文是女真人建立灭辽同盟这一思想和政治目标的重要体现。

第六，石尊的皮色呈青灰色并泛有青绿的包浆，向人们昭示了"金代'建元收国'四象铭文石尊"经久的历史记忆，尤其是玄武岩上的点点斑驳更是石尊历经千年风雨剥蚀的重要痕迹。从文物的历史悠久所显示的"老件重器"的特点上看，当属千年之物无疑。

第七，石尊的出土地点明确，且临近金上京会宁府和金朝初年开国典祀所在地的祖庙所在地。这一出土地点与金上京城址、祖庙遗址、朝日殿遗址、亚沟祖先石刻画像、山陵、合陵、胡凯山等重大金代金源文化遗址，均处在同一条中轴线，证明石尊出土地点并非偶然，很可能这一地点就是当年女真人"承命建元收国、子曰典祀"，行"崇东拜日""酌水（酒）祭拜"之礼的地方。

据上述诸条依据：笔者认定此石尊当为渤海国靺鞨人的遗物，后经女真人之手作为金朝开国典祀，建元"收国"的重器。"承命建元收国、子曰典祀"十字铭文则为金代女真人建国时后补刻上去的，因此铭文与四象图案显得很不协调。

建议金源文化研究院与阿城区政府、龙江龙博物馆协商，将金代四象石尊作为金源文化的标志性建筑和徽章进行设计开发制作，以彰显金源文化与中华文明传统文化的融合关系。

第三章　义县金明昌三年《宜州大奉国寺续装两洞贤圣题名记》碑再考

第一节　《宜州大奉国寺续装两洞贤圣题名记》碑概况

金明昌三年所立《宜州大奉国寺续装两洞贤圣题名记》碑（以下简称"金明昌三年碑"）现藏于锦州义县奉国寺大雄宝殿外槽西侧，属维修碑记，是奉国寺内现存年代最早、体积最小、文字最少的一通碑记。碑质为红绵石，石质坚硬，雕工细密，通高166厘米，立于龟趺座上。奉国寺名即初见此碑。该碑由碑首、碑身、碑座三部分组成，碑首现已断为两块，高39厘米，宽80厘米，厚20厘米，上透雕双龙盘结，碑额阴刻篆书"大奉国寺"。碑身高99厘米，宽65厘米，厚16厘米。碑身阳面四周阴刻回纹边框，回纹上刻有龙纹，碑阳阴刻楷书16行，满行25字，最后一行"李通刊"三字较小，刻在倒数第二行最下部，似为补刻。[①]全碑共368字，字体工整清晰，阴面无字，碑身左侧面刻有"见寺主沙门义连，见维那沙门惠洪，见尚坐沙门惠周"21字。碑座为赑屃座，高29厘米，宽65厘米，屃头有残毁。

根据碑文记载，该碑镌刻于金明昌三年（1192），碑文简洁精炼、笔法生动，主要记述了奉国寺初建时的宏大规模以及金天眷三年（1140）续装大雄殿前两庑四十二尊贤圣之事。从碑文内容可知，辽亡金初之际，奉国

---

① 赵振新主编：《锦州市文物志》，学苑出版社2005年版，第90页。

寺僧通敏清慧大师捷公，曾于大雄宝殿殿前东西相对之两庑凿洞，内置120尊贤圣像，并饰以重彩涂金。其中，42座贤圣像未能如期塑成。金天眷三年（1140），寺主义擢与尚座义显、都和义谦商议续塑贤圣像，并在本郡民众的帮助之下，圆满完成续塑工程。金明昌三年（1192），由清惠大师觉俊立石。

根据奉国寺大雄殿内元大德七年《大元国大宁路义州重修大奉国寺碑》中"开泰九年处士焦希赟创其基"所记可知，奉国寺始建于辽圣宗开泰九年（1020），由处士焦希赟负责开基始建，中经特进守太傅通敏清慧大师捷公"述其事"，终由沙门义擢"成厥功"①。奉国寺占地面积6万平方米，是中国古代保存至今最宏大和最完整的单檐木构建筑，存有世界规模最大、最古老的彩绘泥塑造像群，是国内现存辽代三大寺院之一，也是我国现存最大的辽代单体木结构建筑，被梁思成先生誉为"千年国宝，无上国宝，罕有的宝物"。奉国寺初名咸熙寺，因大殿内供奉七尊大佛，故又称大佛寺或七佛寺。金代改称大奉国寺。辽金两朝，对佛教极为重视，甚至抬高到国教地位，常在城内外兴建大型寺庙及佛塔，且规模宏大。奉国寺所在的辽西地区是当时佛教最为繁盛的地区之一。元代以后，由于连年战争，该地原本繁盛的佛教景象日益衰退，奉国寺也日趋衰落。现今奉国寺内只有大雄宝殿作为辽代建筑完整保存下来，其余多数建筑均为清代续建。金明昌三年碑碑文所反映的正是辽金时代奉国寺发展的鼎盛时期。据碑文内容可知，当时寺内"宝殿穹临，高堂双峙，隆楼杰阁，金碧辉煌，潭潭大厦，楹以千记，非独甲于东营，视佗郡亦为甲"。可见，当时奉国寺规模之大与香火之盛。奉国寺大雄宝殿内共矗立有金、元、明、清各朝碑刻12通，其中最具史料价值当属金明昌三年碑。

---

① 王晶辰主编：《辽宁碑志》，辽宁人民出版社2002年版，第50页。

第二节　《宜州大奉国寺续装两洞贤圣题名记》碑研究概要

金明昌三年碑虽然体积不大，字数不多，但却是现存记录奉国寺历史的最早实物资料，涉及历史上的许多重要问题，对研究奉国寺的创建年代、庙宇名称、建筑规模、续修历史，特别是辽金两代奉国寺所在古城的建制沿革、佛教文化以及碑文中提到的重要历史地理称谓，都具有很高的史料价值。碑文还具有相当高的文学艺术价值，词句朗朗上口。从雕刻艺术上看，该碑也是碑刻石林中的难得珍品。

关于金明昌三年碑的研究概况，在新中国成立初期关于奉国寺的调查报告中，仅着重对大殿的保存现状与结构、平面等方面进行了相关论述，尚未涉及此碑。[①]清代孙星衍编写的《寰宇访碑录》最早著录此碑。民国以后，《奉天通志》[②]《满洲金石志稿》[③]《满洲金石志》[④]等也进行了著录并附有考证，对后来地方史与东北碑刻研究的学者影响较大。其中，《奉天通志》编撰时间较早，且考证略详。进入21世纪以后，《辽宁碑志》[⑤]《锦州市文物志》[⑥]《义县通史》[⑦]等书亦有收录与简要考证，但大多因袭《奉天通志》和《满洲金石志》，创见不多。

---

① 参见《义县奉国寺调查报告》，《文物参考资料》1951年第9期，第120—121页。于倬云：《辽宁省义县奉国寺勘察简况》，《文物参考资料》1953年第3期。杜仙洲：《义县奉国寺大雄殿调查报告》，《文物》1961年第2期。

② 王树楠、吴廷燮、金毓绂等撰：《奉天通志》卷255，沈阳古旧书店1983年版。

③ [日]南满洲铁道株式会社总务部资料课编：《满洲金石志稿》（第1册）卷五三，1936年版。

④ 罗福颐校录：《满洲金石志》，台北艺文印书馆1976年版，第302—305页。

⑤ 王晶辰主编：《辽宁碑志》，辽宁人民出版社2002年版，第48页。

⑥ 赵振新主编：《锦州文物志》，学苑出版社2005年版，第90页。

⑦ 崔向东主编：《义县通史》，黑龙江人民出版社2019年版，第221—223页。

近年来，又有专门研究文章发表，对碑文内容及作者进行了相关考证。关于碑文作者张邵，《奉天通志》《满洲金石志》等均引用《宋史·张邵传》相关记载，但并没有对张邵是否到过宜州以及撰写碑文的相关背景和时间进行详细考证。姜念思对此进行了专门考证。作者依据《宋史·张邵传》并征引《三朝北盟汇编》《云麓漫抄》等文献，经过梳理考证，认为张邵在羁留金朝期间，的确在宜州住过一段时间，并且很可能就在奉国寺讲学维持生活。鉴于金天眷三年（1140）义擢开始续装两洞贤圣42尊像，1143年张邵则已从会宁经燕京返回南宋，则碑文应该撰写于1140—1142年之间。①

张连义对碑文内容也作了简要考证，并提出了值得进一步研究的问题：（1）立石时间与地名不相符。义县辽朝时称宜州，沿用到金初。金明昌三年碑仍称"宜州大奉国寺"，显然时间与地名不相符。作者推断，碑文撰写于天眷三年（1140），明昌三年（1192）立碑时，碑文没有更改，所以造成立碑时间与地名不相符的结果。（2）奉国寺大雄殿西侧元大德七年碑称"州之东北，维寺曰咸熙，后更奉国"。此观点被后代沿用，即奉国寺原名咸熙寺。但作者认为金明昌三年碑碑文并无咸熙寺记载，一个已有120年建寺史的咸熙寺如果更名奉国寺，而不在碑文中提及，显然不合情理。所以作者认为奉国寺原名咸熙寺证据不足。（3）为何碑文撰写52年之后才刊刻立石，至今没有定论，有待继续研究。②

刘俭、邵恩库也从碑文内容出发，对碑文相关问题进行了考证，并提出铭文记载的缺憾与历史谜团。考证内容涉及张邵事迹、"燕"地范围、古时义县曾称东营以及医闾、白霄、辽海、幽蓟等碑文所指的范围和碑文所提及的相关纪年的释义。作者特别提到，"辽海"二字指称东北地域首见于此碑。作者同样在这篇文章中指出了碑文记载的缺憾与谜团，一是没有奉国寺

① 姜念思：《金代〈宜州大奉国寺续装两洞贤圣题名记〉的撰者张邵》，《辽金历史与考古》（第二辑）2010年。
② 张连义：《义县奉国寺金明昌三年碑考》，载高延青主编《北方民族文化新论》，哈尔滨出版社2001年版，第387—392页。

始建年代、创建寺名以及创基人、始建人的相关记载，也未写明塑佛、建塔、修庙的具体时间；二是碑阴与右侧空无一字，更无另立"人名碑"，此与碑文不符；三是碑座只有龟体，而无龟首，只在龟之颈根处有一雕凿之方孔，其毁失原因则同样无考。①

关于碑文所提清慧大师，张连义先生通过对"特进守太傅""管内僧政"和"赐紫"分别加以考证，确定清慧大师即是辽末金初的著名僧人，在辽末便深受皇帝尊宠，于宜州地区管理僧政事务。碑文撰写之时，清慧大师已离开奉国寺，而由当时寺主义擢完成了42尊贤圣像续装工程。关于其离开宜州后的去向，作者结合郭长海先生在《大金皇家储庆寺与两位大师考》一文中的考证，认为清慧法师与金皇统三年（1143）应金熙宗之诏入住储庆寺并于皇统六年（1146）主持储庆寺的清慧大师实为一人。②

第三节　《宜州大奉国寺续装两洞贤圣题名记》碑文作者张邵及相关称谓考证

碑文作者张邵，字才彦，《宋史》有传。南宋绍圣三年（1096）出生，和州历阳郡乌江县人，曾任衢州司刑曹事等职。建炎二年（1128）二月，张邵上疏，力主迁都建康（今江苏南京）。其时，金军渡过黄河南侵，"朝廷求可使者，欲止其师，莫有应者，公慨然请行。上嘉之"。于是，建炎三年（1129），张邵"授奉议郎、直龙图阁、借礼部尚书、充奉使大金军前使"③。由于在面见金国左监军完颜昌时，拒绝以臣礼拜见，张邵被

---

① 刘俭、邵恩库：《奉国寺金明昌碑考释》，《辽金历史与考古》（第二辑）2010年，第373—377页。
② 张连义：《辽朝宜州奉国寺清慧大师其人》，《东北史研究》2006年第2期。
③ 《礼部尚书奉使金国待制张公行实》，载徐梦莘编：《三朝北盟会编》第222卷，上海古籍出版社2008年版，第1605页。

金军押解至密州（今山东诸城），囚于柞山寨土牢达半年之久。建炎四年（1130），金国册立宋朝降将刘豫为齐国皇帝，使用金朝年号。张邵因对刘豫仅"长揖而已，呼为殿院，责以君臣大义，词气俱厉"，而触怒刘豫，被其拘送至燕山僧寺，不久转徙燕北饥寒之地，后又北徙至金上京会宁府（今黑龙江阿城）。拘押金国期间，张邵辗转于北方各地，虽饱经磨难，但始终守节不屈，拒绝出任官职。绍兴十三年（1143），宋金首次议和达成之后两年，张邵自会宁经燕京，与洪皓、朱弁二人会合同行南归。同年八月，张邵回到南宋，后历官敷文阁待制，提举江州太平兴国宫，知池州，终为祠禄官去世。自建炎三年（1129）至绍兴十三年（1143），张邵被金国扣押长达14年之久。

《宋史·张邵传》并未提及张邵是否到过奉国寺所在之宜州，仅在述及"拘之燕山僧寺"之后提到"从者皆莫知所之"，碑文当中亦没有涉及。查《三朝北盟会编》卷二百二十二《礼部尚书奉使金国待制张公行实》记载，"（张邵）转徙益北，至平州、栾州、兴中府、义州、中京、会宁等处，去燕山东北二千余里，羁縻流放，不复问其所止"。《金史·地理志》载，"义州，下，崇义军节使。辽宜州，天德三年更州名"。由此可知，《三朝北盟会编》所提义州，即辽置宜州。由此确定，张邵在离开燕山，流放上京会宁府之前，确曾到过宜州。① 辽朝在其统治区域设置五京，其中宜州隶属于中京道大定府，原为东丹王耶律倍秋狝之地，辽世宗以定州俘户置州。"统和八年三月置宜州。"② 金海陵王天德三年（1151）改为义州。因此张邵在撰写碑文之时仍沿用辽代宜州旧称。

根据《宋史·张邵传》与《三朝北盟会编·礼部尚书奉使金国待制张公行实》记载，张邵出使金国时间是在建炎三年（1129）。从碑文可知，奉国

---

① 此外，根据南宋赵彦卫的笔记集《云麓漫抄》记载，宜州是当时被扣留宋使的主要羁留地，郭元迈、张邵、崔纵、郭元明、杨宪、崔澜等多人可能都曾在宜州居住过。参见姜念思：《金代〈宜州大奉国寺续装两洞贤圣题名记〉的撰者张邵》，《辽金历史与考古》（第二辑）2010年。

② （元）脱脱：《辽史·兴宗本纪》，中华书局 2016 年版。

寺续装两洞贤圣像是在天眷三年（1140）。而张邵在会宁府接到返宋诏令是在绍兴十三年（1143）。也就是说，张邵只可能于1140年至1143年间撰写该碑文。宜州与会宁府路途遥远，且张邵在会宁府授徒讲学，"以易讲授，学者为之期，日升僧坐，鸣鼓为候，请说大义，一时听者毕至。由是生徒或有钱米帛之馈，则赖以自给"。①如此教学规模，肯定不是短时所为。因此，张邵不可能是在前往会宁途中第一次经过宜州写下这篇碑文。作为宋金绍兴和议内容的一部分，金朝于皇统三年（1143）癸亥二月初六下令放还张邵。《三朝北盟会编》记载张邵于同年四月十四日到达燕山，故笔者推断，张邵当在宋高宗绍兴十三年（1143）二月至四月间，返回燕京途中再次经过宜州，了解到义擢等人续修奉国寺贤圣塑像并修补妆銮之工，故而受邀写下碑文。

　　碑文生动记录了奉国寺所在义县古城的地理位置、民风景物以及该地"佛塔庙于其城中，棋布星罗，比屋相望"的壮观佛教景象。碑文首句"自燕而东，列郡以数十，东营为大，其地左巫闾，右白霄，襟带辽海，控引幽蓟"气势恢宏，运笔如椽，形象地指出了奉国寺地理位置的重要性。"燕"指今河北北部燕山地区。作者张邵曾经被伪齐刘豫政权流徙至此，奉国寺所在辽西地区正好位于燕山以东。"列郡以数十，东营为大"，形容燕地以东，有郡一级的行政建制单位达数十个之多，奉国寺所在地东营最大。"东营"称谓系宜州古称，金代在该地并未有"东营"或"营州"称谓的建制，辽代亦无。唯有唐朝时期设营州总管府于柳城（今辽宁朝阳），后设都督府，是唐朝控制东北地区的前沿重镇。辖区包括今辽西一带。后被奚人占据，辽代初期，为安置所俘获的奚人及河北汉民，重新修葺柳城，设立霸州彰武军。辽兴宗重熙十一年（1042）改为兴中府。据统计，不仅金明昌三年碑两次提及"东营"，奉国寺院内还有另外5通碑幢中的6处碑文均记载了奉国寺所在地古称"东营"。②值得注意的是，张邵在描述辽西地望的时候，都

①　（宋）徐梦莘：《三朝北盟会编·卷二百二十二》，上海古籍出版社2019年版。
②　刘俭、邵恩库：《奉国寺金明昌碑考释》，《辽金历史与考古》（第二辑）2010年。

是使用"郡""东营"等汉族政权的行政建制称号。这与张邵本人的汉人使节身份和政治认同有关。

"左医闾，右白霫，襟带辽海，控引幽蓟"一句凸显出奉国寺所在地区的恢宏气势，地控山谷冲要，素为交通孔道，战略位置极为重要。"医闾"即指东面医巫闾山，"白霫"是我国古代北方少数民族之一，在奚族和契丹之北，分布范围与北魏时期的地豆于相近。有学者认为白霫即是地豆于后代。①据史料可知，白霫主要活动于唐代至辽代时期。金代以后，史籍鲜有记载。张邵这里并非确指霫族，而是指代其曾经分布的地区，即位于奉国寺以西的今内蒙古西拉木伦河辽上京临潢一带。"襟带辽海"中的"辽海"也是非常重要的地域文化概念。辽海地名含义颇为丰富。关于"辽海"地名，金毓黻先生在编辑《辽海丛书》时的考释最具有代表性，他引用《魏书·库莫奚传》等史书记载，认为"故称辽东而赅辽西可也，称辽海而赅吉、黑亦可也"，显然把"辽海"引申为"东北"之别称。不过金明昌三年碑碑文中的"辽海"不能理解为地域概念，而是分指辽河与渤海。从地理分布上看，奉国寺所在地区正是位于西辽河、下辽河与渤海的环抱之中。需要特别指出的是，"辽海"一词虽然不是首次出现，但却首见于金代碑石。"控引幽蓟"中的"幽蓟"则泛指今河北、北京地区。

碑文还提到建造贤圣像的"特进守太傅通敏清慧大师"，"特进守太傅"之职，是辽代皇帝特别赐给他的荣誉官衔。辽代承袭唐制，授予僧官具有一定政治地位的俗官官职，虽非实职，但可表明其声望、学识得到皇帝认可。辽代皇帝多崇信佛教，更喜好研究佛理，不少高僧都曾冠此俗官职衔。至于碑文末尾署名"前管内僧政清慧大师赐紫沙门"中的"管内僧政"，则是清慧大师担任的辽代地方专职僧官，具有实职，负责管理奉国寺所在地区僧政事务。"赐紫"一词也表明清慧大师为皇帝所尊崇，特赐予紫衣待遇。

---

① 蒋秀松等著：《东北民族史纲》，辽宁教育出版社1993年版。

根据张连义先生的考证，清慧大师在金皇统三年（1143）应诏入住会宁储庆寺，后又赐"佛智护国大师，登国师座"[①]，说明张邵在撰写碑文时，清慧大师已经离开奉国寺北上，此时沙门义擢已升为寺主，故署名"前管内僧政"。此外，据《宋史》和《三朝北盟会编》等史料记载，张邵在出使金国期间曾北徙上京会宁府，张邵本人"喜诵佛书，虽异域不废"，极有可能与清慧大师在上京会宁府相识，并听闻大师忆及早年曾为奉国寺建造贤圣像。

碑文第二段开头有"圣朝天眷三年"字样，张邵作为宋代使臣，在面见金代高官时尚能恪守臣节，不惜因此遭难，所以他绝对不会在碑文中称金朝为"圣朝"。当是明昌三年立碑时金人改写。金明昌三年碑还有一大疑点。碑文结尾处记载有"乃以檀越为名氏，依施财先后为次，列于碑刻，用告来者"。但是该碑阴面和右侧面均无文字，也没有另立"人名碑"。《满洲金石志》怀疑"施墨人失拓"或是"明昌三年立石时即未刊"[②]。由于该碑碑文创作与立石刊刻相隔半个世纪，笔者分析，很有可能是金明昌三年立碑时，因各种原因，未能找到当初施财人详细名录，或是施财者中有金人刻意回避的人士，因此只刻写了碑铭。

以上是笔者根据目前掌握的资料，对该碑初步作了不成熟的考证与推想。限于能力所限，定有缺陷与谬误，恳请专家批评指正。

---

① 张连义：《辽朝宜州奉国寺清慧大师其人》，《东北史研究》2006年第2期。
② 罗福颐校录：《满洲金石志》，台北艺文印书馆1976年版，第305页。

第四章　金代肇州地理位置再研究

金代肇州，原为辽出河店。肇州之名取"肇基王绩"意，辽天庆四年（1114）阿骨打在涞流水（今称拉林河）起兵，正式举起誓师反辽的大旗。宁江州首战告捷后，女真兵锋又指向辽又一军事要地出河店。阿骨打运用机动灵活的作战方式，以少胜多，大破辽军。出河店之战是女真反辽阶段具有决定性意义的一战，既显示出阿骨打卓越的军事指挥才能，又展现了金军锐不可当的士气。恰如"辽人尝言女真兵满万则不可敌"①，经此一役，敲响了辽的丧钟，东北亚乃至东亚秩序再度被打破。

金朝在经历百余年的发展繁盛后，逐渐衰落。天兴三年（1234），蒙古灭金，但肇州建置得以保存。元朝灭亡后，肇州便湮没在历史尘埃中，具体地理位置也逐渐被后人所淡忘。直到近代黑龙江省设置肇州县，这一地理名词才得以重见天日。而此时肇州地理位置已非原来金朝肇兴之地的肇州城。

作为有重要意义的历史地名，清代以来就不断有学者对金代肇州的地理位置进行过考述。归纳各家之说，竟多达十余处，按时间先后大体排列如下：（1）清代阿桂的《盛京通志》与《满洲源流考》《嘉庆重修大清一统志》《蒙古游牧记》，顾次英的《吉林地理纪要》等史乘将其定于今吉林扶余市的伯都讷古城东南；（2）曹廷杰的《东三省舆地图说》《吉林通志》《满洲历史地理》（第二卷）定点于伯都讷逊扎堡站东北十余里珠赫城，即

---

① （元）脱脱：《金史》卷2《太祖本纪二》，中华书局1976年版，第25页。

朱家城子；（3）屠寄在《黑龙江舆图说》一书中认为在"珠克都噶珊"，即今黑龙江省肇源县西55里的茂兴站吐什吐，之后谭其骧的《中国历史地图集·东北地区资料汇编》亦沿用此说，具有较大影响；（4）金毓黻所撰《东北通史》将金元肇州定位在今拉林河入松花江处，嫩江和松花江汇流处的东方某一古城，其地与得胜陀①东西相直；（5）景爱曾提出，其地在今吉林省农安县；（6）孙秀仁、张柏忠、那海州等认为当位于塔虎城，景爱其后又修正观点支持此说；（7）李健才等提出肇东县八里城说；（8）张博泉、程妮娜、陈士平等认为肇源县望海屯古城为金肇州；（9）王景义、杨中华等认为金肇州位于肇源县茂兴渔场勒勒营子古城；（10）近年来，笔者在梳理前人成果的基础上针对上述地区进行了实地调查和文献的校雠考证，并对吕国明近年提出的金肇州为大庆市青龙山古城的观点进行了综合研究。

金代肇州地理位置的众说纷纭，既体现了学界对金肇州的高度关注，也说明了金代肇州历史地理位置的不明确性和复杂性。不过，以往多数研究对金代肇州缺乏学术史的梳理与辨析，以至于众多重复性工作限制了研究的视野，严重影响了挖掘史料与实地考证的深度。部分研究虽对学术史及各家学说有所归纳，但多过于简单，既统计不全，又未能追溯其源流。个别研究甚至出现张冠李戴的现象。为更好地吸收前人研究成果，辨析各说，确定金代肇州的具体方位，金代肇州历史地理研究的学术史梳理与综述便显得十分重要。本文在史料爬梳与归纳总结前人研究的基础上，结合辽金泰州、长春州、长春县等相关历史地理问题与考古新发现，对金代肇州的地理方位再作考证。

---

① 得胜陀，即金世宗于大定年间从金中都出发至金上京省亲，途经金太祖完颜阿骨打起兵反辽之地的拉林河畔，触景生情回想当年太祖率领女真人起兵反辽之艰难，故发誓愿立碑以告慰祖先，警示后人。此碑现存吉林省扶余市徐碑崴子村附近。

第一节　历史文献中的金代肇州

金代肇州，即辽之出河店。《辽史》与《契丹国志》[①]对辽金出河店之役的描述，可视为有关金肇州之地的最早记载。

金开国后，始有肇州建置。《金史》所书较为详尽，是现阶段肇州历史地理考证的最重要文献之一。建置方面据《金史·地理志》载："肇州，下。防御使。旧出河店也。天会八年，以太祖兵胜辽，肇基王绩于此，遂建为州。天眷元年十月，置防御使，隶会宁府。海陵时，尝为济州支郡。承安三年，复以为太祖神武隆兴之地，升为节镇，军名武兴。五年，置漕运司，以提举兼州事。后废军。贞祐二年复升为武兴军节镇，置招讨司，以使兼州事。户五千三百七十五。县一：始兴。"始兴县其下小注云："倚，与州同时置。有鸭子河、黑龙江。"[②]《金史·地理志》基本叙述了金肇州建置始末、城市级别、户口辖县、境内河流及地理方位。与此同时，《金史·地理志》亦有"（上京会宁府）西至肇州五百五十里""（泰州）东至肇州三百五十里"[③]的记录。这两则史料成为诸家考订金代肇州时必须参考的关键性线索。在《金史·太祖本纪》出河店一役中"辽都统萧纠里、副都统挞不野将步骑十万会于鸭子河北。太祖自将击之"[④]等记录也成为锁定肇州大致地理范围的主要依据。除此之外，《金史·食货志》中"辽、金故地滨海多产盐，上京、东北二路食肇州盐……（大定二十四年）蒲与、胡里改等路食肇

---

① （元）脱脱：《辽史》卷27《天祚皇帝一》，中华书局2016年版，第328页；（宋）叶隆礼撰：《契丹国志》，中华书局2014年版。

② （元）脱脱：《金史》卷24《地理上》，中华书局1976年版，第551页。

③ （元）脱脱：《金史》卷24《地理上》，中华书局1976年版，第551页。

④ （元）脱脱：《金史》卷2《太祖本纪二》，中华书局1976年版，第25页。

州盐，初定额万贯，今增至二万七千"①等语，证明了肇州地区为金代主要产盐地。

同时期的文献对肇州鲜有涉及。如《三朝北盟会编》中，仅对出河店之役有零星记载，在统计金州县建置数目时，列有肇州。②《大金国志》卷38《京府州军》中载肇州为二十一处防御州之一，此外便只记载了天辅三年（1120）春正月肇州的一场灾祸，"肇州之始兴、隆州之利涉地震，陷死数千人"③。

金末肇州渐废，蒙元再度恢复肇州建制，对此描述同样简略。《元史·地理志》肇州条注言："按《哈剌八都鲁传》至元三十年，世祖谓哈剌八都鲁曰：'乃颜故地曰阿八剌忽者产鱼，吾今立城，而以兀速、憨哈纳思、乞里吉思三部人居之，名其城曰肇州，汝往为宣慰使。'既至，定市里，安民居，得鱼九尾皆千斤来献。又《成宗纪》：元贞元年，立肇州屯田万户府，以辽阳行省左丞阿散领其事。而《大一统志》与《经世大典》皆不载此州，不知其所属所领之详。今以广宁为乃颜分地，故附注于广宁府之下。"④除此之外，别无其他。《元一统志》则更为简略，只书"上京之北曰肇州，治始兴县。金皇统三年置"⑤十余字。随着蒙元政权的崩溃，金代肇州也逐渐被人淡忘，沉寂于历史。直至清代撰修地方志时，方才重新进入世人视野。

由阿桂在所撰的《盛京通志》中提出"肇州古城，在白都讷南"⑥的观点，其书卷31《白都讷境内历代旧有城址》言："古城（伯都讷城）东南四里阿勒楚喀河西岸，周围四里内有子城，门濠莫考，相传为金时肇州城遗

---

① （元）脱脱：《金史》卷49《食货四》，中华书局1976年版，第1093页。

② （宋）徐梦莘：《三朝北盟会编》卷244《炎兴下帙一百四十四》，上海古籍出版社1987年版，第1755页。

③ （宋）宇文懋昭：《大金国志》卷38《京府州军》，中华书局1986年版。

④ （明）宋濂等：《元史》卷59《地理二》，中华书局1976年版，第1396—1397页。

⑤ （元）孛兰肹等编纂：《元一统志》卷2《辽阳等处行中书省》，中华书局1966年版，第222页。

⑥ （清）阿桂等纂修：《盛京通志》卷32《城池四》，文渊阁四库全书本，第501册，第650页。

址。"①而又于其主编的《满洲源流考》中延续了这一观点，并详细论述由金入元肇州建置过程。原文转录如下：

卷12载："《金史》肇州防御使，旧珠赫（旧作出河）店也。天会八年太祖兵胜辽，肇基王迹于此，遂为州。天眷元年置防御使，隶会宁府。海陵时尝为济州支郡。承安二年，复以太祖神武龙兴之地，升为节镇，军名武兴。五年置漕运司以提举兼州事，后废军。贞祐二年复升为武兴军节镇，置招讨司，以使兼州事。户五千三百七十五，县一：始兴。与州同时置有鸭子河、黑龙江。小注：按此所云黑龙江实指混同江而言，盖州下流会合。《金史》辽萧嘉里、托卜嘉等将步骑十万会于鸭子河北。太祖自将击之，黎明及河。辽兵方坏陵道，选壮士十辈击之，大军继进，遂登岸与敌遇于珠赫店。会大风起，尘埃蔽天，乘风击之，辽兵溃，遂至沃楞泺，杀获无算，辽人当言女真兵若满万，则不可敌，至是始满万云。《北盟汇编》：辽天庆四年，金太祖会集诸部全装军二千余骑，首破混同江之宁江州，大败渤海之众，获甲马三千，又败萧嗣先于珠赫店及拉林河、黄龙府、咸州、好草峪四路都统，诛斩不可胜计。小注：据此则肇州在拉林河之东，吉林之北。《元一统志》上京之北曰肇州治始兴县，金皇统三年置。小注：按置州年号与金史异，史言黑龙江在州境，与所言上京之北，正合。又金史帝纪即称混同一名黑龙江，故史名以混同江为黑龙江"②……卷13载："《元史》按哈喇巴图尔传，至元三十年，世祖谓哈喇巴图尔曰：'纳延故地曰阿巴拉呼者，产鱼。吾今立城而以伊斯珲、哈喇纳苏、奇尔济苏三部人居之，名其城曰肇州。汝往为宣慰使。'既至，定市里，安民居，得鱼九尾，皆千斤来献。又成宗纪贞元元年立肇州屯田万户府，以辽阳行省左丞阿萨尔领其事。而大一统志与经世大典皆不载此州。不知其所属所领之详。今以广宁为纳延分地，故附于广宁之下。小注：按元史以肇州沿革未详故附广宁之后，考肇州之名，实始

---

① （清）阿桂等纂修：《盛京通志》卷31《城池三》，文渊阁四库全书本，第501册，第643页。
② （清）阿桂：《满洲源流考》卷12《疆域五·肇州》，辽宁民族出版社1988年版，第155页。

于金太祖始破辽兵于珠赫店之肇基王业，因创此州。在开元之东北与济州相连。详元史所云立城而以肇州名之，则非金肇州故地，或稍移西近广宁边外耳。"[1]……卷15又言："《金史》肇州始兴县有黑龙江，按肇州在滔尔河东北，距齐齐哈尔城约五六站。"[2]

由所引原文可知，阿桂在撰写肇州条时，主要参照了《金史》《元史》《大元一统志》三部史料。其中，卷12出河店之役内容，基本抄自《金史·太祖本纪》；卷13所记元新立肇州始末，基本照搬自《元史·地理志》。在照搬内容时，作者又加入自己的推论：第一，据《金史》出河店之役的相关记载，肇州在拉林河之东，吉林之北；第二，金史帝纪即称混同一名黑龙江，故史名以混同江为黑龙江；第三，《元史》所云新立肇州，非金肇州故地。《满洲源流考》所得结论，常被其后史书所引用，近年来的肇州史地研究亦多沿用此考证方式来大致筛查金代肇州的地理范围。

其后清廷重修《大清一统志》，有关肇州的内容与《满洲源流考》基本相同。其文曰：

"肇州古城在白都讷城南，旧名珠赫店。宋政和四年，女直取宁江州，辽人使其将萧嗣先等，发兵屯珠赫店。金太祖御之。至混同江，辽兵方坏陵道，太祖击走之。遂率众进登岸，大破辽兵于此。天会八年，以太祖肇基王迹，于此置肇州，治始兴县。承安八年，又置武兴军，金末废。按元时亦有肇州，元志附于广宁府路，下注云：按哈喇巴图鲁传，至元三十年，世祖谓哈喇巴图鲁曰：'诸廷故地，曰阿巴拉呼者，产鱼。吾今立城而以为苏哈喇哈纳斯奇尔济苏三部人居之，名其城曰肇州，汝往为宣慰使。'既至，定市里，安民居，得鱼九尾，皆千斤来献。而元统志与经世大典，皆不载此州。不知其所属领之详。今以广宁为诸延分地，故附注于广宁之下。元之肇州，明初已不知所在。今考博多欢传：太祖分东诸侯，以二十为率，诸延得其

① （清）阿桂：《满洲源流考》卷13《疆域六·肇州》，辽宁民族出版社1988年版，第202页。
② （清）阿桂：《满洲源流考》卷16《山川二·黑龙江》，辽宁民族出版社1988年版，第288页。

九五，则其地自大，不但广宁而已。又伊实特穆尔传云：诺延之遗孽哈丹托垒复叛，伊实特穆尔过黑龙江，捣其巢穴。可知黑龙江左右亦诺延故地。疑元之肇州，即仍金旧，且近混同黑龙二江，故产大鱼耳。今白都讷城东南阿勒楚喀河西岸，有古城周二十里，内有子城，南距吉林城三百四十里，东去旧会宁府六百里。与《金史》道里相合，疑即肇州遗址也。"①

所记同样为出河店之役与元重立肇州一事。结论亦为伯都讷城南朱家子城。不同之处在于，在确定城址时，又辅以《金史》上京西至肇州550里，泰州东至肇州350里的道里考证。张穆所作的《蒙古游牧记》文字基本摘录自《嘉庆重修大清一统志》，观点也并未改变②。

沿袭此说的还有顾次英的《吉林地理纪要》："（扶余县）县治旧名伯都纳，……辽达鲁噶部隶北府节度，金为肇州，属长春路，元立屯田万户府，仍名肇州……嫩江自西北来纳于松花江，松花江北行至此势为挽夺二江既汇，遂直向东趋形成曲尺。县境为江水冲积，层川原广衍廓，然平野农渔之利，宝称奥区。县境向西突伸插入郭尔罗斯蒙旗界内，从是分南北两部焉。故三面环蒙江流转曲亦三面回环……扼江航陆转之咽喉，以一隅之地而交通辐辏，四面引带，诚省西第一险隘也。故金源之兴肇于涞流一战，辽朝失此累败，卒不复振，画江设险以满制蒙，盖舍此末由矣。"③不过该书仅言金肇州位于伯都讷而推断其具体方位，且以描述其山川形势为主。

清末曹廷杰经实地探察后所编《东三省舆地图说》提出新说，认为金肇州位于朱家子城。其文曰："宋政和四年，辽天庆四年，是时金未称号，明年始建号收国。始起兵攻辽，先次寥晦城，诸路兵皆会于拉林水。小注：即得胜陀太祖誓师当在此时。进军宁江州。小注云：即今乌拉城。辽萧乌纳、

① （清）穆彰阿：《嘉庆重修大清一统志》卷68《吉林二》，上海古籍出版社2008年版，第139页。
② （清）张穆：《蒙古游牧记》，商务印书馆1938年版，第10—11页。
③ 顾次英：《吉林地理纪要》，中华文史丛书，广雅书局刊本，华文书局出版社1918年版，第468页。

高仙寿战败。十月朔克其城，铁骊部来送款，辽再遣萧嗣先屯兵珠赫店。小注云：一名出河店，即今逊札堡站东北十余里珠赫城，俗呼朱家城子，金之肇州也。"①从行文可知，曹廷杰所记内容，虽同为出河店之役，但异于《满洲源流考》《嘉庆重修大清一统志》《蒙古游牧记》三书采用照搬《金史》《元史》的做法。作者对史实进行简要回顾，并指出出河店位于珠赫城，俗称朱家城子，即金之肇州。不过并未解释为何将肇州定于该城，其观点可能源于实地探察。

与曹廷杰《东三省舆地图说》几乎同时期刊印的《吉林通志》，对旧说及朱家城子说做了进一步考证："谨按《元一统志》谓：'上京之北曰肇州'，则应在混同江北岸，为黑龙江呼厅地，与史所云上京西至肇州五百五十里之文显然远异，不足据。依考本纪辽都统萧嘉里将步骑十万，会于鸭子河北，太祖自将击之及河，辽兵方坏陵道，遣壮士击走之。遂登岸与敌遇于出河店。出河店亦名珠赫店，今逊札堡站东北十余里珠赫城，俗呼朱家城子，金之肇州也。则是太祖所渡为伯都讷以南之松花江，正在阿勒楚喀西五百里许，与史文合，知肇州不得在上京北也。又纥石烈得传云，鸭子河去州五里，是距混同江不远之征，若一统志云伯都讷城，东南阿勒楚喀河西岸拉林河之东有肇州遗址，则方隅、里到，无一合者，《蒙古游牧记》取之，其误甚矣。"著者首先对《元一统志》中所提"上京之北曰肇州"根据《金史》道里数，提出反对意见，认为其"不足据"；其次，对《嘉庆重修一统志》《蒙古游牧记》所提伯都讷城南，阿勒楚喀河西岸拉林河之东的古城为肇州城提出质疑。根据《金史·纥石烈得传》中"鸭子河去州五里"记载以及《地理志》中道里记录，认为其说"方隅、里到，无一合者"，而《蒙古游牧记》照抄此说，更是"其误甚矣"②。

无论是《盛京通志》《满洲源流考》《嘉庆重修大清一统志》《蒙古游

---

① 曹廷杰：《东三省舆地图说》第 57 册，辽海丛书编印社 1933 年版，第 29 页。
② 长顺：《吉林通志·九》卷 11，民国十九年重印本，吉林文史出版社 1930 年版，第 34 页。

牧记》《吉林地理纪要》，或是《东三省舆地图说》《吉林通志》，观点虽相左，但圈定大致范围仍在伯都讷城周边。此后屠寄的《黑龙江舆图说》再立新说，认为"珠克都噶珊"，即今吐什吐为金肇州，嫩江自乌兰诺尔"又二十八里，折东南六十四里，经茂兴站南郭尔罗斯牧，地之金肇州故城"[①]。这一观点被谭其骧先生《中国历史地图集》所沿袭。

清代已有众多学者展开了对金肇州的考证与调查，前期主要是以《金史》《元史》记载进行推断，后期又结合实地探察，使得历史地理考证方法更为科学。清时对金代肇州已有三说：第一，即以阿桂的《盛京通志》《满洲源流考》，穆彰阿的《嘉庆重修大清一统志》，张穆的《蒙古游牧记》，顾次英的《吉林地理纪要》为主，认为金肇州位于伯都讷古城南；第二，以曹廷杰《东三省舆地图说》，长顺《吉林通志》为首，认为金肇州即朱家城子古城；第三，则为屠寄《黑龙江舆图说》中的吐什吐说。当代学者在论述金肇州历史文献记载时，常将前二说混为一谈，有言曹廷杰观点承袭自《嘉庆重修大清一统志》者，有言朱家城子说源于《一统志》者，有言《吉林通志》定位于伯都讷城者，众多研究中，几乎未有人理清清代文献观点。事实上，仅从《吉林通志》"若《一统志》云伯都讷城，东南阿勒楚喀河西岸拉林河之东有肇州遗址，则方隅、里到，无一合者"[②]便知，二者实为两说。若仔细翻阅史料，便不至于出现如此错误。

从清人对金肇州的考证中，亦可归纳出主要论断：第一，肇州在拉林河之东，吉林之北；第二，鸭子河去州五里；第三，上京西至肇州五百五十里，泰州东至肇州三百五十里。这三则论据，清人早已详细论说，但观之现今研究，不少研究者仍对前人研究成果置若罔闻，对此三点仍滔滔不绝地论述，浪费大量篇幅与精力，实为未详读文献史料之漏。

---

① 屠寄：《黑龙江舆图说》，辽海丛书本，华文书局出版社1969年版，第25册第23页。
② 长顺：《吉林通志·九》卷11，民国十九年重印本，吉林文史出版社1930年版，第47页。

第二节　关于金代肇州地望的诸家考证

20世纪80年代以后，学界对金代肇州的考证，新观点和新的论证仍不断涌现。

一、吐什吐说的沿袭

自屠寄于《黑龙江舆图说》首提吐什吐说后，不少学者亦持此说，其中尤以谭其骧所主编的《中国历史地图集》影响最大。《中国历史地图集·东北地区资料汇编》对清代所形成的三种论说有所辨析，并在此基础上，进行简要考证。作者认为屠寄记载的茂兴站南的吐什吐为金肇州。其理由有四：第一，据《金史·纥石烈德传》"有粮三百石在鸭子河，去（肇）州五里"[①]之说，曹廷杰主张的朱家城子离江数十里，不符记载，而吐什吐恰为五里；第二，《金史》称肇州设于辽出河店，当于河口不远处，朱家城子同样不符合条件；第三，据《广舆图》第47幅《朔漠图一》所示，肇州位于宜春路东北，吐什吐方位吻合。宜春即"春水纥剌"之地，位于今扶余市，而朱家城子在其东南；第四，《金史·地理志》记载上京会宁府"西至肇州五百五十里"，朱家城子不足里数，而吐什吐符合[②]。

鉴于《中国历史地图集》在学术界重要地位的影响，不少专著与论文将此作为定论直接加以引用。如吴文衔、张泰湘、魏国忠所著的《黑龙江古代简史》、李桂芝的《辽金简史》、薛虹的《中国东北通史》、贾敬颜的《东北古地理古民族丛考》以及李治廷的《东北通史》等。王志国的《金宜

---

① （元）脱脱：《金史》卷128《纥石烈德传》，中华书局1976年版，第2773页。
② 谭其骧：《中国历史地图集·东北地区资料汇编》，中央民族大学出版社1979年版，第163页。

春故城考辨》甚至称："肇州、始兴县故城即肇源县吐什吐古城，已无疑义。"①

二、20 世纪 80—90 年代八里城说与塔虎城说之争

八里城说与塔虎城说均为当时的主流学说，两说诞生于20世纪80年代初，两说引发学界的广泛争论，在争论过程中，积极推动了金代肇州历史地理研究的进展。

塔虎城说较早于八里城说，最早见于孙秀仁的《黑龙江肇东八里城为元代肇州故城考》②。文章主要探讨元代肇州古城，对金代肇州历史地理并未展开详细论述。其后李健才的《金元肇州考》一文成为八里城说与塔虎城说之争的导火索。文章以《金史》中鸭子河与肇州相距五里的记载为切入，以鸭子河作为考证肇州城的主要坐标，之后又结合《魏书》《辽史》《金史》《新唐书》中对河流的记载，将鸭子河锁定在第一松花江西段，即今黑龙江三肇一带的松花江。另从《金史·食货志》"上京、东北二路食肇州盐"③一语中，推断肇州是金代产盐区之一，并结合考古调查，将金代肇州城推定在今第一松花江北的产盐地——肇东八里城，因此认为八里城为金代古城，至元代仍继续沿用④。次年，董万仑的《东北史纲要》与佟冬的《中国东北史》便引用此观点，以八里城作为金肇州⑤。

李健才的八里城说提出不久，张柏忠作文《金代泰州肇州考》，一是考证金肇州为塔虎城，二是反驳李健才的观点。《金代泰州肇州考》将前郭县塔虎城定为辽代的出河店，即金代肇州⑥。张文主要依据有四：第一，运用出

---

① 王志国：《金宜春故城考辨》，《北方文物》1998 年第 3 期。

② 孙秀仁：《黑龙江肇东八里城为元代肇州故城考》，《北方论丛》1980 年第 3 期。

③ （元）脱脱：《金史》卷 49《食货四》，中华书局 1976 年版，第 1093 页。

④ 李健才：《金元肇州考》，《北方文物》1986 年第 2 期。

⑤ 董万仑：《东北史纲要》，黑龙江人民出版社 1987 年版；佟冬：《中国东北史》，吉林文史出版社 2006 年版。

⑥ 张柏忠：《金代泰州肇州考》，《社会科学战线》1987 年第 4 期。

河店与宁江州隔鸭子河相对的史料，定伯都讷古城为宁江州，并以此为确定出河店的依据；第二，结合《金史·地理志》中会宁府"西至肇州五百五十里"[①]，泰州"东至肇州三百五十里"[②]的记载，对方位和道里再做比对。从阿城县（今阿城区）白城向西550里，泰州城四家子古城向东350里，正塔虎城，三座古城又恰在一条直线上，呈东西向排列，三者方位、间距与《金史·地理志》的记载完全相符；第三，以长泺作为又一参照地点；第四，与李健才八里城说相同，以《金史·食货志》产盐地为例，现在的东北地区产盐地主要是塔虎城以南，霍林河故道以东，松花江以西地区，而塔虎城又是这一地区最大古城。由此确定塔虎城即金代肇州。

张文在论证塔虎城说之时，对李健才所持的八里城说提出质疑。其质疑原因有二：一是八里城虽然在河北，但已经超出鸭子河与混同江的河段，更是位于《金史》上黑龙江的河段之北，若八里城为肇州，那么《金史》应记作黑龙江之北，而非鸭子河之北。于是张柏忠认为《金史·太祖本纪》中"将步骑十万会于鸭子河北"[③]当为史官之误，实际应是鸭子河西或南；二是辽军进军路线于理不通，天庆四年八月，阿骨打起兵，攻打宁江州，兵锋西指，进攻方向一直向西，并未跨过松花江以北，且军队攻克宁江州后退回按出虎水，所以辽军绝不会先跨到嫩江东北岸，绕到八里城，再跨过松花江进剿。此举不仅绕行数百里，又反复过江，于理不合。

这一时期，那海州、胡龙滨的《塔虎城为金肇州旧址考》，张英的《出河店与鸭子河北》，两篇文章相继发表，与八里城说展开激烈争论。那文将史书中有关肇州记载进行罗列，认为塔虎城即是金代肇州[④]。原因在于塔虎城距金上京、金旧泰州的距离与史书记载大致相符，塔虎城规模较大、坚固程度好，城内出土文物档次高，附近有湖泊，有当年运粮的渠道，塔虎城附

---

① （元）脱脱：《金史》卷24《地理上》，中华书局1976年版，第551页。
② （元）脱脱：《金史》卷24《地理上》，中华书局1976年版，第563页。
③ （元）脱脱：《金史》卷2《太祖本纪二》，中华书局1976年版，第25页。
④ 那海州、胡龙滨：《塔虎城为金肇州旧址考》，《北方文物》1988年第2期。

近还有陷马坑，古城出土肇州司侯的押印等十二条证据证明塔虎城即是金肇州。此外，作者在文章结论中指出：鸭子河应是辽金时期嫩江、第二松花江下游及东流松花江上游，具体说应是伊通河口以下，洮儿河口以下，拉林河口以上，也包括查干湖一带；霍林河应是斡论泺、长泺及鸭子河泊的同一水系。洮儿河水在洪汛期也分流东溢入霍林河流域，汇于查干泡超容后流入三江口；肇源茂兴镇老乐营子古城，应是始兴县，茂兴即始兴；张文认为"鸭子河北"不是指东流松花江的北岸，而是指北流松花江的西岸，并引《松漠纪闻》"契丹从宾州混同江北八十里筑寨而守"[1]之语，提出混同江北无疑是指松花江北流段，而非松花江东流段。进而提出辽出河店在北流松花江西岸的塔虎城[2]。一时间，塔虎城说占据优势。

此后，李健才又发表《关于金代泰州、肇州地理位置的再探讨》，对当时学界产生的金代肇州具体位置的争论一一作出回应[3]。首先，主张金代肇州在塔虎城者，主要依据辽军集结于鸭子河（后改为混同江）西岸与女真军对垒一事之记载，断定肇州位于鸭子河之西。作者认为持此说者对鸭子河为哪条河的判断以及对辽军的西逃和再次集结反攻的地点理解有误。文章于此处回应张柏忠《金代泰州肇州考》中"鸭子河北"之误，二者观点有所出入的关键在于辽与女真军队究竟所隔何江，李健才指出《辽史》所记混同江、《金史》所记鸭子河以及《契丹国志》所记白江，三种名称为同一河流的不同称呼。又据《金史·太祖本纪》中辽都统萧纠里"将步骑十万会于鸭子河北"一语，辽出河店（即金代肇州）的位置非于鸭子河之西，而是其之北，并非史乘舛误。其次，持吐什吐说、勒勒营子古城说和塔虎城说的又一主要依据为史料中上京会宁府"西至肇州五百五十里"的记载。作者指出单从此条史料记载而定肇州方位，是符合史料记载，"无可非议"的，但倘若

① 洪迈：《松漠纪闻》，《全宋笔记》第三编第七册，大象出版社 2008 年版，第 115 页。
② 张英：《出河店与鸭子河北》，《北方文物》1992 年第 1 期。
③ 李健才：《关于金代泰州、肇州地理位置的再探讨》，《北方文物》1996 年第 1 期。

结合其他史料则有矛盾之处。文章强调，分析方位时，不应只关注上京"西至肇州五百五十里"的孤例，更不能将此作为断定肇州方位的"唯一可靠论据"，还应看到泰州"东至肇州三百五十里"的记载，只有在确定泰州位置后，才能正确地推定肇州方位。

唐国文等人的《大庆地区金代的城堡交通》另辟蹊径，以考证大庆地区金代水陆交通线路为主，在文内略述大庆地区18座古城遗址[1]。作者从大庆地区各金代城址及其出土铁车辖和车马具推断，结合交通地理优势，将八里城假定为金代肇州。其后唐国文又于《大庆社会科学》2006年第3期刊文《大庆地区金代的城堡与道路交通》，对前文大庆地区古城形制稍作补充[2]，对金代肇州城址的推论并未有所变化与深入研究。

张晖宇、王禹浪的《金代黑龙江地区的行政建制述略》虽对金代肇州的论述内容较少，但梳理了金代肇州各说源流，并在实地考古研究的基础上，提出吐什吐、望海屯古城在形制上与金代肇州级别不符[3]。由此古城形制与金代肇州城市级别是否相符，成为此后考证金代肇州城的主要判断依据。持八里城说的文章还有姜振波的《简论八里城遗址历史沿革及价值》[4]等。在众多学者的支持下，八里城说再度成为学界主流学说。

三、望海屯说与勒勒营子说

正值八里城说与塔虎城说争论之际，又有学者提出望海屯说与勒勒营子说。1981年，张博泉较早地提出了望海屯说，在其著作《东北历代疆域史》中对曹廷杰《东三省舆地图说》中第二松花江北伯都讷东南的珠赫城或第二松花江南为金肇州说提出质疑[5]。从军事角度讲，若出河店位于珠赫城，女

---

① 唐国文、史景源、王光来：《大庆地区金代的城堡交通》，《大庆高等专科学校学报》1994年第3期。
② 唐国文：《大庆地区金代的城堡与道路交通》，《大庆社会科学》2006年第3期。
③ 张晖宇、王禹浪：《金代黑龙江地区的行政建制述略》，《哈尔滨师专学报》2000年第4期。
④ 姜振波：《简论八里城遗址历史沿革及价值》，《黑龙江史志》2013年第11期。
⑤ 张博泉：《东北历代疆域史》，吉林人民出版社1981年版。

真攻打出河店就不必渡鸭子河，若出河店位于第二松花江南，则与史乘所言在鸭子河北相悖。张博泉以鸭子河为坐标，确定金肇州方位，认为鸭子河指洮合流后起，一直至松、嫩合流后的松花江。依此，金肇州当在今松花江北岸。且望海屯古城，符合《金史》所记鸭子河距出河店5里，又据《析津志·站赤》祥州正北120里为斡母，斡母东北30里为肇州的方位记载，道里、方位俱合，所以得出金肇州应在今肇源县望海屯旧址的结论。

陈士平其后亦持此说，其文《望海屯——金肇州》推断鸭子河北所指为东流松花江北岸某地，若辽军于北流松花江西岸与宁江州女真军队对垒，史书当记"会于混同江西"[①]。对于其他学说，作者也分别予以否定：东流松花江北岸的勒勒营子古城，经作者实地考察，结合地理环境与周边水势后，得出此城并不具备防御功能，绝不会是军州城的驻地的结论；吐什吐之地并无古城；从城池高度看，八里城不具备直通大江的条件，也未有人工江渠的遗迹，就地貌现状分析，鸭子河粮船无法直达城下，因此推断此处不是金肇州。一言以蔽之，作者对其他学说提出质疑的两个论据即为古城的军事防御性与城市水运特点，那么作者考定望海屯为金肇州的主要立论便是此两点。望海屯一则形制符合，古城墙利用台地垒筑，迎面立陡，无法攀援，军事防御性强；二则护城河在崖下，古城又三面环水，护城河深且宽，大旱之年仍流水不断。如今古城西护城壕在涨水时可与西泡子相连，西泡子可与大江相连，符合"导濠水入江，船可直达城下"的记载。

在张博泉先生影响下，吉林大学的学者多赞同望海屯说。如程妮娜的《古代中国东北民族地区建置史》、李方昊的《金朝府州研究》[②]等。

相较于望海屯说，勒勒营子说产生较晚，其代表作为王景义的《略论金代肇州》。其文一语见地地指出对金代肇州故地众说纷纭的基本原因是对出

---

① 陈士平：《望海屯——金肇州》，《北方文物》1998 年第 1 期。
② 程妮娜：《古代中国东北民族地区建置史》，中华书局 2011 年版；李方昊：《金朝府州研究》，吉林大学博士学位论文，2016 年。

河店、鸭子河、混同江具体所指哪条江段的看法不一。作者认为鸭子河即洮儿河与嫩江合流起至三岔河口这一段流程的嫩江。混同江是指三岔河口以下的东流松花江。作者又对其他几种金代肇州的观点进行了反驳：塔虎城作为金肇州是错将第二松花江定位鸭子河；肇东八里城是元代的肇州，不是金代的肇州，"金史记载，肇州在会宁府西550里，鸭子河北5里，而肇东八里城在今阿城西北方向，相距200里左右，南距松花江是15华里"。^①八里城位置与史书记载不相符。望海屯古城和吐什吐古城也不是金代的肇州，望海屯古城在三岔河口之下200里以外，更不靠近鸭子河。最后作者认为，金肇州应是老乐营子古城，莽海屯古城为始兴县古城。

　　杨中华于同年发表的《金代肇州考》也持勒勒营子说。文章赞同金代肇州位于松嫩交汇点北岸，但并非为肇源县的吐什吐古城。金代以后第二松花江与嫩江汇合后的水道不断向北推移，然而吐什吐古城现今仍距其20多里，距离较远，因此不可能是金代肇州。金肇州应在嫩江和松花江汇合点上游处河流两岸。史书记载金曾修两条长渠从鸭子河往金肇州运量，势必河流和古城的地势相当，然而肇东八里城要比大江滩面高出40米左右。因此作者认为金肇州应是肇源西南的勒勒营子（亦称老乐营子）古城^②。有关勒勒营子古城与肇州城的形制问题，作者也有所解释，即认为肇州建置主要为纪念意义，其后两次升为军镇皆为抵御蒙古军队，因此有金一代其人口与城市规模并未达到州治的水平。

　　持勒勒营子说者其后还有樊恒发的《关于金代肇州地理位置的探讨》。与此前研究者推理逻辑相同的是，该文同样采取以鸭子河为坐标锁定金代肇州的大致方位^③。作者通过契丹、女真界壕与辽城址、军镇布局、出河店—斡邻泺之战、天祚帝讨伐之战、涞流水之战、长泺之战等相关史料，占用较大

---

① 王景义：《略论金代肇州》，《北方文物》1992 年第 1 期。
② 杨中华：《金代肇州考》，《黑龙江民族丛刊》1992 年第 3 期。
③ 樊恒发：《关于金代肇州地理位置的探讨》，《博物馆研究》2006 年第 2 期。

篇幅论证出河店位于鸭子河北岸。因作者并未对学术史及学界研究动态有过多关注，导致文章只是增加一些史料支撑，所得结论与前说相同，并未有所突破。在其后确定金代肇州城方位的论述中，作者仅据《肇源县志》的记载与今勒勒营子古城交通区位因素推论，并无过多史地考证，所下结论不免有失偏颇。颜祥林的《关于金代肇州海西西陆路部分驿站的考证》也认同勒勒营子说[①]，文章的七点论证中，除指出勒勒营子古城与辽"混同江行宫"相近外，其余皆与前人所述相同，且该文也未对其他学说或其他学者对勒勒营子说提出的质疑有所解答与辩驳。

四、塔虎城说的再起及其他新说

随着考古工作的开展，学说也被不断地更新。近年来，塔虎城说又有两篇新作，试图撼动八里城说的主流地位。彭善国的《吉林前郭塔虎城为金代肇州新证》以考古材料为新证，论证塔虎城为金代肇州[②]。文章首先援引《辽史》《金史》《三朝北盟会编》等文献中十余条史料，指出塔虎城不是辽长春州、金新泰州，其后又检索史籍中"肇州"一词，梳理金代肇州的建制沿革、行政级别及政治经济意义。文章论据除张柏忠宁江州、方位道里外，又举塔虎城出土文物例。即塔虎城出土文物，大多数集中在金代中晚期，其次为元代。说明该城的使用年代应为金代，且初建时间不会早于金。未见辽代遗存，应和此地于辽代仅为出河店，并未有城市建制有关。塔虎城周边至今还有众多咸水湖以及在其城西北30千米发现一处金代制盐遗址，是史书所记金代肇州制盐业发达的有利证据。

彭善国文中亦对其他学说做了简要驳斥：张穆编撰的《蒙古游牧记》所持的伯都讷东南说，曹廷杰进一步将其补充为伯都讷东南的珠赫城（朱家城子，朱家城子），其城址周长1438米，仅有南门，与金代肇州的行政级别差

---

① 颜祥林：《关于金代肇州海西西陆路部分驿站的考证》，《大庆社会科学》2016年第4期。
② 彭善国：《吉林前郭塔虎城为金代肇州新证》，《社会科学战线》2015年第10期。

距过大；而屠寄的《黑龙江舆图说》与谭其骧主编的《中国历史地图集》所持肇源县茂兴站以南的吐什吐说问题更大，实际上吐什吐并不在茂兴站南，而在今超等蒙古族乡南，且该地并未发现古城遗址；陈士平所持的望海屯与肇州距上京会宁府550里以及出河店之战周围地理情况不合，且望海屯古城周长2970米，亦与金代肇州级别不符；王景义、杨中华、樊恒发等人所持的勒勒营子城南距嫩江仅200米，与史乘所记鸭子河去州5里不合，且古城周长仅2272米，同样与金代肇州等级不符；学界主流所持的八里城说，虽城市形制与金代肇州相符，但其东距上京会宁府远不足550里，南距松花江8000米，与鸭子河去肇州5里不合。

由上可知，彭善国文章推翻前说的主要论据为金代肇州的行政级别与古城形制是否相合以及与史乘所载道里、方位是否相符。而在对河流名称的判断上，与八里城说有所出入，是两说分歧的关键所在。

彭善国的学生赵里萌于2019年撰写的博士毕业论文《中国东北地区辽金元城址的考古学研究》，继承了其师的观点并进一步加以论述[1]。文章对杨中华与王景义二人的勒勒营子说进行反驳。作者使用1970年拍摄的卫星照片，对1977年进行实地考察的杨中华所提勒勒营子城址提出质疑，更是怀疑杨中华将渔场的轮廓当成了城墙，指出二人文中提到的高君同志是勒勒营子古城与莽海古城考古资料的唯一提供者是否可靠。甚至对当地是否存在辽金时期遗址及墓葬均表示怀疑，二人将此地考证为金代肇州没有任何考古学依据，难以让人信服。望海屯古城经过作者实地调查得知，该城址的主要使用时间应在辽代中期，辽代晚期废弃，故陈士平将该城考定为金代肇州欠妥。文章对八里城的考证并不严谨，仅从出土文物的粗浅认识否定此处为元代肇州，进而否定李健才的金、元肇州皆治八里城，孙秀仁的八里城为元代新建肇州的两种观点。但该城是否为金代肇州城，作者并未进行考证，而是简单地引

---

[1] 赵里萌：《中国东北地区辽金元城址的考古学研究》，吉林大学博士学位论文，2019 年。

用其导师彭善国的《吉林前郭塔虎城为金代肇州新证》一文的结论，以"金代肇州在前郭塔虎城基本已经得到考古与文献的证实"一句便予以概括，缺少翔实的考证。

塔虎城说再兴起后，在学界产生了一定的影响力。在周振鹤主编，余蔚执笔的《中国行政区划通史·辽金卷》中，作者分析了各家学说后，指出"大多数定点，下断语之前鲜有论据"①。认为多数城址或是面积太小，或是离江过远，不符合史乘中鸭子河去州5里的记载，或与《金史》中与上京会宁府、泰州道里方位不合。众多学说中，余蔚认为李健才先生的观点论据最为充分，然而对八里城与上京会宁府、泰州的距离的解释，未给出较为信服的解说。相较之下，塔虎城无论从道里、方位，还是距河5里及城址周长均符合条件，故而《中国行政区划通史·辽金卷》最终定塔虎城遗址为金肇州。

吕国明、李学明于2020年新作《金代肇州城考略》打破了八里城说与塔虎城说的长期垄断，大胆地提出新说。结合《辽史》与《金史》，文章提出了金代肇州城应符合的十四个条件，即城制规模、防御工事、距上京与泰州的道里方位、"肇基王绩"的场所、附近有比其规模小的县级古城遗址、古渠遗迹、位于高岗及周边水濠的地理环境、周边有河流、有保留较大人工开挖的痕迹、有产盐遗存、与混同江及斡伦泺的距离、战争遗迹、标有肇州城的文物、满足其"户五千三百七十五"的聚落遗址②。所列条件是对史乘与前人研究成果的全面总结，对进一步推断金代肇州城的具体方位至关重要。文章其后又以这十余例条件为论据，论述青龙山古城为金代肇州的可能性，可备一说。不过值得注意的是，作者所列条件多为沿袭前人观点，是对那海州的《塔虎城为金肇州旧址考》一文所列十二则条件的扩充，文章推定青龙山古城为金代肇州城，但并未解决也未涉及诸说产生分歧的焦点，即鸭子河具

---

① 周振鹤主编：《中国行政区划通史·辽金卷》，复旦大学出版社2012年版，第620页。
② 吕国明、李学明：《金代肇州城考略》，《大庆社会科学》2020年第2期。

体指代哪一段河流以及利用泰州到肇州的里程数来确定金代肇州的位置时，泰州究竟位于何地两个主要问题。

从诸家各说争论中，可看出造成对金代肇州历史地理位置众说纷纭的主要原因有二。第一，对于鸭子河具体指代哪一段河流观点不一致。金朝据出河店，隔鸭子河与辽军队相望，确定鸭子河的位置即可推断出河店。出河店也就是金代肇州的地理位置，所以确定鸭子河位置至关重要；第二，利用金代其他建置到肇州的里程数来确定金代肇州的位置，文献记载了金代肇州在泰州的东350里处，但是目前学界对金代泰州的地理位置也存在争议。如有学者认为金代泰州在洮南城四家子古城，有学者认为在前郭尔罗斯塔虎城。

到目前为止，关于金代肇州历史地理位置的讨论仍在继续。若想更加接近金代肇州真实的历史地理位置，应对限定金代肇州地理位置的所有记载进行全面的分析，不能仅据一至二条史料就妄下结论。另外，对前贤的观点需进行客观的分析，不能有意忽略对自己不利的观点。同时，还应寻找新的佐证史料和最新的考古发掘成果。

第三节　金代肇州地理位置详考

一、金代肇州的史料再梳理

考证金肇州的地理方位，首先要从历史文献入手，必须符合文献记载。有关金肇州的历史记载以《金史》为主，然而在引用诸家考证时，多数学者仅利用对其有利的史料，与之相悖者或弃之不用，或言史乘舛误，所得结论不免有所偏颇。为更客观地锁定金代肇州的地理范围，现将有关其建制及地理条件的史料作逐条分析。

（1）《金史》卷24《地理上》曰："肇州，下，防御使。旧出河店也。天会八年（1130），以太祖兵胜辽，肇基王绩于此，遂建为州。天眷元年（1138）十月，置防御使，隶会宁府。海陵时，尝为济州支郡。承安三年（1198），复以为太祖神武隆兴之地，升为节镇，军名武兴。五年，置漕运司，以提举兼州事。后废军。贞祐二年（1214）复升为武兴军节镇，置招讨司，以使兼州事。户五千三百七十五。县一：始兴（倚，兴州同时置。有鸭子河、黑龙江）。"①

该段所含信息十分丰富：第一，金肇州即辽之出河店，如能确定出河店的大致范围，便可推断金肇州所在；第二，金太祖于该地大胜辽军，肇基王绩因设为州，具有政治象征意义，该地或有肇基王绩的实物证据；第三，承安五年，该地置漕运司，证明肇州地区水系发达；第四，贞祐二年复将肇州升为节镇，且户五千有余，其城址规模应符合节镇规制；第五，肇州下辖始兴县，那么在肇州城不远处，当有另一小型城址，且境内有鸭子河与黑龙江。

（2）有关出河店的位置，《辽史》卷27《天祚皇帝一》曰："（天庆四年，1197）萧挞不也遇女直，战于宁江（州）东，败绩。冬十月壬寅朔，以守司空萧嗣先为东北路都统……引军屯出河店。两军对垒，女直军潜渡混同江，掩击辽众；"②《金史》卷2《太祖本纪》："（1114）十一月，辽都统萧纠里、副都统挞不野将步骑十万会于鸭子河北。太祖自将击之。未至鸭子河，既夜，太祖方就枕，若有扶其首者三，寤而起，曰：'神明警我也！'即鸣鼓举燧而行。黎明及河，辽兵方坏凌道，选壮士十辈击走之。大军继进，遂登岸。甲士三千七百，至者才三之一。俄与敌遇于出河店，会大风起，尘埃蔽天，乘风势击之，辽兵溃。逐至斡论泺，杀获首虏及车马甲兵珍玩不可胜计，遍赐官属将士，燕犒弥日。"③该段为辽金史籍中出河店之战的相关记载，由战争细节可推出河店当位于鸭子河北，且附近有斡论泺。

---

① （元）脱脱：《金史》卷24《地理上》，中华书局1976年版，第551页。

② （元）脱脱：《辽史》卷27《天祚皇帝一》，中华书局2016年版，第328页。

③ （元）脱脱：《金史》卷2《太祖本纪》，中华书局1976年版，第25页。

（3）诸家考证均引用到有关金肇州道里的史料，即《金史·地理志》会宁府条与泰州条中"（会宁府）西到肇州五百五十里""（泰州）东至肇州三百五十里"①。该则史料以会宁府与泰州为坐标，直接限定了肇州的道里范围。因此泰州所在成为推断肇州区位的主要因素之一。

（4）《金史》卷128《纥石烈德传》载："贞祐二年（1214），（纥石烈德）迁肇州防御使。是岁，肇州升为武兴军节度，德为节度使宣抚司署都提控。肇州围急，食且尽，有粮三百船在鸭子河，去州五里不能至。德乃浚壕增陴，筑雨道导壕水属之河。凿陷马坑，伏甲其傍以拒守，一日兵数接，士殊死战。渠成，船至城下，兵食足，围乃解。"②

由此可知：其一，鸭子河距离肇州五里，今肇州城址附近当有鸭子河或其旧道遗迹；其二，肇州城外有浚壕有陴，有雨道、壕水等人工防御设施；其三，有陷马阱；其四，有人工开凿渠，三百船可至城下。

（5）产盐地的相关记载：《金史》卷49《食货四》曰："初，辽、金故地滨海多产盐，上京、东北二路食肇州盐……皆足以食境内之民，尝征其税"③，"会宁尹蒲察通言，其地猛安谋克户甚艰。旧速频以东食海盐。蒲与、胡里改等路食肇州盐"。④《梁肃传》又曰："窝斡乱后，兵食不足，诏肃措置沿边兵食。移牒肇州、北京、广宁盐场，许民以米易盐，兵民皆得其利。"⑤可知金代肇州为重要产盐地之一，那么城址附近或有制盐遗迹，或至今仍为产盐地区。

（6）漕运的相关记载：《金史》卷57《百官三》云："漕运司。提举一员，正五品。景州刺史兼领。掌河仓漕运之事……肇州以提举兼本州同知，同提举兼州判。"⑥又卷121《乌古论仲温传》曰："（乌谷论仲温）改提举肇

① （元）脱脱：《金史》卷24《地理上》，中华书局1976年版，第551、563页。
② （元）脱脱：《金史》卷128《纥石烈德传》，中华书局1976年版，第2773页。
③ （元）脱脱：《金史》卷49《食货四》，中华书局1976年版，第1093页。
④ （元）脱脱：《金史》卷49《食货四》，中华书局1976年版，第1096页。
⑤ （元）脱脱：《金史》卷89《梁肃传》，中华书局1976年版，第1982页。
⑥ （元）脱脱：《金史》卷57《百官三》，中华书局1976年版，第1323页。

州漕运。"①可知肇州漕运之重要性，也证实了肇州由水路可达上京会宁府。

再结合那海洲与吕国明等学者先前所列条件②，可从以下几个方面限定金代肇州城的规模与地理环境特征：第一，从城址规模来看，金肇州应符合节镇州的规格，其周长要在3000米以上；第二，从防御州城市性质来看，肇州应有完善的防御体系，城墙有马面，城外有"浚濠增陴"痕迹，城池位于高岗之上，四周为水壕或泥沼，有陷马阱及其他战争遗迹与遗物；第三，从具体道里来看，金代肇州的地理定位必须同时满足西距上京会宁府550里，东距金泰州350里，且位于鸭子河北5里等条件；第四，从周边地理环境来看，金肇州附近应有鸭子河、混同江（黑龙江）、斡论泺等水系，其水系发达，水路可自会宁府直抵城下；第五，从政治、经济角度看，金肇州应有政治象征意义的遗迹与文物，且附近有县级规模的古城，周边为产盐地，有人工开凿的古河道。

二、考证金肇州相关历史地理问题的重要性

对上述史料进行再梳理可知金代肇州有诸多可参考的"坐标"。若想确定金肇州所在，便要解决与之有关联的几个地点的具体位置。对这些"坐标"有不同的见解，是金代肇州产生诸家各说的症结所在。

（一）金泰州位于何处

史籍中与会宁府及金代泰州（新泰州）的道里记载，是判定金肇州位置的关键之一。哈尔滨市阿城区的会宁府遗址早已确定其具体方位，于是金泰州的位置便至关重要。据《金史·地理志》泰州条载"承安三年（1198）复置于长春县，以旧泰州为金安县，隶焉"③可知泰州有新旧之分，旧泰州即辽代的泰州，金代的新泰州即辽代的长春州。

由于在今黑龙江省泰来县塔子城发现了辽道宗大安七年的泰州河堤题名

---

① （元）脱脱：《金史》卷121《乌古论仲温传》，中华书局1976年版，第2650页。
② 那海洲、胡龙滨：《塔虎城为金肇州旧址考》，《北方文物》1998年第2期；吕国明、李学明：《金代肇州城考略》，《大庆社会科学》2020年第2期。
③ （元）脱脱：《金史》卷24《地理上》，中华书局1976年版，第563页。

碑，辽金旧泰州地点在学界已成定论①。经考证，吉林省洮安县东城四家子古城为金新泰州，从规模上看符合辽代节度州的上等州城的规格，而该城以西亦再无此等规模的城址。加之城四家子城址出土刻有"泰州八十二□□□"款的铜风铃，更加确定其为金代新泰州遗址。此后，宋德辉于《城四家子古城为辽代长春州金代新泰州》一文中又列举白城市博物馆收藏一块出土于城四家子城②，且刻有"泰州长春县户百姓刘玮泰□（和）年□壬月"等字样的青砖。那么金代新泰州定于城四家子城址，当为无误。

（二）元代肇州是否为金代肇州

元代肇州史乘中多有记载，至近代各家也有分歧。曹廷杰持朱家城子古城说，金毓黻等人认为在嫩江与松花江合流以东的区域。屠寄在《黑龙江舆图》中将黑龙江省肇东县八里城定为元代肇州城，该说被学界所证实、沿用。谭其骧主编的《中国历史地图集·释文汇编》东北卷对此进行更加深入的考证，随后李健才《金元肇州考》与张泰湘《元代肇州文献证补》的两篇文章相继从出土文物与历史文献角度补充元代肇州为八里城说。那么元代肇州是否为金代肇州，学界产生了不同意见。

按《元史》卷一百六十九《刘哈剌八都鲁传》："（至元二十九，1292）召还，帝谕之曰：'自此而北，乃颜故地曰阿八剌忽者，产鱼，吾今立城，而以兀速、憨哈纳思、乞里吉思三部人居之，名其城曰肇州。……既至，定市里，安民居。一日，得鱼九尾，皆千斤，遣使来献"③记载，元代肇州为"今立城"，当为新立，并徙三部人居住，而非于金肇州原址。另一方面，众多金代古城历时千年且遗址尚存，至元二十九年距离金亡不过50余年时间，若金肇州被元代沿用，便无须再进行"今立城"和"定市里，安民居"等举措。从史料记载也能明显得出元代肇州为新建城池的结论。

---

① 景爱：《辽金泰州考》，载《辽金史论集》第1辑，上海古籍出版社1987年版，第175—195页；张柏忠：《辽代泰州考》，《北方文物》1988年第1期。

② 宋德辉：《城四家子古城为辽代长春州金代新泰州》，《北方文物》2009年第2期。

③ （明）宋濂等：《元史》卷169《刘哈剌八都鲁传》，中华书局1976年版，第3975页。

元代新建肇州城后，金代肇州逐渐荒废。因此明清两朝史乘中所述肇州，皆指元代肇州。如前文所述，清代记录肇州方位的《盛京通志》与《大清一统志》等方志中，除推测肇州城址所在外，均引用《元史·刘哈剌八都鲁传》所述内容作为推断肇州城址所在地的补充。职是之故，在考证金代肇州时，对元明清三朝史料的引用定要加以甄别。

（三）鸭子河为哪条河流

据《金史》记载，肇州在鸭子河北5里，鸭子河遂成为又一关键坐标。目前学界对金肇州有不同的见解，很大程度上缘于对鸭子河判断的分歧。屠寄的《黑龙江舆图说》与《中国历史地图集》认为鸭子河为嫩江；孙进己的《松花江沿革考》认为是东流松花江西段[①]；《吉林通志》与绍维的《鸭子河考》[②]以及李健才的《金元肇州考》皆认为是东流松花江西段[③]，持塔虎城说的学者也多认同这一观点；王景义的《略论金代肇州》认为鸭子河即洮儿河与嫩江合流起至三岔河口这一段流程的嫩江[④]；那海洲则打破传统认为鸭子河为某一条河的看法，提出鸭子河应为泛称，指的是嫩江与西流松花江下游、东流松花江上游，三江交汇的地区[⑤]。

从水文状况看，这一地区是洮儿河、嫩江、松花江、拉林河、乌裕尔河的汇合之地，大片湿地一望无际，尤其到汛期，河流、湖泊、泡泽、湿地连成一片，同时此处也是天鹅、雁类、野鸭子等飞禽天然栖息地。因此鸭子河应指嫩江、松花江、洮儿河的下游这一片广泛区域。

（四）"黑龙江""黑水"的地名问题

《金史·太祖本纪》与《金史·地理志》均有明确的记载："混同江亦

---

① 孙进己：《松花江沿革考》，《北方论丛》1982年第1期。
② 绍维：《鸭子河考》，《博物馆研究》1983年第1期。
③ 李健才：《金元肇州考》，《北方文物》1986年第2期。
④ 王景义：《略论金代肇州》，《北方文物》1992年第1期。
⑤ 那海洲、胡龙滨：《塔虎城为金肇州旧址考》，《北方文物》1988年第2期。

号黑龙江，所谓白山黑水也"①，金肇州附近有鸭子河、混同江、黑龙江。②
这就为学术界提出了一个问题：即金代的黑龙江与"黑水"究竟是属于哪一
条水，金肇州附近有黑龙江应该做何解释。清末学者屠寄在其所著的《黑龙
江舆图》中也明确把东流段松花江，今肇州县附近的土人称之为黑水。可是
以往考证金肇州的学者均把金肇州临近黑龙江、鸭子河、混同江中的"黑龙
江"相关文献记录忽略了，而是仅仅注重了"混同江与鸭子河"。其实，辽
金时期称混同江亦号黑龙江的事实，在《辽史》与《金史》的记载中已经屡
见不鲜，不足为奇。《契丹国志》与《大金国志》《松漠纪闻》《三朝北盟
会编》对黑龙江、黑水均有不同的记录。实际上，现实版的黑龙江与古代黑
龙江的地理位置有着明显的不同，按照现代自然地理学的划分，今日东流段
松花江与紧邻的洮儿河、嫩江三水汇合处虽然同属于黑龙江流域范围，但是
与今日黑龙江的干流却是不同的。更何况在东流段松花江的左岸还有一条重
要的闭流河——即乌裕尔河的下游呈扇形广泛漫延形成大片的湿地，与松花
江、嫩江、洮儿河相融通。大庆市地方史工作者吕国明、李学明针对乌裕尔
河调查时发现一个特殊现象，即在乌裕尔河下游的大片湿地泡泽附近的齐齐
哈尔市、大庆市大同区、和平牧场、杜蒙莲花湖、肇源附近，有多处"黑
水""哈拉乌苏"（蒙古语黑河或黑水之意）的地名存在着。③原文如下：
在今乌裕尔河流域下游地区关于"黑水地名标注，哈拉黑河或哈拉乌苏或黑
水；其中齐齐哈尔1处，称之为'哈拉乌苏'；肇源县1处，名为黑水村；和
平牧场2处，称之为'哈拉黑河''哈拉乌苏'；杜尔伯特2处，称之为'大
哈拉乌苏''小哈拉乌苏'。这些黑水命名的地域及水系关联密切，在古代
互通互联，周边有大量的金代古城址、古遗址、古墓葬"。上述这些"黑

---

① （元）脱脱：《金史》卷1《世纪》，中华书局1976年版，第2页。
② （元）脱脱：《金史》卷24《地理上》，中华书局1976年版，第551页。
③ 吕国明、李学明：《乌裕尔河流域下游黑水地名的调查报告》，未刊稿，2021年4月来函告知。
　　2021年5月18日，李学明再次微信告知；目前有关黑水地名共计6处。包括"肇源黑水村、和平
　　牧场哈拉黑河、哈拉乌苏、杜尔伯特大哈拉乌苏、小哈拉乌苏、齐齐哈尔哈拉乌苏"。

水""哈拉黑河""哈拉乌苏"（黑水）地名集中在乌裕尔河下游流域说明了两个问题：一是当年屠寄在《黑龙江舆图》中所记载的土人呼之为"黑水"的确是存在的；二是有关黑水、黑河的地名主要集中于乌裕尔河下游流域或接近嫩江或临近松花江处，说明乌裕尔河下游地区在历史上曾经被称之为"黑水""黑河"，亦即黑龙江的称谓是不争的事实。由此推断《北史》《魏书》中记载的勿吉、靺鞨七部的分布是可信的，说明早在北魏时期靺鞨黑水部地理位置在安车骨西北的地望是正确的。

（五）对前述金代肇州地望考证梳理与再探讨

综上所述，无论是史料辨析还是史地考证，学界对金代肇州城均有了更深入的认识。清代民国时期部分地方志的原有观点得到了修正，并不断提出新的观点。如今有关金代肇州具体地点尚有几说较为流行：孙秀仁等学者所持的塔虎城说；李健才等学者所持的八里城说；张博泉、程妮娜等学者所持的望海屯古城说以及王景义、杨中华等学者所持的勒勒营子古城说。其中八里城说与塔虎城说在学术界占主导地位。

首先，八里城说由前文所述，八里城当为元代肇州，而非金代肇州。虽城址规模符合建制，但其距离金上京、泰州的道里以及距鸭子河的距离无一与《金史》记载吻合。且今人所持此说者，多使用元明清三朝史料佐证金代肇州，所得结论不免有偏颇之误。

其次，持塔虎城说者，多据《辽史》记载出河店之役，辽军"屯出河店，临白江，与宁江州女真对垒"等史料得出出河店（金肇州）在混同江之西，宁江州在混同江之西，两军呈东西对垒的局面。并认为嫩江下游段和北流松花江均称鸭子河或混同江。而《金史·太祖本纪》明确记载了萧嗣先"将步骑十万会鸭子河北"[①]。辽军既在鸭子河北岸，说明出河店战役中金兵是由南向北进攻，而不是由东向西进攻的。史料记载出河店即金代肇州，在

---

① （元）脱脱：《金史》卷2《太祖本纪二》，中华书局1976年版，第25页。

鸭子河北，"鸭子河去肇州五里"①。而塔虎城于嫩江南约10里，距西流又东流松花江曲折处西约40里，与辽代出河店、金代肇州方位均不符合。

其他如望海屯古城说，该古城位于拉林河入东流松花江处以北，与文献记载至上京道里及周边水文环境不符，且该古城周长2970米，与金代肇州形制不符；勒勒营子古城说，道里虽合，但该城距嫩江仅200米，与鸭子河去州5里不符，且周长亦仅2272米，同样与金肇州形制有差。且望海屯古城没有马面设置，这与辽金时期古城的城墙设置特点不符，难以确定望海屯古城为金代古城。

三、金肇州为青龙山古城最有说服力②

"肇基王绩"的肇州于金代有特殊的历史意义。而在其灭亡后的百年间，金代肇州逐渐被历史湮没。元代再建肇州时，已非当年旧地。明清之

---

① （元）脱脱：《金史》卷128《纥石烈德传》，中华书局1976年版，第2773页。
② 吕国明、李学明：《金肇州考略》，《大庆社会科学》，2020年第2期。"该城位于大庆市大同区和平牧场西北与杜蒙他拉哈镇的交界处（东经124.30度，北纬46.16度）。城址呈楔形。周长约4180米。总面积88.8公顷。城中心之瓮门及与瓮门相连的南北走向城墙，将此城分化为东部居住城区和西部防御城区两部分。瓮门位于居住城西城墙中部，方形，一门一闸，向南开口，呈曲尺状，保存较好。其中，瓮城西墙长88米，残高1.5米；北墙长44米，残高1.5米。开口宽27米。与瓮门衔接的西城墙，残存墙体长295米，宽22米，残高2米。瓮门东部是居住城区。周长2400米，面积20公顷。由于现代开垦耕地之原因，与西城墙相连的南、北数百米城墙被毁，已无迹象，仅在城东侧存有部分城墙遗迹，其中：南墙残存205米，宽6米，残高1.5米；北墙残存170米，宽6米，残高2.1米；城的东墙已无迹象。东南角有一向南开口的'Π'形东城门，东城门两侧城墙相距50米，北端由高0.5米的拱形土坡相连。东城门西墙长145米（距北端100米处与南城墙相连），墙宽6米，残高1.8米。东城门东墙仅剩25米，墙宽6米，高1.5米。东城门高大的城墙围成的'Π'形空间，同样具有'瓮城'的防御功能。瓮门西部是防御城区。周长3100米，面积68.8公顷。防御区域工事复杂，由瓮城、防御墙、山体、沼泽、深沟、坑体组合而成。其中防御墙共有七道，均呈南北走向，墙体之间多为洼地，与南北两侧的泥沼相通形成深沟壁垒，进入其中如入迷宫。在第三道与第四道防御墙之间有两个20来米高的锥形大图丘，分列左右，两个大山中间还有一个七八米高的小土丘，远看形似'元宝'。山体下为深沟沼泽，时常积水，泥泞难行。低洼地势凸显着山丘的高大，颇有王者之气。除此之外，在该城正北500米处，有一矩形小城，城址周长约1300多米，面积约11万平方米。由于油田开发与风电开发，该城南北二墙已近无存，仅见两道南北走向的墙体，其中东墙残存215米，墙宽6米，残高1.1米。西墙残存209米，墙宽7米，残高1.3米。除此之外，并未见其他遗存。从发现至今，笔者对该城址进行了多次实地踏察，采集到了一些陶片、磨制石器、打制石器与铁镞。其中陶片均为素面，有黄褐陶与灰陶，仅辨识出有一块应为陶支座，其余器形不详。磨制石器仅一件，为石铲，刃部残缺不见。打制石器较多，均为石片与小型圆端刮削器。铁镞仅见一枚，带铤，矛形。"

际，随着大一统王朝的再次巩固，为彰显功绩，《读史方舆纪要》《盛京通志》《满洲源流考》《嘉庆重修大清一统志》等地理笔记、地方志、一统志文献与日俱增，肇州之地再次进入世人眼中。清末民国时期为维护与巩固国家统一，再次出现了兴修地理志书的浪潮，并不断有官员、学者在东北地区进行实地勘察，对肇州的讨论也进入新的时期。这一时期诞生了《蒙古游牧记》《吉林地理纪要》《东三省舆地图说》《吉林通志》等著作。

对历史文本的解读、地理坐标的判断不同，便对金代肇州究竟位于何处产生了不同的观点。自19世纪末至今，总计出现十余种学说。在不断论证的过程中，也逐渐加深了对筛选金代肇州条件的认知，确定了金代泰州、辽代泰州、长春州、金代长春县、金上京会宁府、鸭子河等的地理位置是确定肇州所在地的关键地理坐标。但在具体解读上，学界出现了塔虎城说、望海屯古城说、勒勒营子古城说、八里城说等不同观点。笔者认为，在考证金代肇州的具体位置中，不仅要将文献史料中所涉及道里、水文、地名、特产等条件一一对照，也要注意金代肇州作为防御州的城市规格与形制，并且要了解元代肇州与金代肇州并非一地，明清两代方志材料在写作时，内容多搬自《大元一统志》，故而在运用时要加以辨别。

在明晰旧说的基础上，再次通过多重条件的综合筛选，可以看到大庆地区和平牧场的青龙山古城的地理位置西南距金代泰州（新泰州）即吉林省城四家子古城350里，从青龙山古城东南走水路（松花江、金代运粮河）距金上京会宁府遗址恰好550里，且古城南距东流段松花江上游，嫩江汇入松花江段恰为5里，与《金史》记载的鸭子河距金肇州的距离相符。同时，青龙山古城的城址规模、城外配套防御设施、倚郭设县等，皆符合史乘记载。尤其是青龙山古城周边环境皆为古河道泛滥与沼泽之地，此当与辽代出河店（甸）地名相符，古城周围有古运河遗址和多处陷马坑遗迹可寻。更为重要的是，在青龙山古城的周边发现了大量金代熬盐的遗址，这与《金史》中记载的金肇州生产土盐，供应金上京及蒲裕路等内地食盐的文献记载——相合。①

此外，金代肇州城地近《金史》中的爻剌春水之地以及金代混同江行宫和金初金熙宗的春水捺钵之地。附近有鱼儿泊（即今月亮泡）、库沦、连环湖等重要泡泽之地，当与《金史》中记载的金肇州临近斡伦泺即春水捺钵之地有着密切的关系。②2019年、2020年，黑龙江省文物考古研究所针对黑龙江省大庆市大同区九间遗址（市级文物保护单位）进行了二次考古发掘。其地理位置是黑龙江省大庆市大同区太阳升镇九间村西南1公里处的高土岗上，这是一处重要的金代早期遗址。出土文物有金代初期的莲花纹瓦当、布纹筒瓦、板瓦、兽面瓦当、鸱吻、残凤首、凤翅、凤尾、兽卷舌、兽足等泥质灰陶建筑构件标本以及轮制双耳陶罐、大型灰陶罐、陶制多孔器、仿定瓷片等生活用具。其中的灰陶器体量特别大，具有贵族使用的特征。此外，出土大量骨器，有骨簪、骨钗、骨管器。还有铁枪头、铁箭镞、铁镰刀、铁锁、铁门环、铁车輨、铁门鼻、铁销、铁带銙、铜棒、瓷棋子等。③围绕着金代九间遗址的周边共发现辽金遗址27处之多，总之这是一个较为密集且分布范围很大的金初重要的贵族或皇家的活动场所。说明了金初所设置的金代肇州附近，与早期皇家春水捺钵之地，即爻剌春水之地有着密切的关系。在青龙山古城北9公里的地方距离于家窑村古城较近，地方史学者发现了重要的具有宫殿式的大型遗址一处，其东西南北各个角落都有建筑遗址，围绕着中间的大型宫殿遗址呈一个大的建筑群遗址。遗址出土了大量的金代砖瓦、各种类型的兽面瓦当残片、筒瓦、板瓦、金属片、钧瓷、仿定瓷片、铜片卷等。该遗址疑为金代初年的天开殿、混同江行宫遗址。由此，如此集中的大型金代遗

① 笔者注：金上京会宁府遗址即今哈尔滨市阿城区南郊的古城遗址；金代蒲裕路遗址即今天乌裕尔河流域上游地区的克东县境内的金城乡金城村古城遗址。
② 笔者注：《金史·地理志》上京条载："其行宫有天开殿，爻剌春水之地也。有混同江行宫。"爻剌春水，即今天拉林河入松花江之北岸、洮儿河与嫩江、松花江、乌裕尔河四水相合的地域范围内，亦即金代春水捺钵之所。金熙宗时期多次临幸爻剌春水进行春水捺钵，并驻跸于附近的混同江行宫。
③ 董云平：《千年文化遗存渐现辽金风采》，《黑龙江日报》2019年11月28日。

址的发现也认证了金代肇州的地理位置之所在。①

综上所述，笔者认为推定黑龙江省大庆市和平牧场的青龙山古城为金代肇州城故址的理由较为充分，这是目前考证金肇州地理位置所在最有说服力的考证。当然还需要考古工作者针对青龙山古城的周边继续进行科学的考古发掘，方能进一步确认这一推定。

① 吕国明、李学明：《青龙山古城周边历史遗迹调查》，未刊稿。

第五章　金代"椀都河谋克印"出土地点调查与研究

　　《北方文物》2000年第1期，刊登了李桂芹、赵静敏的《黑龙江省克山县发现一枚金代官印》一文，即金代"椀都河谋克印"六字。该文作者对金代"椀都河谋克印"进行了考证，认为"椀都河地近金代的完都鲁山，完都鲁山即今黑龙江省东部地区的完达山"，并引述了朱国忱《金源古都》中的"完都鲁山即今完达山"结论。[①]同时，对金代椀都河谋克印边款的"系木吉猛安"的地点进行了臆测。认为："木吉猛安的木字和穆棱河的穆字字音相同，木吉猛安辖地应为穆棱河一带，这就与椀都河谋克所在地今完达山一带相符。"[②]笔者认为，李桂芹、赵静敏对"金代椀都河谋克印"的考证所得的结论，更多为主观猜测，缺乏论证依据，有待商榷。为了弄清金代椀都河谋克印的出土地点，笔者在2017年6月5日，率领黑河地区自然与文明千里行科考队，针对金代"椀都河谋克印"出土地点及其相关人员进行了实地考察。经考证，金代椀都河谋克并非李桂芹等人推断的"今黑龙江省东部地区的完达山"附近，而是今天距离出土地点不远的嫩江上游的卧都河一带。

---

① 朱国忱：《金源故都》，北方文物杂志社1991年版，第41页。

② 李桂芹、赵静敏：《黑龙江省克山县发现一枚金代官印》，《北方文物》2000年第1期，转引自孙文政主编：《金代上京路研究蒲与路论集》，中国社会科学出版社2021年版，第108—109页。

第一节　椀都河谋克印出土地点及其相关问题的实地调查

2017年6月5日，天气晴，我率领黑河地区自然与文明千里行科考队，奔赴五大连池市文物管理所、克山县文物管理所，考察金代"椀都河谋克印"出土地点及相关遗址，并对五大连池市、克山县文管所的文物库房进行了顺访。参加本次科考队的成员有：王禹浪、刘中堂、吴边疆、王俊铮，司机李平贵。

这次我们主要的科考目的地，是黑河市所属的五大连池市和齐齐哈尔市所属的克山县两地的文物管理所及其相关遗址。

早晨8点整，我们准时从五大连池风景区出发，前往五大连池市。途经市区北部讷谟尔河时，我向同行的科考队员解读了讷谟尔河的地名含义："讷"即嫩，讷、那、榇、嫩均系同音异写；"谟尔"即蒙古语"木伦"，即河流之意，"讷谟尔"的直译即"嫩河"之意。事实上，古人将讷谟尔河与嫩江视为一条河流也是有其道理的。古人的地理认识与现代人之间存在着一定的差距，今天的讷河市也是依据讷谟尔河的名称而来，"讷谟尔河"的"河"字实际上属于汉字的多余，如果直译这条河的名字就变成了"讷河河"。因此，在为讷河市命名时省略了"谟尔"的发音，随着时代的变迁人们对嫩江的认识逐渐延伸，到了近现代才有了当代地理学上对嫩江地理的认识。

8点20分，科考队到达五大连池市文管所，李丽所长已在所里等候。我们就"黑河地区自然与文明千里行"的相关情况与李丽所长简单进行了介绍。随后，李所长安排王振馆员打开文物库房，我们开始对库房内的重要文物进行专业鉴定。此后，李所长又打开了另一间比较宽敞的库房，四面墙壁均摆放着展柜，展柜里各时代的地方文物标本数量可观。令人振奋的是，我们发现了一颗宋金时期的官印，即宋·"驰防指挥使记"官印：五大连池市水务局捐赠，印面规格5.1×5厘米，高3.9厘米，其中印纽长3.4厘米。上刻"咸平三年八月少府监铸"，印文为"驰防指挥使记"，我们对这颗宋代官印进行了全方位拍照。另有青铜时代石耜、战国虎头戈、辽代符牌等珍贵遗物。石斧：两件，太平乡征集。文昌帝君石像：头部残，肩部有"文昌"二字，1996年因挖沙出土于今山口湖淹没区。铁箭镞一组：出土于龙头山清代墓葬。石耜：3件，太平乡征集，均为双刃。耜身中部和上部各带有一道突起的石箍。该石耜形制与北安市乌裕尔河流域出土的石耜形制完全一样，同属于一种文化。战国虎头戈：长24厘米，宽11厘米，出土地点不详，为当地征集。"大辽官防牌"铜符牌：长9厘米，宽4.9厘米，出土地点不详。宽永通宝：背穿上有"文"字，五大连池附近出土。

　　李丽所长还赠送给我们《黑龙江省文物地图集》及黑龙江省"三普"成果等图书资料多册。王振馆员又带领我们前往位于五大连池市体育馆后身的市高级中学院内，中学操场正在进行整修，操场与教学区中间用蓝色铁皮隔离，在篮球场旁的沙地上，堆放着3通石碑。其中仅一通石碑字迹尚能辨认，其余两通风化严重，字迹基本漫漶不清。石碑均仅剩碑身，碑座无存。能辨认字迹的这通石碑质地为玄武岩，碑身长187厘米，不算碑身底部竖立榫头长166厘米，宽59厘米，厚22.5厘米。征集于团结乡团结大队。碑额刻有"齐鲁善地"四字，碑文开头有"康德九年冬月吉日 闻世之为善者不外口塔建庙修桥"等字样，康德九年为1942年，可知该通石碑为伪满时期的一通功德碑。另两通石碑均出土于龙头山清代墓地，质地为花岗岩，字迹已无法辨识。3通石碑全部倒伏堆放在地，保存环境较差。我们建议五大连池市博物馆建成后能将其悉心保管，以免其进一步损坏。

　　离开五大连池市文管所后，我们随即前往克山县。在途中的汽车上，科考队成员对官印印文展开了热烈的讨论和研究。刘中堂下载了照片软件，将印文反转为正字。吴边疆系书法艺术专业出身，精通篆刻，经过仔细比对，他很快辨识出"指挥使记"四个字,头两个字因九叠篆过于抽象,一时未能辨识。后经查百度有宋代宫廷禁卫"驰防指挥使记"官印,与此印相同。

我们从五大连池市一路南下,沿绥北高速、202国道,跨越乌裕尔河,进入克东县城区,再转而向西偏南方向,沿302省道继续前行。沿线均是乌裕尔河流域的大片湿地。行进至实心村附近后转而北上,再度横跨乌裕尔河和北安至齐齐哈尔铁路线道口,沿克山县南大街进入城区。克山县隶属于齐齐哈尔市,位于黑龙江省西部、齐齐哈尔地区东北部,为小兴安岭南麓向松嫩平原的过渡地带,地形以丘陵、平原为主。乌裕尔河、讷谟尔河等流量较大河流穿境而过。克山县是新发现的世界珍稀矿泉出产地。克山县城区面积远大于克东县,城区建设也较为现代化。因之前查询不到有关克山县文管所的相关信息,我们于中午11:40首先前往克山县人民政府,希望向当地文体局询问情况。到达县政府大楼后,正值中午下班,随机询问了几位政府人员,他们告知应到西大街县政府二号院去询问情况。我们遂决定先吃午饭,然后去古城镇古城村考察,下午再去县文管所。

午饭后,沿西大街向位于克山县城西南方向的古城镇古城村出发。根据其地名显示,这一带可能有古代城址。我们沿001乡道前行,道路已呈现年久失修之态,道路南侧是与其平行的北齐铁路线。依次经过新好村、王大馒头村、民和村、建国村、大二龙眼村、小二龙眼村。到达古城镇古城村后,我们来到位于村东头食杂店向当地老乡打听。食杂店老板告诉我们,当地有伪满时期"老古城",位于村东头附近,过去有土垄子。我们依照其描述来到村东头一带,但这一带并未有任何古城或土垄遗迹,且被北安至齐齐哈尔铁路的护栏所阻隔,无法到达铁道以南调查。短暂逗留后,科考队即刻前往均乐村。

根据刊载于《北方文物》2000年第1期,李桂芹、赵静敏撰写的《黑龙江省克山县发现一枚金代官印》一文,我们得知,在1995年,克山县古城镇均乐村村民杨立武在修建鱼塘时发现了一方金代"梡都河谋克印"。故此次克山之行，我们既希望能见到杨立武本人，也想在克山县文物管理所看到官印实物。我们从古城镇转而向北，沿054县道前行，地势逐渐抬高。054县道路况很差，车辆十分颠簸，到处是被车辆碾压后留下的深深的车辙，水泥路面破损严重，许多路段被沙土掩盖。进入均乐村前，经过了一片鱼塘，初步判断这里可能就是"椀都河谋克印"的出土地。进入均乐村后，我们首先来到食杂店询问当地农户，食杂店老板张百军及其夫人向我们大致介绍了情况：杨立武并非均乐村人，而是古城村人，他在发现官印两三年后便去世于古城村。当年杨立武发现官印的地点正是我们来时经过的鱼塘，当地人称之为南沟。我们再度回到鱼塘处，发现这片被当地百姓称为"南沟"的地方是一条古河道，古河道两边地势逐渐抬升形成了二级台地。我们推断当年金代军队遭受蒙古大军暴风骤雨式的进攻，金军沿河道向东金代蒲裕路方向一路溃逃，途中很可能将官印遗失在此河道中。

我们又与鱼塘年轻的经营人于海洋进行了交谈，得知这片鱼塘为冷泉水鱼塘，现有鱼塘两个，泉眼位于两鱼塘之间。由于从古城镇至均乐村道路路况不好，我们决定从均乐村沿054县道继续向东行驶返回克山县。鱼塘经营人于海洋正巧也去县城，13：40，我们在他的带领下开始返回克山县城。

回到克山县城后，我们来到西大街政府二号院，几经打听才找到了县文体局，一位热心的同志向我们告知了克山县图书馆馆长、书记张思杰的电话，克山县文物管理所现归克山县图书馆领导。克山县图书馆位于市场街天泽社区。我们在此用电话联系了张思杰馆长，不巧，今天周一恰逢图书馆休息日，张思杰馆长特地赶来与我们会面。14：40，我们在克山县图书馆二楼办公室见到了馆长张思杰、馆员宫清玉。我们就克山县地方历史文化、金代蒲峪路等问题进行了短暂交谈。据张馆长介绍，原克山县县域面积很大，依安县、德都县（今五大连池市）均归克山县管辖，克东县也是后期从克山县分离出去的。在谈及金代蒲峪路的历史时，张馆长介绍当地把古城镇一带当作金兀术和蒲峪路的储料场，看来此地可能确有一处金代城址。我们还向张馆长提出希望能够看到当年出土的金代"椀都河谋克印"实物。据张馆长介绍，该印当时由村民杨立武在均乐村鱼塘附近采集，并交给时任克山县文化局局长马少斌，遗憾的是村民杨立武和文化局长马少斌都已经辞世，金代"椀都河谋克印"早已经下落不明。金代椀都河谋克印究竟在何处已经成为历史之谜，我们对金代椀都河谋克官印的调查，就此留下一个悬案，金代椀都河谋克印给我们留下了诸多的疑问和遗憾。目前，仅仅能够从《北方文物》2000年第1期发表的李桂芹、赵静敏撰写的《黑龙江省克山县发现一枚金代官印》一文的附录印模中，了解到椀都河谋克印的字迹与模样。

张思杰馆长带我们走到楼下，亲自将文物库房打开让我们帮助辨认几件文物，我们首先看到了摆放在地面的克山县河北乡金代大墓石像生残件。根据我的初步鉴定，这座金代大墓等级很高，当属于金源郡王一级的石像生。根据《金史》记载可知，此地距离金代蒲裕路较近，可能与金源郡王仆撒浑坦的家族墓地有关。遗憾的是部分石像生已在"文化大革命"期间被炸毁，20世纪90年代由克山县图书馆出面将残损石像生运回图书馆保存。克山县文管所现存石羊高88厘米、长100厘米、宽36厘米；石人像仅残存躯干部位，根据服饰判断应为武官，残高58厘米、宽54厘米、厚38厘米。石碑一通，规格95×91.5厘米，厚15厘米，上面雕刻着丹凤朝阳、富贵牡丹等吉祥图案，这种石碑一般立于正寝殿前、照壁之后。两个石臼，其中一个外径48厘米、内径24厘米、高30厘米，底部残损，可能是用于制作蒸馏酒器的器物；另一石臼为舂米器，外径60厘米、内径25厘米、高43厘米。库房内还有辽代的泥质桥状器耳陶器，以滑石、玛瑙、绿石、琉璃、珍珠等材质打磨成的钻孔串珠。从文物管理所出来后，我们又考察了放置于院内的清代与民国的石磨盘等。最后，科考队一行与张思杰馆长、宫清玉馆员在图书馆门前合影留念，离开克山县返回北安市。至此以考察金代"椀都河谋克印"为目的的结局是遗憾的，因为采集人与当事人相继去世，官印也下落不明。

第二节　金代"椀都河谋克印"新考

因为本次考察的重点，是调查金代"椀都河谋克印"的出土及保存情况，而对于其他文物的研究与考证则不属于本文的涉猎内容。金代"椀都河谋克印"是1995年由克山县古城镇均乐村村民杨立武在修建养鱼塘时所发现。"椀都河谋克印"为铜质，边长6厘米，呈方形，厚1.5厘米。扁方状钮，钮端阴刻一"上"字。印文为汉字阳文九叠篆书，经辨认得知印文为"椀都河谋克印"。印背阴刻汉字楷书"大定十年五月，少府监造"（1170年），印侧嵌刻汉字楷书"椀都河谋克印系木吉猛安下"。①李桂芹、赵静敏对金代"椀都河谋克印"进行了考证，认为"椀都河地近金代的完都鲁山，完都鲁山即今天黑龙江省东部地区的完达山"，并引述了朱国忱《金源古都》中的"完都鲁山即今完达山"结论。②同时，对金代椀都河谋克印边款的"系木吉猛安"的地点进行了臆测。认为："木吉猛安的木字和穆棱河的穆字字音相同，木吉猛安辖地应为穆棱河一带，这就与椀都河谋克所在地今完达山一带相符。"③笔者认为，李桂芹、赵静敏对"金代椀都河谋克印"的考证所得的结论，缺乏论证依据，有待商榷。

第一，事实上，金代的椀都河与"完都鲁山"完全是风马牛不相及的两个地名，一曰河名，二曰山名，二者不可相提并论。第二，金代椀都河谋克印出土于嫩江流域，地近乌裕尔河支流，现属于齐齐哈尔市所辖的克山县境

---

① 李桂芹、赵静敏：《黑龙江省克山县发现一枚金代官印》，《北方文物》2000年第1期，转引自孙文政主编：《金代上京路研究蒲与路论集》，中国社会科学出版社2021年版，第108—109页。
② 朱国忱：《金源故都》，北方文物杂志社1991年版，第41页。
③ 李桂芹、赵静敏：《黑龙江省克山县发现一枚金代官印》，《北方文物》2000年第1期，转引自孙文政主编：《金代上京路研究蒲与路论集》，中国社会科学出版社2021年版，第108—109页。

内，周围的山地则属于小兴安岭山脉。今日之乌苏里江流域左岸的完达山属于长白山系的东北部支脉，从金代椀都河谋克印出土地点，到今日之完达山脉直线距离当在750公里左右。如果从克山县到东偏南的完达山主峰，即神顶峰的直线距离是700公里。换算成辽金时期的里数，当为1500里。说明官印的出土地点与远在千里之外的"完达山"距离过于遥远。第三，椀都河与完都鲁山之间不存在直接对音的关系。"椀都"与"完都鲁"进行比较，"椀都"缺少尾音鲁"r"音，这是北方少数民族语言中所固有的常见颤音。因此，椀都河与完都鲁山之间不可能存在语音互转的关系。这在《吉林通志》中已有明确的解释："海陵迁都燕京，削上京之号，止称会宁府，大定十三年（1173）复为上京，其山有长白、青岭、玛奇岭（金史作马纪岭）[①]温都尔原作完都鲁"[②]，说明完都鲁可以转写为"温都尔"，"尔""鲁""勒"均为颤音"r"的汉字转写。第四，今天的完达山究竟是不是金代的完都鲁山尚有待于进一步研究。虽然"完达山"与"完都鲁山"地名相近，但是完都鲁山如何演化为完达山尚缺乏直接的证据。

另外，李桂芹、赵静敏在《黑龙江省克山县发现一枚金代官印》文中还提到了金代"椀都河谋克印"侧背刻有"系木吉猛安下"字样，并认为"木吉猛安的木字和穆棱河穆字字音相同，木吉猛安辖地应在穆棱河一带"。这种仅凭第一个汉字的字音相同就确定"木吉猛安"当与"穆棱河"为同一地域的观点，实在是过于牵强，此一字之差，谬之千里。

众所周知，官印属于易携带的历史文物，印随人行，可携带更远。但是一般来说官印的出土地点，与官印本身具有关联性的特征是非常明显的。如在北安市南湾金代古城附近出土的葛苏昆山谋克印，系蒲裕猛安下，地近金代蒲裕路路治所在地（克东县金城古城），南湾古城与金城古城隔乌裕尔

---

① 作者注：马纪岭或玛奇岭，皆为勿吉岭，靺鞨岭之一音之转，均为表音文字的不同，而采用了不同的汉字注音。
② （清）长顺修，李桂林纂：《吉林通志》卷十一·十九，吉林文史出版社1986年版。

河，其直线距离不过20公里。金代蒲裕路印就是出土于金城古城的城内，这些都说明了嫩江流域，尤其是乌裕尔河流域或讷谟尔河流域出土的金代官印大多都是附近的金代古城遗址。因此，考证金代椀都河谋克印的出土地点应当首先在这一地域附近金代古城遗址或较大的遗迹中寻找。我们初步设定金代的椀都河当不会离开嫩江流域之左右，因此经过比对地图和实地调查，在嫩江上游的左岸找到了一条重要的河流，即卧都河。"卧都河"的地名与金代椀都河的"椀都河"具有同音异写的地名之嫌。且卧都河注入嫩江上游左岸的合流处附近有金代居住遗址。20世纪80年代，考古学家干志耿、孙秀仁等对嫩江上游地区进行过考古学调查，在卧都河注入嫩江的合流处附近发现过金代布纹瓦等遗物，并确定为金代古城遗址。这一发现可以证实今卧都河附近即金代椀都河谋克活动的主要区域。卧都河很可能就是金代的椀都河，即椀都河谋克的所在地。金代女真人的猛安谋克的分布，多以山河特别是以河流、山脉划分为猛安、谋克的分布区域。

由此，我们也可以尝试探索金代椀都河谋克所"系木吉猛安下"的真正含义究竟是什么？"木吉猛安"中的"木吉"应该是嫩江流域的重要地名，或河流或山名，查明代卫所与元代驿站中的嫩江流域有"木吉"或"木里吉"站（卫）的记载。清代则写成"墨尔根"，今天嫩江县境内的墨尔根河的来历，与嫩江县的清代墨尔根之地名的来历，均与金代的木吉猛安有着深刻的一脉相承的联系。由此可知清代的"墨尔根"河、墨尔根地名与金代的"木吉猛安"、元代的"木吉千户所"、明代的"木里吉卫"均为同音异写的重要地名。木吉与木里吉的区别在于"木"与"吉"之间的颤音"r"的存在，而木里吉与墨尔根有着十分相近的对音关系，这两个词汇之间是可以互为转换的；这是由于受到元音和谐律与重音发生律的影响，导致"r"音脱落，同时也受到汉字表音的局限性而出现的结果。这种现象，在东北地区尤其是阿尔泰民族交汇融合的边缘地域特别突出。我们所看到的金代椀都河谋克印侧面上的"系木吉猛安下"的文字都是金朝人的刻印或制印者所为，说明制印者本身兼具女真文与汉字的翻译、表述、撰写的能力，更何况官印的铸造是必须经过金朝的制印管理机关的认可和官方批准。因此，官印的文字不仅代表了金朝官文书所颁发的统一饬令，更为重要的是说明了金朝大定年间官印统一为汉字九叠篆书是官方用印的法规。特别是因为在行使官印的过程中，很少有人看得懂九叠篆书的汉字印文，因此官方规定在官印的侧面要刻上比较规范的汉字印文以及官印颁发的时间。即金代桅都河谋克印侧刻"大定十年五月，少府监造"，说明这颗官印是金世宗大定十年（1170），由少府监造颁发的官印。

总之，金代桅都河谋克所在地的位置没有离开嫩江流域，其中最重要的依据就是系"木里吉猛安"之下，木里吉就是今天嫩江县城附近的墨尔根河，亦即嫩江上游左岸的墨尔根河。嫩江县原名墨尔根，也是清代黑龙江将军所在地的第三迁置地的地名。既然，木里吉猛安就是今天嫩江上游左岸的墨尔根河流域，那么木里吉猛安所在地当必在嫩江与墨尔根河汇合处附近。近年来，在靠近墨尔根河与嫩江县城区内出土了许多辽金时期的文物，金代木里吉猛安当在嫩江县城靠近墨尔根河口之地无疑。确定了金代木里吉猛安的所在地后，金代桅都河谋克的所在地当距此不会太远。

第三节　金代桅都河谋克官印发现的重要价值与意义

综上，首先，黑龙江省克山县均乐村出土的金代"桅都河谋克印"官印所反映出的重要信息，说明金代在嫩江流域上游地区曾经专门设置过管辖这一地区的军政合一的女真人所特有的军政管理机构。也就是说女真人在占有嫩江上游地区后，为了有效控制这一地区曾经把女真部落迁徙安置在大小兴安岭之间的嫩江上游。这是为了有效管辖大小兴安岭的接合部与伊勒呼里山至黑龙江右岸上游地区的其他民族的游猎部落。当然，也是为了控制金代长城东端起点以北地区的重要军事部署。

其次，金代椀都河谋克官印的发现与出土，不仅填补了《金史》史料的不足，尤其是对嫩江流域女真人的猛安谋克军事部署与金代蒲裕路西北地区的布局与设置都得到了较为清晰的认识。在金上京极北部地区女真人的管辖是采用了路府州县、猛安谋克、军事障塞（金代长城与边墙）三套防御与管辖体系。恐怕，这也是金代在其北部边疆地区特有的三种重叠管理方法与体系，为能够应对北部地区各民族的突发事件而设置，这一点值得金史研究者的高度重视。

此外，金代椀都河谋克官印的出土反映的地名信息也是非常重要的。金代的椀都河与现在嫩江上游的卧都河，木里吉猛安中与墨尔根地名的对音和地点吻合的特征，都说明了历史地名与当代地名之间存在着千丝万缕的联系。尤其是在嫩江流域的地名利用汉字对音关系而标注的汉字地名的现象值得注意。在许多少数民族地名的背后，存在着地名语境、语源、语族的关联性，而这种历史地名语词的语境则是历史研究中需要谨慎对待的问题。诚然，在当代的地名中遗留下许多重要历史地名，这些地名承载着太多的历史地名语源的背景与信息。不仅说明了这些地名具有历史的传承功能，更为重的是这些地名早在800多年前就已被汉文字所记录。无论北方少数民族如何强大，但是其文化的本质依然没有脱离汉文化的影响。当然，也证明了女真人带领北方民族融入汉文化圈的过程中主要是使用汉字。

第六章　黑龙江流域出土金代官印概述

　　黑龙江流域出土了为数众多的金代官印，反映了当时复杂的行政建制体系和交通往来以及黑龙江流域及其远东地区古代民族分布的基本状况，为辽金古城的历史地理考据提供了第一手资料和重要信息。在出土的这些金代官印中以金代猛安谋克为主，另有"蒲峪路印""胡里改路之印"等金代路一级官印，可谓弥足珍贵。本文辑录了20余方金代官印，结合以往研究成果和考古学材料，对其进行了简要概述。特别是黑河地区所发现的金代"经略使司之印"进行了补充著录，填补了学术空白。由于资料匮乏、文献阙如，一些官印仅对其进行了辑录而未考据，且待日后学术界进一步探索。①

第一节　黑龙江流域金代路及经略使司官印出土与发现

　　（1）金代蒲峪路印：1956年发现于黑龙江省克东县金城乡金代蒲峪路古城址内，铜质，官印已佚，今仅存印模。印文为正方形，每边长7.8厘米，汉字阳文篆书。翌年又发现"□□之印"1方，正方形，边长7.3厘米，篆书，据考证前两个字当是契丹大字。由于该城曾出土"蒲峪路印"，学术界基本认可克东县金城古城应为金代蒲峪路治所之所在。蒲峪又作蒲与，是金代上

_____

① 本节内容参考了寇博文硕士学位论文《东北地区金代猛安谋克官印初步研究》（指导教师：王禹浪），大连大学，2016年。

京路所辖诸路之一，初置万户府，海陵设节度使，路之正式设治或在此时。蒲峪路管辖范围甚为辽阔，南与上京会宁府接界（金上京城为今哈尔滨市阿城区所在地），西至嫩江上游左岸与金代乌古迪烈统军司（今嫩江伊拉哈古城）相邻，北至火鲁火疃谋克3000里远抵外兴安岭北境。金代蒲峪路地处乌裕尔河流域，此河流为东北唯一的闭流河，也称无终河或无尾河。蒲峪路的称谓来自"乌裕尔"，乌裕尔、蒲峪为一音之转，女真语当为湿地或涝洼之地。

"蒲峪路印"印模（采自《黑龙江古代官印集》）

（2）金代胡里改路之印：1977年11月，黑龙江省鸡东县综合乡四排村农民在兴修水利时发现了这方金代铜印，与其一并出土的还有"上京路副统露字号印"①。该官印最早刊布于郝思德撰写的《浅谈"胡里改路之印"》一文。②"胡里改路之印"为正方形，边长6.7厘米，印台厚1.8厘米，通高4.6厘米，扁方形板状钮高2.8厘米，印重808克。在钮上端刻一"上"字，示意用印的方向。印面铸九叠阳文"胡里改路之印"，印背右刻汉字楷书"贞祐五年二月"，背左阴刻楷书"行六部造"，印左侧阴刻楷书"胡里改路之印"。"胡里改路之印"是继金代"蒲峪路印"之后发现的又一方金代路一级行政建制的官印。胡里改路与蒲峪路、恤品路、合懒路等同为金上京路下辖的诸

---

① 孙丽萍：《黑龙江鸡东发现的两方金代官印》，《收藏》2007年第6期。
② 郝思德：《浅谈"胡里改路之印"》，《北方文物》1982年第1期。

路之一。《金史·地理志》载："胡里改路，国初置万户，海陵例罢万户，乃改置节度使。""胡里改"即今牡丹江，金代称为胡里改江，与金代蒲峪路的命名相同，均以水域命名之。其辖境范围包括整个今牡丹江流域、松花江下游及乌苏里江中下游、黑龙江下游流域。胡里改路治所即今黑龙江省依兰县北45公里处牡丹江右岸的土城子古城。

"胡里改路之印"印模（采自《黑龙江古代官印集》）

（3）经略使司之印：2017年5月，黑河学院与黑河市人民政府联合成立的"黑河地区自然与文明千里行"项目科考组，在参观黑河市瑷珲历史陈列馆时发现了展馆展出的采自西沟古城的金代"经略使司之印"。这方官印于20世纪80年代采集于爱辉区西岗子镇西沟村大羌城附近。官印边长约7厘米，印文为九叠篆书，扁状钮，上刻有一字"上"。该官印为一方金代官印，是

经略使司之印（瑷珲历史陈列馆藏，王俊铮 摄）

金朝末年边镇军事机构的印鉴。边镇军事机构最初设置于唐朝，宋依唐制，设有经略使司或经略安抚司，机构官职由节度使担任，属于准省级机构。目前，全国出土的金代经略使司之印总共有四方，黑河市爱辉区西岗子镇西沟古城出土的金代经略使司之印是第四方经略使司之印。该古城很可能就是金代末期设置于黑龙江流域的经略使司所在地。

第二节　黑龙江流域金代猛安谋克官印出土与发现

（1）曷苏昆山谋克之印：1987年6月，在距离蒲峪路古城仅有20多公里的乌裕尔河右岸，今北安市城郊乡长青村的农民李清海、王德江、孙柏林3人，在距村西约1500米的乌裕尔河畔的右岸二级台地上发现了这方金代官印。其印文为九叠篆书"曷苏昆山谋克之印"。关于该方官印的研究成果较为丰富。官印两侧的边款刻有"系蒲与猛安下"及"曷苏昆山谋克之印"等文字，背面右侧还嵌刻"大定十年七月"（1170年）、左侧刻有"少府监造"字样。印长6.2厘米，宽6.1厘米，高5.1厘米。官印出土地以南不远处即南山湾金代古城。根据黑龙江流域和东北地区所发现的金代古城的周长规模与建制特点，北安市的南山湾古城属于金代谋克一级的古城；曷苏昆山谋克之印的出土地点又与南山湾古城为邻，故可以推断南山湾古城很可能就是曷苏昆山谋克的治所。根据印文侧背的文字显示，曷苏昆山谋克系属于蒲峪猛安管辖的谋克之一，可以断定乌裕尔河流域的右岸今属北安市的附近应是金代曷苏昆山谋克辖境。

"曷苏昆山谋克"官印与印模

（2）椀都河谋克印：1995年出土于黑龙江省克山县，最早刊载于《北方文物》2000年第1期，由李桂芹、赵静敏撰写的《黑龙江省克山县发现一枚金代官印》一文。[①]可知，在1995年，克山县古城镇均乐村村民杨立武在修建鱼塘时发现了金代"椀都河谋克印"。2017年，黑河市人民政府与黑河学院联合组织了"黑河地区自然与文明千里行"科考行动，是年6月5日，在王禹浪教授的带领下，刘中堂、吴边疆、王俊铮一行实地踏察了"椀都河谋克印"出土地均乐村及克山县文管所并进行了走访调查，前文已经就调查经过进行了介绍。

据李桂芹等人撰文认为，"椀都"应为《金史·地理志》以及《吉林通志》中所记载的"完都鲁山"。朱国忱先生的《金源故都》一书认为完都鲁山即今完达山。[②]因此，椀都河应位于今黑龙江省密山市西北部。笔者以为，位于黑龙江省东部的完达山距离其出土地过于遥远，缺乏合理性，"椀都河"应系嫩江县"卧都河"之同音异写。卧都河所在区域位于嫩江上游地区，且与克山县均乐村相距不算遥远。因此，今嫩江县的卧都河一带应为金代"椀都河谋克"所在。

"椀都河谋克印"印模（采自《北方文物》2000年第1期）

（3）金代不匋古阿邻谋克印：印面尺寸据《宁安县志》所载为"宽长各二寸二分"，印背所刻"天泰十八年"，1919年出土于黑龙江省宁安县城子后山城，最早刊布于《宁安县志》。2015年10月26日，内蒙古大学蒙古学研

① 李桂芹、赵静敏：《黑龙江省克山县发现一枚金代官印》，《北方文物》2000年第1期。
② 朱国忱：《金源故都》，北方文物杂志社1991年版。

究中心主任齐木德·道尔吉教授、大连民族大学东北少数民族研究所所长黑龙教授、牡丹江师范学院历史与文化学院院长刁丽伟教授等学者考察了镜泊湖附近的宁安市城子后山城。齐木德·道尔吉教授认为"不匋古"可能是女真语"bulaogu"的同音异写，意即为"镜子"。如果这一观点成立的话那么城子后山城的名字则可能就是"镜泊湖"这一地名称谓的女真语表述。"阿邻"或"阿林"女真语意即为"山"。由此可知"不匋古阿邻"即"镜子山"。此山濒临镜泊湖，因此镜子山的地名很可能是依湖而得名。城子后山城始建于渤海，后为东夏国沿用，为"不匋古阿邻谋克"治所所在地。①此官印附近的山城所在地的山地，当为镜子山。

"不匋古阿邻谋克印"印模（采自《黑龙江古代官印集》）

（4）巴剌海山谋克印：1915年出土于黑龙江省通河县。最早刊布于《黑龙江志稿·艺文志》"金石"条。印面尺寸不详，印背所刻"大定十年五月少府监造"，印侧所刻"海古猛安"。"海古"即《金史》所载按出虎水支流"海古勒水"，为今阿什河支流海沟河。据王禹浪教授的《黑龙江省通河县太平屯古城考》推断，通河县太平屯古城应为金代把剌海山谋克城故址。②海古猛安的海古则是《金史·地理志》中的海古勒水的简称，亦即今天哈尔滨市阿城区的海沟河，"海古、海古勒水、海沟河"均为同音异写的地名。由此可知，今黑龙江省通河县一带居住的女真人的巴剌海山谋克当属于今哈

---

① 王禹浪、王俊铮：《牡丹江、延边地区渤海历史遗迹考察》，《黑河学院学报》2015 年第 6 期。

② 王禹浪：《黑龙江省通河县太平屯古城考》，《北方文物》1985 年第 2 期。

尔滨市阿城区的海古猛安所辖。所不同的是，巴刺海山谋克属于明确的山地之地名，海古勒水则属于河流，古印出土的北部的华山一带当属于金代巴刺海山所在地。

（5）夺与古阿邻谋克印：印面尺寸6.5厘米×6.5厘米，印背所刻"天泰七年 少府监造"，出土于黑龙江省巴彦县。《金史·徒单绎传》载："祖撒合懑，国初有功，授隆安府路合扎谋克，夺古阿邻猛安"。"夺与古"即历史文献中的"夺古"，隶属于隆安府路，即金代隆州所在地。"阿邻"为"山"之意。该谋克应为金上京地区所辖的金代隆州所属的谋克，其地望当在金上京的辖境黄龙府一带，学术界一般认为金代的隆州可能就是今天吉林省农安县治所在地，而黑龙江省的巴彦县则在远离农安金代古城的松花江左岸，此印因与金代末年蒲鲜万奴政权的东夏国有关，东夏国是否建置隆州，或与金初的隆州为同一地点，都尚待考证，具体地点待考。

（6）乌耶古河谋克印：印面尺寸不详，印背所刻"大定十年七月 少府监造"，印侧所刻"乌耶古河谋克之印，奴古宜猛安下"，1895年出土于黑龙江省呼兰县，最早刊布于《呼兰府志》。关于"乌耶古河"与"奴古宜"均为女真语，虽然知晓"乌耶古"是一条河流所在地名，而"奴古宜"的女真语含义尚不清楚，因此尚待考证。

（7）合重浑谋克印：印面尺寸不详，印背所刻"大同二年 少府监造"，清代康熙年间出土于黑龙江省海林县，最早刊布于《柳边纪略》一书。"大同"应系东夏国年号[1]，可知该印应属于东夏国官印，其出土地点与黑龙江省海林县相关，其地在海浪河一带。由此印可推断今海林市境当属东夏国境，此地多出东夏国铭文铜镜与铜印现象相合。

（8）熟伽泊猛安印：印面尺寸6.5厘米×6.4厘米，印背所刻"正隆元年十月 内少府监造"，清末出土于黑龙江省五常县，最早刊布于《东北古印

---

[1] 张维绍、李莲：《东夏年号的研究》，《史学集刊》1983年第3期。

钩沉》，现藏于吉林省博物馆。《金史·太祖本纪》载：收国元年（1115）十二月"是日，上还至熟结泺，有光见于矛端"。"熟结泺"即"熟伽泊"，"泺""泊"皆为湖泊之意。该猛安治所应位于今五常、双城两县境内，附近当有湖泊沼泽之地。

（9）京左吉阿邻谋克印：1918年出土于黑龙江宁安县，最早刊布于王震中等《黑龙江省的几处文物遗迹》，发表于《文物参考资料》1957年11期。文中报道，据保存印文者口述，印背刻"天会八年"字样。关于该印，《黑龙江古代官印集》认为该印字形、笔画与县志所载均与不匋古阿邻谋克印相同，因而应为同一印。但不匋古阿邻谋克印印背所刻年款为"天泰十八年"，与"天会八年"相差甚远。《黑龙江古代官印集》以县志编撰者曾亲见此印为由，认为"天会八年"应为误传，此当存疑。

（10）谋鲁坚谋克印：1953年出土于黑龙江省逊克县，原印失佚，最早刊布于《黑龙江古代官印集》，印拓现藏于黑龙江文物考古研究所。逊克县属于黑河市地区所直属，其地当在黑龙江流域右岸中游之地，今逊克县境内有金代古城4座，究竟哪座古城属于谋鲁坚古城，尚不可知，待考。

（11）恤品河窝母艾谋克印：印面尺寸5.7厘米×5.7厘米，印背所刻"大定十年六月 少府监造"，印侧所刻"恤品河窝母艾谋克印 系重吉下"，1973年征集于黑龙江省嘉荫县，最早刊布于《黑龙江古代官印集》，现藏于黑龙江省博物馆。"恤品河"即今绥芬河。金代时绥芬河又称"苏滨""苏濒""速频""率宾"等。应系金代恤品路下辖谋克，系重吉下，当是属于重吉猛安下辖的谋克之一，其地当在今绥芬河流域附近。

（12）哥扎宋哥屯谋克印：印面尺寸6.6厘米×6.6厘米，印背所刻"大定十年五月 少府监造"，印侧所刻"哥扎宋哥屯谋克印 系宋哥屯猛安下"，1976年出土于黑龙江省依兰县，最早刊布于《黑龙江古代官印集》，现藏于依兰文管所。"哥扎"又称"合扎"，为亲兵之意，"宋哥"则为宋哥江之称的简写，宋哥江即金代所称之为宋瓦江，又称宋葛水，而"屯"在金代即有"屯"建置称谓。宋哥屯古城靠近松花江下游，可能是对松花江下游的一种称谓。考松花江之地名则为金代"宋瓦江""松嘎里""宋哥"的同音异写。牡丹江下游、松花江下游地域当属于宋哥屯谋克及宋哥猛安所辖境。

（13）拜因阿邻谋克印：印面尺寸6厘米×6厘米，印背所刻"承安五年闰二月 礼部造"，印侧所刻"拜因阿邻谋克之印"，1977年出土于黑龙江省甘南县中兴乡绿色农场周长一华里的边堡内，应系金代界壕附近的镇边谋克官印。其最早刊布于《黑龙江古代官印集》，现藏于黑龙江省文物考古研究所。"拜因"为靠近金界壕活动的游牧部族"板底因"的音转，与其出土地一致，"阿邻"为山。由此可知，拜因阿邻谋克治所当为出土官印的甘南县金界壕绿色农场金代长城附近的边堡遗址，其附近的大兴安岭的山地当为"拜因山"所在地。"板底因"属于附近的游牧部落的称谓，可能被变为女真的猛安谋克户。且官印背刻有"承安五年"的字样，可知此官印的铸造年代当为金朝末年，正是金代长城与北部游牧部族之间战争迭作时期。

（14）恼温必罕合扎谋克印：印面尺寸5.8厘米×5.9厘米，印背所刻"贞祐三年四月□日 上京行部造"，1982年出土于黑龙江省桦川县，最早刊布于《北方文物》1986年第4期，现藏于桦川县图书馆。包长华的《佳木斯地区近年发现的金代官印》（佳木斯师专学报，1996年第6期）载该印左侧亦有"恼温必罕合扎谋克印"字样，而林秀贞的《金代猛安谋克官印的研究》与景爱的《金代官印集》均未提及。"恼温"系嫩江之音转，"必罕"有满语"小河""草甸子"等意思，符合嫩江流域遍布湿地河汊的自然地理环境特征。推测，该谋克的分布可能在嫩江流域。

（15）迷里迭河谋克印：印面尺寸5.9厘米×5.9厘米，印背所刻"大定十九年五月 礼部造"，印侧所刻"迷里迭河谋克印"，并有女真字一行。1986年出土于黑龙江哈尔滨市郊，最早刊布于《金代官印集》，现藏于哈尔滨文物管理站。有关该印印侧女真文，林秀贞《金代猛安谋克官印的研究》附表中铸造时间为"大定"，且女真文字数为7字，《金代官印集》中所记为6字。王禹浪教授考证，迷里迭即今日哈尔滨市郊区的莫里街地名的音转关系，莫里街附近有近代古城周长1200米左右，可能即金代迷里迭谋克之所在。又迷里迭河当与河流有关，莫里街古城附近河流纵横，其中当为迷里迭河的流域范围。

（16）速怕昆山谋克印：印面尺寸6厘米×6厘米，印背所刻"天泰八年五月 礼部造"，印侧所刻女真字一行，共13字，1987年出土于黑龙江省绥滨县奥里米古城西北角，最早刊布于《辽海文物学刊》1990年第2期，现藏于鹤岗文物站。推测，奥里米古城可能为金代"速怕昆山谋克"治所。速怕昆山可能就是小兴安岭东麓余脉，今属鹤岗市所辖范围。

（17）讹里骨山猛安印：景爱《金代官印集》中记为"论里骨山猛安印"，印面尺寸6.3厘米×6.3厘米，印背所刻"大定十九年四月 礼部造"，印背所刻女真字一行，共9字，1992年出土于黑龙江省富锦市，最早刊布于《黑龙江史志》1996年第4期，现藏于富锦市文物管理所。"讹里骨山"即今富锦市的乌尔古力山，其附近之大屯古城应系讹里骨山猛安治所。"讹里骨山"与"乌尔古力山"为同音异写，时隔800多年其地名得以保留，松花江下游富锦县境内属于讹里骨山猛安辖境。

（18）拽挞懒河猛安印：印面尺寸6.5厘米×6.5厘米，印背所刻"正隆元年十一月 内少府监造"，印侧所刻"拽挞懒河猛安印"，1982年出土于吉林省德惠县梨树园子古城，最早刊布于《考古》1983年第8期，现藏于吉林省博物馆。有人认为，"拽挞懒河"快读时发音与伊通河接近，其治所地望可能在伊通河流域。属于松花江流域的范围，松花江注入黑龙江是黑龙江流域右岸最重要的支流。

（19）盉烈可乌主谋克印：印面尺寸5.8厘米×5.8厘米，印右侧阴刻"盉烈可乌主毛克印"，出土于吉林省德惠县梨树园子古城，最早刊布于《考古》1983年第8期，现藏于德惠县文化部门。"乌主"一词为女真语"首领"之意，"盉烈可"可能是部落之名。暂将其治所定于德惠梨树园子古城，属于松花江上游流域的女真谋克户。

（20）毛都虎谋克印：印面尺寸6厘米×6厘米，印背所刻"大定十年五月 少府监造"，印侧所刻"毛都虎谋克印 系胡鲁失懒猛安下"，1956年出土于吉林省长春市郊，最早刊布于《吉林出土古代官印》，现藏于吉林省博物馆。《金代官印集》载印侧"毛都虎谋克之印"，印侧所刻汉字轻易省略增添现象在官印辑录过程中较为普遍，属于松花江流域的女真猛安谋克户。

（21）唵母思和拙谋克印：印面尺寸6厘米×6厘米，印背所刻"大定九年七月 少府监造"，印侧所刻"唵母思和拙谋克印 系宋阁江猛安下"，新中国成立后出土于吉林省九台县，最早刊布于《吉林出土古代官印》，现藏于吉林省博物馆。张博泉《金史论稿》认为，"宋阁江"可能为"宋瓦江"音变。此说有一定道理，表明其治所在今松花江流域。另外，印侧之"系宋阁江猛安下"与黑龙江省依兰出土哥扎宋哥屯谋克印侧"系宋葛屯猛安下"十分相似，"宋阁江"可能与"宋葛屯"有关。印证了金代的松花江曾经被称为"宋瓦江、宋葛江、宋哥江"。

（22）挐（拿）里浑河猛安印：印面尺寸6.8厘米×6.8厘米，印背所刻"正隆元年十一月 内少府监造"，印侧所刻"挐里浑河猛安印"，1963年出土于吉林省安图县，最早刊布于《金代官印集》，现藏于吉林省博物馆。《金史·章宗本纪》载：明昌五年（1194）春正月"以叶鲁、谷神始制女直字，诏加封赠，依仓颉立庙鳌屋例，祠于上京纳里浑庄"，又有"遂诏令依仓颉立庙于鳌屋例，官为立庙于上京纳里浑庄"。"纳里浑"为"挐（拿）里浑"的同音异写，该地显然距离金上京不远。谭其骧主编的《〈中国历史地图集〉东北资料释文汇编》将纳里浑庄考订在今吉林省舒兰县小城子古城。此说成立，因为创制女真字的谷神，亦即完颜希尹的家族墓地就在吉林省舒兰县小城子古城附近。此地，属于拉林河上游流域。

（23）挂里阿邻谋克印：印面尺寸6厘米×6厘米，印背所刻"承安五年闰二月 礼部造"，印侧所刻"挂里阿邻谋克之印"，1964年出土于吉林省磐石县，最早刊布于《金代官印集》，现藏于吉林省博物馆。挂里阿邻即挂里山，其地当属于长白山之余脉，为今天吉林省磐石市附近。

第三节　黑龙江流域金代官印出土与金代猛安谋克户的分布及其特点

从上述黑龙江流域出土的金代官印的特点及其分布上看，金代在黑龙江流域的大部分地区实行女真人所特有的猛安谋克制度，即使在上京路所辖的各路之下也是按照女真的猛安谋克制度所设置。其主要特点如下：

第一，在黑龙江流域的政治、经济、文化、军事中心，主要是以金上京或上京路为中心，并在其所辖的边地设置节镇性质的路，专设节度使管辖被编入女真籍的猛安谋克户。如金代蒲峪路、胡里改路、恤品路等。路属于北宋时期常设的路府州县的地方最高行政长官，金代虽然采用了宋人的这一制度，但是金上京所辖的地方派出机构并非是府、州、县。除了金上京下辖会宁府及宜春、曲江、会宁三县外，其他各路在《金史·地理志》中均直接设置猛安谋克，未见府、州、县的设置。这是在黑龙江流域设置比较特殊的特点之一。

第二，金代黑龙江流域的女真人猛安谋克户的设置一般都以部族所依赖的山川河流的名称为猛安谋克户的称谓。其中较为特殊的是均保留了女真人所特有的发音地名，而铸造在官印上的文字则多为汉字而不是女真字，说明利用汉字的九叠篆书铸造在官印上，已经成为金代官方认可且流行的一种官方颁发官印的习惯用法。从出土的大量黑龙江流域金代官印的猛安谋克官印上看，其中以河流命名的较多，其次就是以山地命名。也就是说山川河流是女真人古老的部族分布地域的界限，这种依据山川河流划分部族的分布延续了女真人最古老的的特征。

第三，从目前黑龙江流域出土的金代官印上看，少量为金朝海陵王时期和金末所铸官印，大多数为金代大定年间所铸官印，尤其是猛安谋克户官印大都出自金代大定年间，亦即金朝皇帝完颜雍时期。可以推测，金代大定年间对全国实行了统一颁发印鉴的制度，此外金朝大定年间对于黑龙江流域实行了"实内地"政策，重新编籍猛安谋克户，并实行迁入女真户的决定。因此，黑龙江流域出土了大量的金大定年间颁发的官印是不足为奇的。

第四，金代黑龙江流域地区女真猛安谋克户的分布主要有如下特征，即在嫩江流域右岸主要依托金代长城；对来自蒙古高原与大兴安岭西麓地区的北方民族设置防御线，即猛安谋克。而在金上京的正北方主要是依托乌古迪烈统军司和蒲峪路为北部重镇，防御来自黑龙江左岸的外兴安岭地区的北方民族。在金上京的东部、东北部、东南部的黑龙江流域则主要设置了胡里改路、恤品路所辖的猛安谋克，以巩固其东部与东北、东南的管辖。

第五，在金代黑龙江流域地区的女真猛安谋克设置中，不可忽视的是金朝末年蒲鲜万奴叛金自立的东夏国，也延续了多年猛安谋克的设置，所谓的天泰年间、大同年间多为蒲鲜万奴的年号。东夏国曾经在牡丹江流域、松花江流域、黑龙江流域下游地区也设置了众多的猛安谋克建置。

第六，黑龙江流域的黑河地区出土的金代"经略使司之印"，证明了金朝末年的边镇地区已经打破了猛安谋克制度，而实行了招抚政策。经略使司的设立就说明了这一点，一方面金朝的中央政府已经无暇顾及边镇地区，而是实行自保的措施；另一方面金朝后期的边镇地区在北方民族的不断袭扰下，已经出现了颓废的势态。

总之，金代黑龙江流域出土的金代官印，是研究黑龙江流域较为重要的第一手资料，这些官印所反映的历史信息值得深入研究，对于揭示和重新理解黑龙江流域的金代建置与历史沿革，具有非常重要的补史、证史的作用。

第七章　哈尔滨城史纪元研究

哈尔滨这座美丽的城市曾经有辉煌灿烂的历史。由于历史上战火的损毁文献无征，加之人们认知的偏见和误解，致使哈尔滨城史纪元长眠于历史时空的云雾之中，并成为难解之谜。令人遗憾的是，人们一直以为哈尔滨的城市发展史未逾百年。其实不然，哈尔滨在古代中世纪的历史上即已成为东北亚地域内陆地区的重要都市。自古以来，在哈尔滨地区先后有肃慎、秽貊、索离、夫余、勿吉、鞨鞨、女真、满洲、东胡、契丹、蒙古、汉等古代民族生息繁衍，他们前仆后继顽强地开拓着这块沃土，并创造了多姿多彩的文化和古代都市文明。

第一节　哈尔滨城史纪元研究的回顾与经纬

关于哈尔滨城市历史的研究一直存在着两个重要的基本问题：一是哈尔滨地名的语源、语音和语义；二是哈尔滨城史纪元。早在20世纪末期，哈尔滨的地方史工作者们就已经对上述问题展开了广泛的讨论，孰是孰非，两种观点都难以说服对方，至今依然存在争议。哈尔滨地名的含义和哈尔滨城史纪元虽然是两个不同的历史问题，但是它们二者的关系紧密相连、不可分割。本文主要研究哈尔滨城市发展史中的城史纪元问题，并非讨论哈尔滨地名的初始时间及其含义。其实，在科学的研究领域，或者说作为历史学者的研究成果不仅仅在于最终的结论，更重要的是要把研究的过程和研究的依据以及将研究的结果公布于众，让实践与时间去检验其科学性和可信度。

20世纪90年代初期，我曾参加了哈尔滨城史纪元的大讨论，并在1993年第1期《北方文物》上发表了《哈尔滨城史纪元研究》的文章，集中提出了三个基本观点：一是何谓城市纪元的概念问题；二是哈尔滨城市发展史的城史纪元应该起始于金代；三是哈尔滨城市发展史过程中的哈尔滨近代城史的开埠与哈尔滨城市发展史整个过程中的城市纪元的开端之区别，二者不可混淆。因为哈尔滨城史纪元是哈尔滨城市发展历史全过程中的开端，而伴随着中东铁路出现的哈尔滨市，则仅仅是近代工业文明的城市诞生日或叫开埠之日。我们认为，哈尔滨市阿城区金代上京城会宁府遗址，就是哈尔滨城市发展史的远端，而近代随着中俄密约签订后中东铁路管理局设定在哈尔滨的开埠之日，则是哈尔滨城市发展史中的近端。20多年前，我们把当时哈尔滨近郊阿什河畔的金代莫离街古城遗址以及靠近阿什河注入松花江地域的小城子古城（金代完颜晏夫妇合葬墓地附近）遗址当作哈尔滨城史纪元的标志，那是因为当时的阿城市虽属于哈尔滨市管辖，但还不是哈尔滨市的直属区。现在回想起来，我那时的观点还比较保守，而已故的关成和先生和健在的李士良老师以及阿城地方史学者们则很明确地提出金上京城就是哈尔滨市城史纪元开端的观点。

早在20世纪70年代，关成和先生在研究哈尔滨地名史源的同时就提出哈尔滨城史纪元的问题。虽然他没有明确提出哈尔滨城史纪元始于阿勒锦村，但他在《哈尔滨地名考》中已经提出哈尔滨始于金代的观点，亦即金代阿勒锦村地理位置的问题。关成和先生从语音学、史源学、地名学、文献学的角度引经据典，对哈尔滨地名进行了系统的研究和梳理，并提出哈尔滨地名在金代即已经出现了不同的标音地名——亦即金代阿勒锦村。这一地名的初始元典在乾隆年间修订的《金史·太祖本纪》中，而现今流行的中华书局版的《金史》则标注为"霭建村"。众所周知，乾隆年间修订的《金史》多用满语或女真语对地名人名进行注音和重新标注，因此乾隆年间的版本保存了大量的女真原始发音。关成和先生所提出的哈尔滨地名来自《金史》阿勒锦村的观点得到国际著名女真语言文字学家、乾隆之子永琪的后代金启宗先生的首肯和大力支持。同时，哈尔滨来自女真语阿勒锦这一观点在哈尔滨对外宣传中也得到了相应的传播。

20世纪80年代末，我留学日本后受日本《读卖新闻》著名记者砂村哲也先生的影响，开始注意收集和研究与哈尔滨地名相关的历史问题。90年代初归国后便参与到当时由哈尔滨《新晚报》所发起的哈尔滨城史纪元的大讨论中，当然对于哈尔滨城史纪元的讨论也就自然涉及哈尔滨地名的历史问题。许多学者对阿勒锦村提出质疑，而我则一直坚持金代阿勒锦村与哈尔滨具有千丝万缕联系的观点。从1990年开始，我经过10年的研究与积累撰写了《哈尔滨地名揭秘》一书，并作为哈尔滨市社会科学院重点科研项目而得到鲍海春院长的大力支持，为此，哈尔滨市委宣传部与哈尔滨市社会科学院还多次召开论证会。

2001年，《哈尔滨地名揭秘》一书由哈尔滨出版社出版。此后，我国台湾、日本、俄罗斯、美国、东欧地区斯拉夫语的多家媒体纷纷转载了我的学术观点，即哈尔滨——天鹅论的观点，书中对关成和先生阿勒锦村观点作了新的诠释，阿勒锦即为女真语的荣誉之意，来自女真人对天鹅的崇拜。无独有偶，在哈尔滨市郊区附近的香坊地区的金代墓葬以及小城子古城附近完颜晏夫妇合葬墓、金上京城附近的金代墓葬等遗址均出土了大量的玉雕天鹅的饰件。这些饰件的出土证明了在女真完颜部落的家族中蕴藏着天鹅家族之谜。哈尔滨即女真语"哈尔温"的不同音译的汉字标音，而阿勒锦则与哈尔滨有着密切的音转关系。这一观点得到金启宗先生的肯定，他在鉴定书中写道："早在70年代哈尔滨地方史研究所所长关成和先生，著有《哈尔滨考》一文，考证哈尔滨一语，出于女真语'阿勒锦'，所论极为精辟，我曾撰文赞成此说。20年后的今天，黑龙江满学新秀同为地方史研究所所长王禹浪先生，又提出'哈尔滨'一语源出女真语'天鹅'（哈尔温）说，同样具有说服力。……'天鹅'说，已经诸家鉴定，从民族、民俗、地域、方言各方面看，都具有说服力。且与关氏说，并不矛盾，乃其延伸和发展，在今天看，可为定论。"为此，我还荣幸地得到了启功先生为《哈尔滨地名揭秘》一书题写的对联："天鹅九章烛幽隐，冰城十载释灵禽。"

1995年，日本学者黑崎裕康先生编著，东京"地久馆"出版社出版了《哈尔滨地名考》一书，实际上这部书并非是专著而是一部有关哈尔滨地名研究的汇编，把关于哈尔滨地名研究和大讨论的观点编辑到一起。其中，关成和先生与我在《新晚报》上参与哈尔滨地名大讨论的文章中的主要观点均收录该书中。《哈尔滨地名揭秘》一书2003年获得哈尔滨市政府哲学社会科学优秀著作一等奖，2004年又获得辽宁省人民政府社会科学著作优秀成果著作三等奖。有关哈尔滨城史纪元研究的文章，我在1993年《北方文物》第3期刊发了一篇7000多字的文章，1994年又在《金代黑龙江述略》一书中收入了增补的《哈尔滨城史纪元研究》一文，全文两万多字。

除此之外，在20世纪末还出版了由纪凤辉执笔的《话说哈尔滨》《哈尔滨寻根》史话类和旅游指南类的出版物，其内容也涉及哈尔滨地名及其城史纪元方面的问题。当时我完全赞同哈尔滨城史纪元起始于金代这一观点，但是对于具体的城池所在地点的认定以及哈尔滨城市纪元起始于金代何年何月则与其他学者的观点有所不同。事实已经证明，把哈尔滨城史纪元纳入距今900年前的金代历史中去追寻和探索则是较为科学的，确定金上京城的建立时间就应该是哈尔滨城史纪元的观点是理智的选择，更是一种哈尔滨人或者说阿城区政府与人民的文化自信的表现。

现在阿城已经是哈尔滨市直属区，我们有更直接的证据和理由充分证明或认定这座距今900年的金上京城遗址就是哈尔滨城史纪元的标志。女真人在阿什河畔"建元收国"之日或金上京城开建的时间，就是哈尔滨城市发展史城史纪元的开端，这一点是毫无疑义的，也是无须争论的。至于说哈尔滨的城史纪元究竟是始于金代还是近代，也无须再继续争议和讨论下去。因为主张哈尔滨城史纪元起始于金代的学者，是在追寻这座城市发展史全过程的远端，而主张哈尔滨城史纪元起始于近代的学者们的观点，则是在强调这座城市的历史近端。如果把上述哈尔滨城史纪元的远端和近端进行历史连接的话，那么就会看到哈尔滨城市发展史的全过程，从中可以清晰地看到哈尔滨城史纪元实始于金代。

然而，由于哈尔滨城市发展史具有断裂而没有明显的接续性的特点，如在900多年前的金上京城到19世纪末20世纪初，古代都市与近代城市的地理位置既不在同一地点，且二者之间的历史时空悬隔日久，在当代人对现有的哈尔滨城市规模以及直观的认知中（遗留的建筑、街道、街区、称谓、生活场景的认可、道路交通、人物故事、历史事件、印象等）都会对当下的哈尔滨街区留有深刻的印象，而对于已经消失了900多年的古代都市——金上京会宁府遗址则与现在的哈尔滨市有着截然不同的反应，势必会造成当代人在认知与视觉上误判，似乎金上京城与现在的哈尔滨市的城史纪元毫无关系。

其实，在哈尔滨这座城市的远端和近端的历史之间存在着一种必然的联系，这种联系是不以人的主观意志为转移的。古代哈尔滨都市文明出现的地理位置与近当代哈尔滨街区的地理位置所产生的距离，恰恰说明了一座城市的发展史在历史的长河中会出现地理位置的移动。这种移动的内因与外因的辩证关系也正是探讨和研究的重要问题之一。金上京会宁府城址在900年前修建在阿什河的下游直线距离阿什河注入松花江汇流处不过20多公里，800年后的哈尔滨市之所以选择了阿什河与松花江汇流的黄（荒）山的左侧，也没有脱离阿什河与松花江流域。这种移动虽然有许多因素，但是究其原因则是由人类社会的农业文明进入工业文明的历史的转换所造成的。这虽然是两座截然不同的经济类型与文化性质的城市，但其中却蕴含着哈尔滨市不同历史时期城市诞生与发展过程中的城史纪元与城市发展的路线。在清朝末年屠寄所绘制的《黑龙江舆图》中，已经清楚地看到了哈尔滨的近代已经形成了一个区域概念，哈尔滨与大哈尔滨、小哈尔滨村屯的地名构成了历史上的哈尔滨地名群的区域，并且这个地理区域正是沿着松花江与阿什河交汇点向着阿城区的方向排列和分布着，这说明哈尔滨区域已经形成，而这种区域的形成绝非突然出现的，它是一种伴随着人口迁移和以哈尔滨地名为标志的文化移动和历史地名的认可。今日哈尔滨市正在追求全域城市化，松花江两岸繁荣，哈尔滨市区向松花江北岸的拓展，无疑也是一种新的城区移动的方向，可以推测，再过200年新的哈尔滨区域可能还会有更大的改变。但是，无论这种城市的移动方向和城区有怎样的改变，其城市发展史上的城史纪元是亘古不变。

此外，哈尔滨区域包括阿城区在内，其地缘优势无论是金代的上京城还是近代的哈尔滨市街区的选择，都对其交通枢纽、水陆相接、通达四方、便于商旅、扼其要冲、军机往调、政治中心、亦工亦农等诸多要素考虑得十分周全。这是古代和近代之所以都选择以哈尔滨区域为城市（古代与近代）街区的主要动因。

追溯一座城市的城史纪元，首先，要弄清这座城市发展史的脉络，并从这一历史脉络中厘清城史纪元的头绪与末端的关系。其次，是在当代城市的辖区范围内寻找作为城史纪元的重要线索（或文献或历史遗迹）。再次，要把城市发展史纪元与一般城史纪元加以区别，比如现在要求证的是哈尔滨城市发展史的城史纪元而不是哈尔滨筑城的纪元。在哈尔滨市辖区内包括阿城、呼兰、双城以及原有的道里、道外、香坊、动力、太平区等分布着许多不同时代的古代筑城，其中较早的筑城就是哈尔滨黄山嘴子（今称天恒山）的城堡以及分布在阿什河中下游流域的一系列古城堡。这些古城堡的建筑年代当在4世纪前后，距今约1600年之久，较之金代的哈尔滨区域筑城要早得多。然而，这些筑城只能算作哈尔滨城市发展史中筑城史的开端，而不能算作城市发展史中的城史纪元。现今坐落于哈尔滨市阿城区白城附近的金上京会宁府遗址则是典型的古代都市，它所承载的是一个多世纪的都市文明的兴衰和见证。同时，它又是建立在白山黑水之间唯一的一朝帝王之都。在这处遗址中能够清楚地看到帝都的完整规划与严密的布局，宫城、宫殿、皇城、京城、都市、衙门、塔寺、庙宇、陵园、祭坛、贵族第宅、百姓街坊、市场、道路、店铺都被城垣与坊区相隔，高大而坚实厚重的城垣围绕在帝都的城市周边，深堑宽壕、马面、瓮门与角楼吊桥形成拱卫京都防御的堡垒。可以断言，金上京城就是哈尔滨城市发展史中城史纪元的标志性历史遗存，它的存在甚至超越了任何历史文献的记载，任何争议在这座古都京城面前都显得苍白无力、毫无意义。更为重要的是，早在900多年前的哈尔滨的古代社会已经进入都市文明的发展阶段。我认为，哈尔滨城史纪元的时间可以确定在1115年，因为这是女真英雄完颜阿骨打在按出虎水侧畔祭天礼地，告慰祖先，起兵反辽、建元收国、号令天下的日子。

2006年6月，出土于哈尔滨市阿城区金上京附近小城子村东约300米处的阿什河畔的金代"建元收国"四象铭文石尊，现收藏于黑龙江省龙江龙企业集团的博物馆。这是近百年以来，在哈尔滨区域所发现的数以万计的金上京城文物中弥足珍贵的一件重器。最值得注意的是，在石尊的下部（接近底部的位置）刻有"承命建元收国，子曰典祀"10个汉字铭文，故许多学者将这尊石称为"建元收国"铭文石尊，石尊的铭文已经充分证明了"1115年"这个年份的重要意义和价值。这个日子既是金源帝国和金上京城的历史开端，也是哈尔滨城市发展史中城史纪元之始，更是女真人所建立的一代帝王之都的诞生日。如果将哈尔滨城史纪元确定在这一重大的历史之日，那么哈尔滨作为历史文化名城和国内外的知名度会具有悠远的历史价值和深刻的现实意义。

由于哈尔滨地处东北边陲，年代久远，文献难征，留下了无数空白之页，致使人们欲论哈尔滨城市发展史，常有"不知从何说起"之感。哈尔滨市社会科学院与阿城区政府在大金建国900年之际召开"哈尔滨城史纪元学术研讨会"，其实就是从十八大以来党中央提出的"要从道路自信、理论自信与文化自信"的高度去理解和解释哈尔滨城史纪元的历史问题，这是非常难能可贵的。

第二节　哈尔滨城史纪元与哈尔滨城市发展史的一般规律

何谓"哈尔滨城史纪元"，我理解的哈尔滨城史纪元是哈尔滨城市发展史纪元的简称。因此，要想真正理解"哈尔滨城史纪元"的含义，就必须要知道哈尔滨城市发展史兴衰的全部过程。所以，只有在对哈尔滨城市发展史作出深刻研究的基础之上，才能对其城史纪元给予科学而又准确的推断或定义。目前，有许多同志把哈尔滨城史纪元的起算时间界定在19世纪末或20世纪初期。这实际上是否定了哈尔滨古代史发展阶段的存在。事实证明，哈尔滨这座城市早在金代就已经具有古代城镇功能和古代都市文明。金亡之后，具有城镇或都市文明的城市则走向了衰落和停滞。继而又历经元、明、清三朝直到19世纪末20世纪初，哈尔滨近代城市文明再度复兴，并一跃而成为现代国际大都市。因此我认为，哈尔滨城史纪元的起始时间应确定在距今900年前的金代。因为在现今哈尔滨市区内，存在着大量金代女真人所建立的古代城镇城市遗迹——今阿城区的金上京城遗址是哈尔滨古代城市或都市文明形成的历史见证，也是哈尔滨古代史中最有说服力的城史纪元的"化石标本"。哈尔滨城史纪元"元年者何"，为什么说哈尔滨城史纪元应从金代算起以及与哈尔滨城史纪元相关的问题，诸如哈尔滨城市发展史、哈尔滨地名的演变等都是本文所要研究和涉猎的对象。本文的目的就是要尽可能地揭示谜一般的哈尔滨城史纪元的隐秘世界。

哈尔滨城史纪元"元年者何"。"纪元"一词，按照《说文解字》的解释："纪，别丝也。"意即一丝必有其首，别之为纪。《辞海》中"纪"字之中也含有"年"的意思，而"元"字则为"始""第一""首次"之意。"纪元"二字合成一词就是"元年"的意思。而"城史纪元"就是"城史元年"，亦即城市发展史元年的起算年龄。所进行的哈尔滨城史纪元讨论的目的和意义，就是要确定哈尔滨城史元年的起算时间到底应该从哪一日算起，从而明确哈尔滨城史的年龄。然而，关于城史年龄问题并不容易断定。例如哈尔滨城史的年龄（元年）是以古代城市创建之日算起呢，还是以近代兴起的大城市的时间算起，这是个令人颇费踌躇的历史问题。

我认为，要想较为正确地寻求到哈尔滨城史纪元，首先应从探讨哈尔滨城市发展史方面入手。因为人有生老病死，城有兴衰存亡。哈尔滨这座城市从奠基、形成、繁盛、衰落、消失到再复兴、再繁盛，备尝了历史的艰辛，历尽了无尽的磨难。所以，哈尔滨城史纪元的时间应该从整个城市发展史的轮廓中去探索和追寻。渐进的演变，自然的更替，旧城市（古代城市）的毁灭，新城市的诞生是城市发展史中的一个普遍规律。然而，城史纪元并非因为古代城市毁灭而不复存在，更不能因为新城市的建立而彻底忘记或改变了古代城史纪元的起始年龄。

其实，哈尔滨城市发展史可以划分为两个不同的历史发展阶段：即古代城市兴起形成阶段和近现代城市再复兴阶段。无论这两个阶段之间存在着多么大的差距（时间差和功能差），它们统属于城市历史发展的不同阶段。既然哈尔滨这座城市最早形成于古代社会发展阶段。那么其城史纪元的起算时间就应该在古代历史中去寻找，而不该"舍远求近，本末倒置"，把距离最近的既看得到又摸得着的近现代城市再复兴的时间当作城史纪元。因为我们所求索的哈尔滨城史纪元是整个城市发展史中的纪元，是哈尔滨地方最早形成城市的时间，绝不是单纯指近现代城市的建设纪念日或开埠日。所以，对哈尔滨城史纪元的探讨，不能仅仅停留在哈尔滨成为东北亚地区近现代国际大都市的起始时间上。19世纪末哈尔滨作为现代化大都市的出现，是哈尔滨城史发展进程中的再复兴阶段。仅从这个意义上看，可以把这个阶段视为哈尔滨城史发展的新纪元。无论是1896年也好还是1903年也罢，它们都不是哈尔滨城史纪元，更不能作为哈尔滨城名的初始时间。

如果从哈尔滨城市发展史的角度观察，根据考古资料得知，哈尔滨"筑城"的初建时期规模甚小，不过是一座防御性质的军事堡寨。这座军事堡寨现在依然坐落于哈尔滨东郊的荒山顶端和阿城区以及毗邻的宾县、五常市境内，这是公元2—6世纪前后由当时生活在今哈尔滨地区的夫余、勿吉或靺鞨人所修筑的。古堡寨主要由城壕、城墙、城门构成。城的形制为椭圆形或不规则形。城内还分布着具有一定规律的穴居坑。严格上说，这些城堡还不应算作城市，因为这仅仅是用城墙和城壕围绕起来的聚落，并不具备城市的功能和作用。但是，无疑这座城堡代表着哈尔滨城史发展的起源，因为它毕竟是在哈尔滨所发现的最原始最典型的"筑城"的最初形态。实际上，它是在哈尔滨古代城市形成以前的黎明期的标志。

然而，12世纪初（1115年），女真人在今阿城区的阿什河畔（古称按出虎水）建立了当时中国北方的政治统治中心，即金朝的帝都金上京会宁府，整个阿什河流域与松花江交汇处的一江一河地区作为"金源帝国的内地"很快便进入兴盛繁荣阶段。今天的哈尔滨则成为金国帝都城北部的京畿的门户，其地理位置恰恰处在阿什河（古称按出虎水）与松花江（金代称宋瓦江）的交汇处。由于哈尔滨的地理位置正处在金上京通往嫩江直达黑龙江上游及松花江上游、中下游地区的重要的水路、陆路的交会点上，因此金帝国十分重视哈尔滨城（金称阿勒锦）的营建。他们在古哈尔滨——阿勒锦[①]村的基础之上又修筑了

---

① 阿勒锦，为女真语中的形容词，有"金色、荣誉"之意，原始发音galoujing，阿勒锦是汉字对女真语的注音。"阿"古音中又读"嘎"，"galoujing"一词是由galou-wen名词演化而来，galouwen女真语"天鹅"之意，汉字注音有写"哈尔滨"或写成"哈儿温"。阿勒锦的本意，具有"天鹅"之意，由名词转化成形容词后变成"金色、荣誉"之意。女真人有崇尚"天鹅"的习俗，近年来在金代哈尔滨墓内出土的文物中，有天鹅玉雕的发现。天鹅的嘴后有一块酷似黄金的颜色斑纡，又称"天鹅黄"或"金鹅黄"，可见阿勒锦与哈尔滨——天鹅之间关系甚密，哈尔滨含义具有"天鹅"之意。详见王禹浪：《哈尔滨地名揭秘》，哈尔滨出版社2001年版。

城市、港口和码头，并将其地分封给女真贵族穆宗的子孙世袭居住。阿勒锦村早在女真人建国前就成为女真完颜部统治中心（"御寨""讷葛里"又称"皇帝寨"）北部的重要村镇，据《金史》载，每当阿骨打率兵征伐松花江下游及黑龙江下游沿岸的诸部时，穆宗都亲自在这里迎送女真将领和士兵的凯旋之师。

金朝建国以后，哈尔滨则成为京畿之地的卫星城镇。当时，它的位置应在今哈尔滨市东方阿什河古河道附近的二阶台地上。然而，今阿城市巨源乡的小城子古城正好处在阿什河古道注入松花江口附近的岗地上，我认为这里就是关成和先生考证的古哈尔滨城——阿勒锦城。1988年，黑龙江省考古工作者在小城子村附近发现了穆宗之子阿离合瞒的儿子完颜晏的夫妇合葬墓，证明葬地旁边的金代古城正是古哈尔城（阿勒锦）的所在地。有人不禁要问，为什么今天的阿什河主河道远离古城？而今天的哈尔滨与金代的古哈尔滨为什么不在一地呢？我认为，这主要是因为地理环境的变迁与历史的行政设置所致。由于阿什河主河道不断地向西滚动，经过800余年的历史沧桑，阿什河口也不断地向松花江上游移动，致使当年坐落于阿什河注入松花江口的古哈尔滨城——阿勒锦城（即今日小城子古城）已远离今日的阿什河十余里。随着古河道的变迁，地名也随着人类的移动与迁移而不断产生地理位置的变化而变化。这种移动的结果是造成现在的哈尔滨市与古哈尔滨城之间相距较远的主要原因。

除小城子古城之外，在今哈尔滨市区还有香坊区莫力街古城和顾乡屯半拉城子古城，平房区工农古城。莫力街古城在金朝初年曾是"冒力捺钵"之地，即皇家的狩猎场（春水之地）。后来由于这一地区人口不断增加和开发，便由"冒力捺钵"之地转变成"迷离迭河谋克"的住地，并修筑了迷离迭河谋克古城作为管理阿什河下游右岸及松花江南岸的行政机构。①莫力街

---

① 迷离迭河谋克之印征集于哈尔滨市，具体的出土地点不详，但是迷离迭河谋克官印的名称则与莫离街古音相通。

古城正处于今天哈尔滨市的地域，它的存在是哈尔滨市区古代城市形成的又一历史见证。然而，小城子古城虽然距今哈尔滨市区较远，但它的古地名却与哈尔滨有着千丝万缕的联系。这两座古城均为金代建筑，莫力街古城与今天哈尔滨市地域相接，小城子古城则与哈尔滨的古地名相符，究竟应以哪座古城的形成年代为哈尔滨古代城史的纪元呢？因为这是个很难解答的历史问题，之后再做详尽的解释。

不妨再来看一下哈尔滨市内顾乡屯的小半拉城子古城。这座古城因为临近松花江航道已被江水切割得毫无踪迹可寻了，但其地名依然保留着。几年前还有断壁残垣清晰可辨，而近年来由于农田水利建设和大规模的房屋建设的开发，半拉城子已经荡然无存。我曾经于1982年、1987年两次调查了这座古城，当时的古城破坏十分严重，且已无法辨认出古城的周长和规模。据当地群众介绍，这座古城东西长约160米，南北宽约100米。根据群众提供的线索，当时推断这座古城的周长在500—600米之间。这与金元时期沿松花江两岸修筑的交通驿站的规模很相近。1988年春季，在调查和采访中又发现了古城附近曾出土过元代盛行的"玉壶春瓶"（铜质），并采集到一枚元代货币"至元通宝"。这些文物的出土和发现证明了当时推断半拉城子古城当为元代的建筑是正确的。同时也说明，元代从甫答迷站（今宾县鸟河河口古城）到元肇州之间（今肇东市八里城古城）沿松花江南岸曾设立了三个驿站，其中的"哈剌场"站即今哈尔滨地区的半拉城子古城，哈剌场这个地名就是金代阿勒锦城名称的同音异写。元朝灭金以后，曾把沿松花江流域居住的女真人编入"站户"并令其负责沿江、沿河的水路交通运输，元代称这些人为女直（真）水达达户。哈剌场这个地名的来历，很可能就是元朝原居住在阿勒锦城附近的女真人迁移到正阳河附近的小半拉城子古城以后，将其故有地名也随之移动到这里的结果。1976年6月18日，在黑龙江省阿城县阿什河公社白城二队的金上京故城址内，发现一方元代初期的官印。此印铜质、印面正方形，每边长6.3厘米，长方形柱状钮。正面铸八思巴文，印背右侧刻"管水达达民户达鲁花赤之印"12个汉字，为八思巴印文的汉译。左侧刻"至元十五年十二月日"。此枚元代官印的出土有力地证明了哈尔滨市附近松花江流域的女真水达达民户，是受元朝达鲁花赤地方官员管理的。

蒙古灭金之后，又历经元、明、清三朝。由于中国东北地区的政治、经济、军事、文化中心的南移和人口的锐减等历史原因，使得曾经繁华了一个多世纪的"金源内地"丧失了昔日的文明。哈尔滨城市发展史开始从兴起、繁盛走向了停滞和消亡的低谷时期。这种状况一直延续到清朝末年。19世纪末，由于东北亚地域国际环境的急剧变迁，俄国殖民者把哈尔滨作为中东铁路的政治管理中心，随着中东铁路（东清铁路）的建成，哈尔滨作为新兴的国际都市再度崛起于"白山黑水"之间。

纵观哈尔滨城市发展史的发展过程，可以概括为城市的奠基、兴起、繁盛、停滞、再复兴、再繁盛阶段。以金代上京城及其周边的阿勒锦城、迷离跌河谋克城、莫力街城、小城子古城的形成为起点，这是哈尔滨城史发展的第一个历史阶段——我把它称为哈尔滨城市历史的远端，标志着哈尔滨城史纪元的开始。而19世纪末再度兴起的哈尔滨城则是开创了哈尔滨市发展史上的新纪元，这是城市发展史中的第二个历史阶段——我把它称为历史的近端。前者是哈尔滨古代城史纪元的代表，后者是近代城史新纪元的标志。我认为，哈尔滨古代城史纪元才是"哈尔滨城史纪元"的开端，它说明早在俄国殖民者计划在哈尔滨建设国际大都市的800年前，女真人就曾经在这一地区开创了哈尔滨都市文明的历史纪元。

从历史发展的角度观察，19世纪末再度复兴的哈尔滨市，是对古代哈尔滨都市文明的延伸和发展。尽管它们之间在性质、职能、规模、形态以及地理空间分布等方面存在着很大区别，但丝毫不排斥它们之间的相互联系的关系，同样也不排斥它们之间的继承关系。当然，现代城市与古代城市之间不是一种简单的遗传和量变关系，而是在量变中不时包含着部分的质变，因而其发展过程具有显著的历史阶段性的特点。不同的历史阶段均有各自不同的特殊的发展规律。然而，在每个历史发展阶段之间并没有截然不同的鸿沟，它们之间具有一些本质的东西贯穿始终。如果认识到了古代城市与现代城市之间具有一种本质上的不可分割的联系，无论在实践上还是在理论上都有着极其重要的历史意义和现实意义，因为这样的认识能加深对城史纪元问题的理解。

那么，哈尔滨城史发展的各个不同阶段，是否也存在着贯穿始终的本质性的东西呢？我在考察了哈尔滨城市发展史后深深体会到，哈尔滨这座城市无论是古代还是近现代，其之所以能够勃兴并形成城市的最重要原因，就是政治中心的确立和地理位置处在交通枢纽的特殊性环节上，也就是历史地理枢纽的作用。例如，金代哈尔滨城市的出现和勃兴是由于金朝都城在其附近的建立，而导致哈尔滨成为金朝都城的京畿之地的结果。19世末20世纪初，哈尔滨城市的再度复兴则是因为哈尔滨成为中东铁路的"中枢管理系统"的结果。今天的哈尔滨市的繁荣也是因为它一直处在黑龙江省的政治、经济、文化中心的结果。由此可见，贯穿于哈尔滨城史发展各个不同历史阶段的本质，就是社会进程中的政治中心作用与地理枢纽的因素。为什么金代的女真统治者与以后相隔几百年的俄国殖民者共同将政治统治中心都选择在哈尔滨呢？这就说明了除了政治中心的确立之外，哈尔滨还具有一种地理位置上枢纽作用的特殊功能。

从宏观上看，哈尔滨城史的发展呈现出阶段性以及变化大、断裂的兴衰的特点。实际上，世界上大多数城市都有其兴衰浮沉的历史。有的城市甚至经历了许多次由兴旺到衰落、又由衰落到再度复兴的过程。哈尔滨的金代城市的文明在经过元、明两朝的变故之后即一蹶不振，直到清朝末年才因为中东铁路的修建而再度复兴。然而，在世界城市兴衰史中又能保留下多少座长盛不衰的城市呢？实在是凤毛麟角。

第三节 哈尔滨的原始聚落、堡寨、筑城与金代城市的形成与衰落

一、哈尔滨地理位置与自然环境及其最早的聚落

哈尔滨地处松嫩平原的东端，它的西侧是一望无际的松嫩大平原，东侧是连绵起伏的丘陵和山地。松花江犹如一把利剑从哈尔滨市区的中间由西向东一泻千里，划开了哈尔滨东侧逶迤的群山，致使小兴安岭山地与张广才岭的山地分为南北两地隔岸相望。哈尔滨正处在这两条山脉西侧末端与松嫩平原的东端交接的地方。从哈尔滨向东松花江由宽阔的平原进入了狭窄的川地、流经佳木斯之后复入辽阔无垠的三江湿地平原，并在今同江、抚远境内与黑龙江、乌苏里江汇合后一起流向东北，在今天俄罗斯境内的尼古拉耶夫斯克市地方注入鄂霍次克海与鞑靼海峡。从哈尔滨溯松花江而上，沿着松嫩平原向南经过辽河平原、辽西走廊可直达古代的卢龙古道（经山海关），再从卢龙古道越燕山而进入华北平原。由此可见，自古以来的哈尔滨就是三江平原及黑龙江下游的俄罗斯远东地区通往松辽大平原和中原地区的咽喉要道。由哈尔滨向偏西北进入嫩江流域，广阔无垠的嫩江湿地一直延伸到大小兴安岭的夹角地区，向西北可直达呼伦贝尔大草原，向正北与偏东北可直达黑龙江中游地区进入黑河瑷珲平原。哈尔滨正西方向是松花江、嫩江、洮儿河三水交汇地，遍地沼泽、湿地、泡泽、湖泊、河流纵横，沿着洮儿河可以直达大兴安岭的中段山脉，折而向南可达辽上京城所在地的巴林左旗之地和古营州所在地的朝阳市。

哈尔滨市区附近的松花江南北两侧的水系极为发达，众多河流汇聚于此，有呼兰河、阿什河、拉林河、运粮河、蜚克图河、白杨木河、柳板河、

嫩江、洮儿河等，导致哈尔滨得天独厚地成为松嫩平原上江河纵横的交通枢纽。哈尔滨周围的双城、五常、宾县、阿城、呼兰、巴彦均是松嫩平原上最肥沃的宜五谷、六畜繁衍之地。如此优越的地理位置和自然环境是哈尔滨古代城市文明繁荣的客观基础。根据近年来考古工作者进行科学的发掘资料表明：哈尔滨最迟在2万年前就有了旧石器时代晚期人类居住的聚落。当时的哈尔滨人为了抗御严寒维持生存，用大型的兽骨（猛犸象骨等）搭成圆形居室，并在上面棚以数层兽皮，这种聚落大多修筑在靠近江河的岸边。目前，这种聚落在中国的东北、东西伯利亚以及北美的阿拉斯加均有发现。从他们具有共同地域的文化特征的角度上看，他们属于同一种族，即华北地区的"北京人"——蒙古人种东亚支。

大约在距今1.5万—3万年之间，"北京人"——蒙古人种东亚支的祖先的一支，由华北平原越过燕山山脉，经过辽河平原进入松嫩平原后，沿松花江向黑龙江下游迁徙，再沿鄂霍次克海的东海岸向北迁入堪察加半岛后一直向北，从白令海峡的最窄处进入北美洲大陆。今天生活在美洲的印第安人种就是华北平原北京人——蒙古利亚种的活的化石标本。哈尔滨市阿城区交界镇、五常市的学田遗址、道里区的阎家岗遗址等都发现了旧石器时代晚期的古人类的活动营地遗址，这些遗址的发现就是上述这支蒙古利亚人东亚一支的祖先沿着松花江进入黑龙江向北美洲迁徙的有力见证。其中，哈尔滨阎家岗古营地的发现则是哈尔滨市目前发现的最早的人类聚落。较为遗憾的是在已经发现的阎家岗遗址、学田遗址、交界镇等遗址中所发现的旧石器时代晚期的人类活动的遗址中却没有发现明确的人类骨骼。目前，我们仅仅能够通过大量的人工使用过的石器、动物的骨骼等进行推断，因此很难推测出当时的人类活动的细节。旧石器时代的哈尔滨人的活动场景依然是个历史之谜。然而，在哈尔滨这块肥沃的土地上，人类的活动一直都没有间断过则是事实。经过数万年的历史演变，中国北方古代各族都相继登上了哈尔滨这座历史舞台。由于它的地理位置的特殊性及其自然环境的优越性等特点，各民族之间为争夺这块沃土上演了一幕幕惊心动魄的历史剧幕，历史上的索离、秽貊、肃慎、夫余、东胡、鲜卑、契丹、勿吉、靺鞨、女真、蒙古、满洲等民族曾经在这壮丽的历史舞台上扮演过不同的角色。

二、哈尔滨地区古代城堡的形成（筑城的起源）

公元4—5世纪（相当于北魏统治中国北方时期），原居住在哈尔滨附近的夫余族，因国势渐弱而四分五裂，其东方的勿吉人则逐渐强盛。当时勿吉人迫于其南方的高句丽势力的强大不敢向南扩张，而是溯松花江两岸向西击溃了夫余人，并进入今天的哈尔滨地区。今天哈尔滨的黄山、少陵河、阿什河流域、拉林河流域及第二松花江东流段两岸尽为勿吉人所占，勿吉人最强盛时期的势力已达今洮儿河流域。

勿吉族是东北亚地域最古老的民族之一，关于勿吉人的来源问题虽有争议，一说是肃慎、挹娄的后裔的延续，另一说是来自图们江流域的沃沮人的北进，占领了挹娄人的居地后而形成的一个新的民族共同体——勿吉人共同体。笔者持后一种观点。勿吉人很早就善于修筑城堡，《魏书》等文献记载："勿吉人，筑城穴居。"当他们将势力逐渐向哈尔滨地方推进时，为了巩固新的占领地并对其施行有效的军事和行政管理，便在这一地区修建了具有军事防御和行政管辖双重意义的城堡。

1939年10月，俄国考古学者B.B.包诺索夫与普尔热瓦尔斯基研究会的会员们，在对哈尔滨的黄山（又名荒山）进行多次考古调查时，最先发现了哈尔滨黄山顶端的两座勿吉人修建的古城堡遗址。现将他们考古调查后所整理和发表在《普尔热瓦尔斯基研究会科学著作集》中的原文记录简述如下："黄山这个地方，坐落在哈尔滨东北大约12俄里处，靠近阿什河边……在陡坡的最顶端，有两处古城遗迹和一处（或者是两处）新石器时代的（或者是过渡时期的）遗址。两座古城的位置在两个朝着河谷的山咀上，彼此距离大约在1俄里之内（沿南北一条线上）。南边的城规模较小。狭窄的山咀有平坦的表面和倾斜的陡坡。在距离山咀子到头55俄里的陡坡处，截断了残存的外部城壕和内部的围墙，壕和墙稍许有些弯曲。在古城的地表（在山咀上）可以见到粗糙的陶片和数量不多的残余器物，以及零星的石器残片。位于古城不远处的遗址，可能属于新石器时代，在这里找到的陶杯，及在古城地表发现的残器，可以认为属于这样一种情况，即在古城外还有遗址（甚至可以没想得更古老些）。”“北面的城比较大，古城仅仅保存了一部分，因此很难说出它的最初的面貌。从南面陡坡经过的南北方向的围墙（在外面的）和城壕（在里面）在壕外又仿佛是围墙（残余），这墙的南段略呈直线。越过高地边缘（朝西）这段围墙的北段，穿过高地很快拐弯朝向西去。而且可以看到仿佛有第二道围墙同它平行（在外面）。不过明显地看出，最初提到的围墙和壕沟就在它们附近。其余的全部被冲掉了，或被开垦或基于其他原因就不清楚了。”

　　就目前所知，黄山顶端上的南、北二城，是哈尔滨近郊所发现的最早的古城堡。城堡修建在靠近江河交汇口（松花江与阿什河）附近的高地上，这两座古城堡有城壕、城墙环绕，北面的较大城堡有两座城墙围护，显然这是一座十分重要的城堡。城堡的墙是用掘壕的土堆砌而成，说明当时的勿吉人还没有掌握中原汉族人所使用的先进的筑城方法——即夯土版筑法。城堡的形制也是不规则的，基本上是按照黄山山顶的地形分布依山势走向修筑而成。由于近千余年的雨水冲刷和江河对黄山的切割及搬运的结果，致使古城堡已失去了原来的完整风貌，因此很难知道原古城堡的原始规模究竟有多大。然而，对于古城堡的文化内涵我们也可以从当年包诺索夫等人曾对其进行过多次小规模的科学发掘中获得更有趣的实物资料。其中比较引人注目的是那些用黏土做成并经过烧制的动物塑像。例如陶猪、陶狗、熊、貂等泥塑像，这是哈尔滨黄山古城堡内居住的勿吉人的精神世界的反映。很可能与他们原始宗教意识有关，或许就是最原始的萨满教中崇拜神灵的偶像。因为萨满教是一种多神教崇拜，具有一种原始的质朴的特征。其崇拜的神灵往往与其生产、生活有着千丝万缕的联系。古城堡内有秩序地排列着当时人们穴居的痕迹。城内居中者的穴居往往最大，而围绕在周围则是较小的穴居坑，穴居的遗址之间均有土路相接。由此可见，古城内的居住民有着相当严格的等级划分。

　　近年来，在黑龙江省东部松花江下游和乌苏里江中、下游以及七星河流域、完达山脉、佳木斯等地发现类似黄山顶端的这种城堡，数量之多令人吃惊（据不完全统计达400余座）。古城堡的中心位置大致在今天的七星河流域的友谊县和集贤县境内一带。显然这是一种具有共同地域文化特征的考古文化遗存。如从其大致分布的范围和推断的年代上看，这些古城堡正与勿吉族的分布大致相同。据《魏书·勿吉传》所载："勿吉人形似夫余，而言谈不同于夫余、句丽……其国无牛，有车马，佃则偶耕，车则步推，有粟及麦，菜则有葵，水气咸，凝盐，开生树上，亦有盐池。多猪无羊，嚼米酿酒，饮能至醉。""其地下湿，筑城而居，屋形似冢，开口于上，以梯出入。"由此可见，"筑城穴居"的习俗正与哈尔滨黄山山顶上所发现的城堡完全吻合。勿吉强盛之日，也正值高句丽的势力强大之时。勿吉人进占夫余故地之后便形成了与高句丽南北对峙的局面，很可能拉林河流域就成为当时勿吉人与高句丽人的界河。

　　此外，从当时勿吉人出使北魏的朝贡路线上看，哈尔滨黄山上的两座古城堡寨正处在勿吉人向中原王朝进贡的必经之路，北魏时期勿吉国中心位置大致应在今集贤、友谊、双鸭山一带。友谊县凤林古城和宝清县炮台山古城遗址的发现，说明勿吉人的中心很可能就是七星河流域。随着考古学的深入发展和工作的开展，人们越来越清醒地认识到凤林古城的考古学文化所表现出的地域特征，很可能就是勿吉人的遗留物。从凤林古城的规模以及炮台山古城所表现出的祭坛的性质来看，完整的祭坛和较大的城池都已经说明了王国礼制的形成，应该是王国的中心的典型代表。凤林古城的考古文化所表现出的既具有双鸭山滚兔岭的挹娄人文化特征，也具有沃沮人考古文化的特征，说明凤林古城文化属于本地挹娄人和南部沃沮人结合的一种文化复合体。如果把凤林古城看作当时勿吉人的统治中心的话，那么勿吉人朝贡北魏的路线很可能由凤林古城出发，行至松花江右岸后溯流而上（由于是逆水行舟所以要行进18天左右），经过宾县境内的城堡到达哈尔滨黄山的古城堡，又继续西行至洮儿河（北魏时写作太鲁水）将船沉入水中后，南出陆行穿过契丹西界到达和龙（今朝阳市）。和龙城是南北朝时期节镇东北地区的军事重镇和古代各民族贸易交流的场所。

北魏时期的延兴、太和年间，勿吉国的酋长（乙力之）曾经多次率领数百人的朝贡使团，前往北魏都城的平城（今大同市）朝贡，主要进贡马匹等方物，据文献记载可知最多的一次达几百匹。可见，当时勿吉国所派遣到北魏的朝贡使团是相当庞大的。

综上所述，哈尔滨黄山所发现的古城堡的族属与修筑的大致年代，可以推测到公元5世纪中期前后，这是属于勿吉七部之一的按车骨部人所修筑的城堡。按车骨又写作按出虎、阿术浒等，今称阿什河，女真语意即"金河"或"金水"（金源故名于此）。由于文献没有留下更翔实的有关哈尔滨黄山城堡的名称及设置年代，人们的社会生活状况等细节的记录，因此，不能准确无误地指出哈尔滨历史上作为"筑城"的历史开端究竟是在哪一年。然而不难看出，在哈尔滨城市发展史的漫长岁月中，随着人类社会的不断进步和生产力的不断发展，最原始的不断迁徙的聚落逐渐演变成了定居的并附带有城墙、城壕拱卫的城堡。

那么哈尔滨的城堡为什么要修建在山上而不修筑在山下呢？我想，这主要有两个原因：一方面受自然地理环境的影响，选择靠近江河的较高的地势，以免遭洪水的袭击；另一方面把城修筑在山顶上可以延展视野，以防止和抵御突然的军事冲突。还有一个重要的方面，即易于生活的需要（可以得到充足的水源、阳光，同时也有利于交通往来）。春、夏、秋可乘船往来于江河之中，而冬季则乘爬犁疾行于江河之上。

　　再从哈尔滨黄山上所发现的古城堡周围的遗址和出土的文物方面分析：居住在城堡内的居民已具备了一定功能的分区。由于当时的生产及生活方式的简单，导致了功能的分区也比较简单。如按照当时的社会分工、生产及生活方式的不同以及对人来说最简单莫过于生与死的区别进行划分的话，大致可分为生活区、生产区和埋葬区。生活区主要分布在城堡内及城堡外围临近城堡的区域。而生产区则主要在城堡之外较远的江河两岸的肥沃土地上和水面上，从事渔捞、农业、采集和狩猎活动，所以生产区域的范围显然较大。尤其是在与外部进行必要的贸易交换时其范围更大。然而，当时的手工业中的制陶业、房屋建筑以及生产工具和生活用具的加工，则主要将材料运到城堡附近后进行再制作。埋葬区主要是分布在城堡不远处的某个固定方向和位置。

　　总之，城堡的出现充分说明了生活资料有了比较长期稳定而可靠的保证，使人的长期定居生活成为可能。城壕与城垣均是为防御外族的军事进攻而设置的。这时期的居民点还没有分化为城市和乡村两种不同性质的居民点。所以，这时的城堡当然也就不可能具有城市的功能、作用和性质。但是，这种城堡的出现往往成为以后城市出现的重要基础。

　　仅就勿吉人所建立的这种城堡的功能与作用而论，说明勿吉人的社会生产关系已脱离了原始社会的生产关系。由于生产力的发展，产品已出现了更多的剩余，如"嚼米酿酒"和"杀猪积坟墓之上"等。这更说明私有制在勿吉人那里已经较为普遍地存在着，并出现阶级分化，形成阶级对立，进入奴隶制社会。据《魏书·勿吉传》所载："有马不乘，但以为财产而已。""父子世为君长"，古代先进的父死子继的王位世袭制度已经确立。人死之后在埋葬时，"杀猪积坟墓之上，以为死者之粮"，"富者至数百，贫者数十"。这说明在勿吉人的社会中贫富之间的差别愈来愈大。由此可以看出：勿吉人的私有制度的产生与确立需要有城郭沟壕以固（保护），为保护奴隶主的私有财产和抵御外部族的进攻起到维持和保护的作用。

有了剩余产品及私有财产以后就需要交换。最初这种交易是不固定的，也无专门职业的商人，"日中为市""各易各退，各得其所"，向中原王朝纳贡等，都说明了哈尔滨地区的勿吉人也需要向外部进行交换。随着社会的发展，交易的范围越来越大，这就需要有固定的交换场所，这就是"市"的形成，也就是城市型的居民点的出现。这时的手工业也逐渐成为一种独立的行业，商业与手工业的产生就出现了人类社会的第二次劳动大分工。

然而，勿吉人统治时期的哈尔滨地区既不是勿吉国的政治经济中心，也不是财富集中的地区。黄山顶端的古城仅仅作为勿吉国下辖的镇守一方的一个山城堡寨，所以也就没有条件使自己蜕变成古代城市。

三、哈尔滨地区金代都市文明的形成与城史纪元的关系

6世纪中叶以后，东北亚地域的各族受到来自中原汉族王朝北进的逼迫以及来自西部蒙古高原上的柔然汗国与突厥汗国东进的威胁和控制。松花江流域勿吉等各族政权及其社会开始了动荡和急剧的分化。不知何种原因勿吉在中原汉字书写的历史文献中被改称为靺鞨。关于靺鞨与勿吉的关系以及靺鞨的发音，究竟是靺羯还是靺鞨，学者们进行了较为深入的研究和探讨。朱国忱的《靺鞨究竟应该怎样称呼》文中称黑水靺鞨中莫曳皆部，其读音近"末皆"，与"靺羯"谐音。这一名称的来历肯定与其始祖部落"靺鞨"有关，故可反证"靺鞨"的"鞨"字，与"皆"音（jie）相近。干志耿、孙秀仁在《黑龙江古代民族史纲》一书中指出，史籍中的"靺鞨"是多数情况，而"靺羯"则仅见于崔忻题名石刻，二者通用。赵评春撰文《"渤海国"名源考辨》，认为"靺鞨其音合于勿吉并无存疑"。瀛云萍的《鸿胪井刻石中的"靺羯"与"靺鞨"》一文认为"羯"与"鞨"是互通的，在之后的《"靺羯"误成"靺鞨"的问题》也同样认为"靺鞨"由"勿吉"转写而来。李玲的《也谈靺鞨名称之始见》则否认了朱国忱对靺鞨名称的观点，认为"靺鞨"之前曾存在"靺羯"这一称谓，而非靺鞨是靺羯的误称，"靺

羯"之名出现早于"靺鞨"，是介于勿吉和靺鞨之间的称呼，并认为"靺鞨"之词沿用到唐玄宗的开元、天宝年间。陈陶然的《靺鞨族名来源新考》总结了前人对靺鞨名称的研究并提出新的观点："靺鞨"两字均有红色之意，而后在一些典籍中也记载了古肃慎产红色的宝石，因而相互联系，认为宝石和族名之间存在着一定的联系。范恩实的《"靺鞨"族称新考》从音韵学的角度对"靺鞨"的读音做了更加深入的研究，提出"靺鞨"一词的读音应是"waka"，继而音变为"wehe"，隋唐以后由于"羯"字的读音固定为"jie"，才新造"鞨"字来代替"he"音字。2009年，俄罗斯蒙古联合考古队在蒙古国的中央省扎马尔县发掘了一座大型唐代墓葬，该墓为唐代游牧部落贵族仆固乙突墓葬，墓中出土各类器物770余件，并出土了一方墓志，墓志中"东征靺羯西讨吐蕃"八字，为靺鞨读音研究及靺鞨内涵研究继鸿胪井石刻后又一力证。胡梧挺的《关于〈北宋版通典〉所见之"靺羯"——对"靺羯"一词的文献学考察》通过北宋版通典所出现的"靺鞨"或"靺羯"一词与仆固乙突墓志中出现的"东征靺羯西讨吐蕃"相印证，认为"靺鞨"在唐代曾经一度被写作"靺羯"，而与"靺鞨"（mohe）相比，"靺羯"（mojie）的读音的确更加接近于"勿吉"（wuji），又根据音韵学推测，"靺羯"的真正读音很可能是"wajie"。冯恩学的《蒙古国出土金徽州都督仆固墓志考研》对蒙古国出土的这方墓志进行考证，并赞同李玲《也谈靺鞨名称之始见》一文的"靺鞨"之前曾存在过"靺羯"这一称谓的观点。魏国忠的《渤海"靺鞨说"又添新证》一文针对碑文所出现"靺羯"一词，联系《鸿胪井栏石刻》文字中出现的"靺羯"一词，并查阅大量史籍，再一次证实了渤海政权最初的国号和主体民族"靺鞨（即靺羯）"的读音只能且一直是"mojie"（末杰）。

最近由于外蒙古地区发现了唐代碑刻，上面明确地记录了"东征靺羯西讨吐蕃"的原始汉字，考古学的发现和在文献中寻找勿吉与靺鞨之间的音转关系，都能够判定勿吉与靺鞨之间可视为同音异写的关系。这一点似乎已经被多数学者所认同。据《旧唐书》卷199所载："靺鞨东至海，西接突厥，南与高丽界，北与室韦为邻。其国凡数十部，各有酋帅，或附属高丽，或臣属突厥。"由此可知，7世纪以后，勿吉国在其西方柔然汗国及后来的突厥汗国的势力逼迫下发生了分化和崩溃。其靠近高句丽的白山、粟末等部臣属于高句丽，而西部靺鞨则臣属突厥。其中勿吉（靺鞨）的伯咄部和按车骨部以及黑水部的一部分，在突厥强盛时先屈服于突厥，而后又臣属于渤海国，继而又依附于契丹，最后又融入女真。

总之，从6世纪末开始直到11世纪为止，哈尔滨地区一直处于战争迭作、动荡不定的年代，哈尔滨的城市文明很难在这种背景下得到形成和发展。又由于这一时期哈尔滨地区的民族不断迁徙及人口流动性较大等特点，使这一地区的人口减少、土地荒芜、城堡废弃并出现了暂时的萧条景象。10世纪末，契丹人灭亡了海东盛国——渤海国之后，生活在图们江流域和黑龙江中游右岸地区的女真人完颜部和黑水部的女真人，从黑龙江及图们江流域迁徙到今哈尔滨地区的阿什河中下游流域定居下来，他们在这里烧炭炼铁，开垦树艺，发展生产，并与当地的原住民勿吉人融合，形成了以阿什河流域为中心的生女真完颜部，经过一个多世纪的积蓄和发展并逐渐强大。始初他们借助契丹人的力量，征服了黑龙江流域、乌苏里江、图们江流域的女真诸部，并建立了以完颜部为中心的强大的军事联盟。这个军事联盟的组织早在女真人建国之前即已形成，其范围东至日本海，南至长白山，北至黑龙江，西到拉林河、嫩江流域。在这横亘数千里的广阔无垠的黑土地上建立的军事联盟的政治统治中心，从一开始就确定在距离哈尔滨较近的阿什河中下游流域。这为日后女真人在阿什河流域创建都市文明打下了基础。在辽穆宗统治时期即10世纪末期，哈尔滨就以"霭建村"的名称出现于《金史》中。从《金史·本纪》中我们可以清楚地看到，霭建村是当时女真完颜部的政治统治中心"纳葛里"（其位置当在今阿城区南白城附近）北部的最重要的村镇。它地处阿什河注入松花江的汇合口处，是1097年穆宗亲自迎接阿骨打班师回军的"亲迓"之地。谈到《金史·本纪》中的这个霭建村，人们不禁要问：金史中的霭建村与哈尔滨城史纪元到底有什么关系呢？其实，自从关成和先生将霭建村与哈尔滨城史联系起来，并加以认真地研究以来，这个问题就一直在人们的脑海中画着大问号：霭建村在哪里？霭建与哈尔滨之间有什么联系？

　　20世纪80年代末期，金代齐国王完颜晏夫妇合葬墓在阿什河注入松花江的古河道右岸巨源乡小城子村古城的附近被发现后，霭建村的确切地理位置就十分明显地暴露出来了。完颜晏是穆宗的子孙，其夫妇埋葬地就是穆宗家族子孙的世居之地这是毫无疑问的。由此可以推测穆宗到霭建村去迎阿骨打的凯旋之师的原因就是，穆宗从小生长在霭建村，且霭建村又处在阿骨打班师归程的必经之路的位置。那么，为什么知道阿骨打班师的路程必然要经过霭建村呢？

　　其一，当时阿骨打征服了松花江下游的女真部落后的时间正是1097年的冬月，女真人不可能绕道从陆路返回，而是依靠冰上的特殊交通工具（狗爬犁或滑雪板）沿松花江的冰凌道迅速返程。其二，霭建村正处在阿什河与松花江的汇合口处，并与完颜部的中心纳葛里呈正南正北的走向。今巨源乡的小城子村古城正是金建国前的霭建村，又称阿勒锦村，金建国后则在此地修筑了阿勒锦城。然而，霭建为什么又写作阿勒锦呢？原来元朝的蒙古人脱脱等人编修《金史》时，在转写女真族的地名和人名时，并没有按照书面语去正确地注音，而是采用了许多原始的口语直译法，因此，就产生了口语与书面语之间的矛盾。后来清朝同治年间作为女真人的直接后裔的满族人，为了更准确地给《金史》中的人名和地名注音，就将《金史》中原来与女真语有极大区别和误解的地名及人名又重新修定并加以新的汉字注音。这样在同治朝中就产生了带有正确注音的《金史》版本。而《金史·本纪》中的霭建村之下就标注了（阿勒锦）一词。有人认为"哈尔滨"地名早在同治年间以前就已出现，那么，为什么没有把阿勒锦写成哈尔滨呢？显然阿勒锦与哈尔滨没有继承关系。然而，事实并非如此，阿勒锦是金代的女真地名正确注音，而哈尔滨则是由阿勒锦地名逐渐演化而来。若说是演化而来莫如说是不同时代对同一少数民族地名的不同注音。无论是阿勒锦还是哈尔滨，它们的性质都是用汉字作为少数民族地名的标音符号，而在字义上却无任何意义。说到底，哈尔滨与阿勒锦之间的关系是同音异写的关系。它们都是以中原音韵的汉字为基础对少数民族地名的注音。哈又写作阿、合、河，因为它们之间同声同韵而字不同。勒又写作尔、拉、剌、里等。这是因为在中原音韵的语音中没有颤音"r"音。而作为古阿尔泰语系的女真语中颤音"r"音十分常见。然而，在采用汉字注写女真语中的颤音r音时就出现了多种汉字注音现象的发生。这就出现了勒、拉、里、尔、儿、剌等不同汉字注音。锦与滨音之间的韵母相同，均是"n"（恩）音。造成这种差别的原因，主要是由于当时居住在松花江中下游直到黑龙江下游的少数民族的发音，往往清浊音不分。这种现象是日本学者间宫林藏于1804年在黑龙江下游流域考察时发现的。此外，在漫长的历史发展进程中民族之间的文化融合也会使语音潜移默化地发生变化。

以上，我用了许多笔墨来讨论阿勒锦与哈尔滨之间在语音学上的继承关系和变异的原因。其目的就在于请人们注意到哈尔滨与阿勒锦之间在语音上的确存在着一定的亲缘关系。然而，问题并没有就此结束，人们可能仍然是大惑不解：如果巨源乡小城子村古城是阿勒锦村的话，那么它的位置与今天哈尔滨的所在地相距甚远，这又是怎么回事呢？

其实，这个问题并不难解答。第一，古阿勒锦村的位置与今天哈尔滨位置的变化，是由于地理环境的改变促使人们不断随着河流的滚动而不断迁移，地名也就随之移动，从河口滚动的规律上看今天的阿什河注入松花江口之地正处在800年前阿勒锦村（小城子村古城）之地的松花江上游的地方。由此看来，造成今日哈尔滨与古哈尔滨（阿勒锦）之间的距离，则是因为地理环境改变的结果。因江河水道的改变以及水源的断绝而改变城市的位置的例子，在世界城市发展史中屡见不鲜、不足为奇。

　　然而，阿勒锦村的初始时间是否就是哈尔滨城史纪元呢？我认为：阿勒锦村在《金史》中的出现只能作为哈尔滨地名的初始时间而不是城史纪元的起算时间。女真人在建立金国以前，阿勒锦村绝没有发展为具有城市功能的可能性。也许1097年的阿勒锦村已经存在着由城墙围绕的城郭，因为女真人早在建国前就已经掌握了修筑山城和城堡的技术。如阿骨打在起兵反辽之前，沿着拉林河沿岸修筑了许多城堡。但是，阿勒锦村在金建国前作为城市的规模显然是不具备任何条件的。因此，关成和先生所考证的1097年阿勒锦村的初始时间实际上是对哈尔滨名称的初始时间的确定，而并非城史纪元的初始时间。因为地名的出现要比形成城市的时间早得多。然而，关成和先生所发现的阿勒锦村则是20世纪以来，对哈尔滨地名的考证研究中的最惊人的发现。

　　我们认为，1097年作为阿勒锦村的初始时间虽然不是哈尔滨城史的纪元，但它却是哈尔滨地名的初始时间。那么哈尔滨的城史纪元到底应该从哪一年算起呢？这是个颇难解答的问题，因为金代建国从1115年到被元蒙所灭亡的1234年，共存在了119年。诚然，不能否认，金上京地区被蒙古军攻陷的时间当比金朝末年哀宗灭亡的时间要早得多。根据《金史》记载可知，金上京在1218年4月尚有蒲察五斤的奏表，而后便失去了对上京城的记载。哈尔滨地区的金代城市文明也与金上京的命运一样，大致在这一相同的时间被毁灭或消失了。由此看来，哈尔滨地区作为金上京的管辖时间莫过于110年。在这100多年的时间里，由于金朝的政治经济中心的不断南迁以及金朝末年战乱所致，金源内地几经变故。金上京城的几度兴衰的历史也直接或间接地影响着哈尔滨古代城市文明的进步与发展。根据金上京地区在金代历史整个发展阶段上观察，金代哈尔滨地区城市兴衰变化有如下几个历史阶段：

　　第一个历史阶段：从金太祖阿骨打起兵反辽（1115）到金太宗吴乞买天会二年（1124）。这一时期，女真人以破竹之势击败了强大的辽朝，并把精力大多用在对辽的战争掠夺上。因此，没有足够的人力、物力和财力建造规模宏大的京城。因此这一阶段哈尔滨虽然作为金朝都城的京畿之地，但是城市的文明尚处在积蓄阶段。据《大金国志·卷33》载："国初无城郭，星散而居，呼曰皇帝寨"，或称"阿触胡"（安出虎一词的同音异写——汉译金的意思，亦即金国之号的女真语发音）。阿骨打的皇帝寨（金建国前的纳葛里）大致在金上京城附近，阿骨打在登基当皇帝之初，只设毡帐，到了晚年才开始修筑宫殿，以为临政之所。然而，阿骨打在位期间并没有建设上京城的记载，因此，哈尔滨地区的金代城市当然也不会在金上京城修建之前而出现。

第二个历史阶段：从金太宗天会二年（1124）到金朝的第四个皇帝海陵王完颜亮天德四年（1152）。这一阶段，女真人在灭辽的基础之上又以秋风扫落叶之势灭亡了北宋王朝，并俘获了北宋末代皇帝徽、钦二帝（赵佶、赵桓父子）。女真族所建立的金帝国成为当时北中国最强大的王朝，其疆域西至大散关与西夏对峙，南至淮水与南宋隔江相望，东至日本海，北到外兴安岭，是幅员万里的泱泱大国。女真人在对辽、宋的战争中，金源内地积蓄了大量的物质财富。例如：在攻破辽、宋京城后，将其府所藏的无数金银珠宝、经籍图书、各种珍玩丝帛及其众多的职官民户、妃嫔、倡优及各类工匠等等全部掠往阿什河中下游流域所谓的"金源内地"。辽、宋两朝的高度发达的文明与财富被女真人在战争中掠夺殆尽。这在中华文化发展史上是一次北方民族入主中原后对中原王朝的空前浩劫。其政治中心和文化中心的北移，各族人民包括汉人、高丽人、契丹人、西夏人、渤海人等以及他们中间的知识分子成为大批的流民，从数千里之外，沿着松辽大平原向塞北寒山的所谓"金源内地"集中。特别应该指出的是，在战争中女真所获得的牛马不可胜计，车辆财力等方面积蓄了雄厚的力量。金太宗吴乞买登基以后便开始了大兴土木营建金上京的工程。

据文献记载：金太宗天会二年（1124）将皇帝寨更名为"会宁州"后

来又升为会宁府。天会三年（1125）的春夏之交，北宋派遣许亢宗率领贺金太宗吴乞买登基的使金团，从北宋都城东京汴梁（开封）出发，过山海关经沈洲（今沈阳）、韩州（吉林省昌图八面城）、黄龙府（今农安）渡松花江、拉林河到达金朝的首都——会宁府时，将其目睹皇城内外大兴土木的状况生动而翔实地记录在《宣和乙巳奉使行程录》中："……次日馆伴同行，可五、七里，一望平原旷野，间有居民数十家。星罗棋布，纷揉错杂，不成伦次。更无城郭里巷，率皆背阴向阳，便于牧放，自在散居。又一、二里，命撤伞，云近。复北行百余步。有阜宿围绕三、四项，北（一作并）高丈余，六皇城也。至于宿门，就龙台下马行入宿门。西设毡帐四座，各归帐歇定……门使及坐班引入，即捧国书自山棚东入，陈礼物于庭下。"这里所说的"阜宿"即土围墙；"宿门"即今日皇城正中的午门。根据许亢宗的记录可知，当时修筑金上京的人数"……日役数千人兴筑，已架屋数千百间，未就，规模亦甚侈也"。不难看出，1125年许亢宗率领的使金团来到金上京城附近时，看到了营建金上京的情景。在金上京周围女真人的居地"更无城郭里巷""星罗棋布，纷揉错杂，不成伦次"。说明，这时在金上京城附近还没有出现卫星城市。今天哈尔滨地区的莫力街古城、小城子古城及平房古城的修建年代当不会在许亢宗出使金国（1125）以前，其下限也不会晚于金熙宗统治时期的天眷元年（1138）或皇统六年（1146）。熙宗是继太宗吴乞买登基的金代第三个皇帝。他自幼熟读汉人的经史典籍，精通汉文化。熙宗统治的时期，女真族已经全面控制了淮水以南，金政权正处在干戈无声、升平日和的安邦治国阶段——"绍兴议和"最终结束了南宋与金国的战争冲突的局面。在这一历史背景条件下，金熙宗着手制定了一系列的改革措施，并采取与民休息的政策，从而加速了女真政权的封建化进程。其中最值得注意的是，继太宗之后熙宗继续大规模扩建和修筑金朝的都城和皇宫。1138年（天眷元年）8月，诏改京师为上京，府曰会宁，同年置上京留守司并兼带会宁府尹及上京路兵马都总管。1146年春（皇统六年）又以上京会（宁）府旧内太狭，"才如（中原）郡治，遂役五路工匠撤而新之，规模仿汴京"。在此期间，金上京城周围的皇家御苑寺院、祖庙以及行宫等各类大型建筑群体也相继出现。随着上京城的最后形成，人口的急剧增加以及当时社会生产及社会生活的需要，城市手工业和城市商业经济都得到了长足的发展。如制陶业、铁器制造业、有色金属制品加工业（金、银、铜、铁、锡）、皮革的鞣制和加工业、纺织业、房屋建筑业、木制品加工业、玉石加工业、瓷器制造业、金融货币铸造业、各类行会、贵金属税收业、贸易、运输、交通业、典当业、计量等行业都十分发达。除此之外，皇家图书馆、皇家寺庙、儒学等文化部门也应运而生。上京城的繁荣必然带动和促进周边地区的城市形成和发展。由于当时的哈尔滨是金上京通往中原地区和黑龙江下游的最重要的水陆交通线上的门户，各类大宗贸易往来和交通运输主要靠松花江航道驶入阿什河直达金上京城下，致使哈尔滨地区的城市文明较之其他毗邻地区更为发达。况且哈尔滨地区原为阿勒锦村的所在地，又是穆宗家族的世居之地，而今香坊地区则又是金初的莫力纳钵之地（即金朝初期皇家春水之地，捕捉天鹅的狩猎场所），因此，金代哈尔滨地区之所以能够出现发达的城市文明，是有其历史的必然性的。我认为，哈尔滨地区金代城市形成的时间大致在金熙宗统治时期，即1138—1146年之间。因为这一时期正是金上京走向第一个繁荣期，金源内地（包括哈尔滨地区在内）在金上京城的繁荣带动下，以上京城为中心的中、小城镇的卫星城市网络开始形成，由于今天哈尔滨地区的小城子古城和莫力街古城都没有留下确切的修建年代，因此对哈尔滨城史纪元的时间只能做出大致的推测。兹暂定哈尔滨金代城史纪元的时间为1146年（金熙宗皇统六年）。

第三个历史阶段：从海陵王完颜亮贞元年（1153）到正隆六年（1161）亦即金世宗完颜雍大定元年。这是金源内地（包括哈尔滨地区）城市文化遭到严重破坏阶段。完颜亮是以发动宫廷政变弑熙宗而登上皇帝宝座的。他是一位欲主江南、一统天下的皇帝。完颜亮登基之后就开始着手为迁都做好各项准备，天德三年诏罢皇统年间在金上京修筑的御苑，并下诏扩建燕京城和修筑皇宫。海陵王完颜亮以"上京僻在一隅，转漕艰而民不便""莲花为何能在燕京开放，而在上京却不能成活？其原因就是：盖地势然也，上都地寒，惟燕京地暖，可栽莲"等为由，于天德四年下诏迁都燕京，正隆二年（1157）八月"罢上京留守司"，并"削上京之号，止称会宁府"。十月，又命毁会宁府旧宫殿诸大族第宅。至此，作为在阿什河中、下游流域所建立的金朝都城共历时38年，从此以后再没有恢复其国都的地位。从某种意义上说，海陵迁都燕京实际上是对阿什河流域刚刚形成的古代文明的严重破坏。从动态上看它是一次文化移动现象，这种移动的方向与金朝初期都城营建时的文化北移的方向相悖。其结果是破坏了金源内地的城市文明，加剧了女真文化与汉文化的融合。使刚刚发达起来的白山黑水文明向南移动。哈尔滨地区的莫力街古城和小城子古城作为当时的金上京的京畿之地的城市文化也可能受到了不同程度的削弱和打击。因为完颜亮在迁都时所采取的措施是非常严酷的。为了打击迁都的反对派，他命令捣毁上京城及皇城和宫室及其女真贵族的宅第和宗庙，并将山陵宗庙一并迁往燕京（今北京）的房山地区。由于迁都的影响，哈尔滨作为原金朝首都上京城的门户城市，则随着政治中心、经济中心、文化中心的南移而渐渐失去了昔日的繁荣。

第四个历史阶段：从金世宗大定元年（1161）到金宣宗兴定元年（1217）。金世宗完颜雍即位后，十分重视金上京会宁府的恢复与重建工作。大定二年（1162）命于庆元宫址建正殿九间，仍其旧号。大定五年（1165）重新建成太祖庙，大定十三年（1173）七月，恢复上京之号。大定二十四年（1184）五月初，金世宗巡幸上京，直到世宗晚年，上京的宫殿修复建设仍在进行中。金上京名号恢复的实际意义是，从一般的府州一级升为金国的陪都地位。金世宗还以"实内地"为名，将居住在胡里改路及速频等路的猛安谋克女真户近3万人迁到阿什河的中、下游流域。可见，金世宗统治时期的哈尔滨地区无论从政治地位上还是人口数量的增加上看，都有了很大的恢复和发展。

综上所述，由于金朝的哈尔滨地区是当时金上京的京畿之地，金上京的兴衰则直接影响着哈尔滨地区金代城市的浮沉，哈尔滨地区金代城市文化走向衰落阶段，就是从金朝末年开始的。金朝末年，金帝国的辽东宣抚使蒲鲜万奴割据咸平等地，并于贞祐三年（1215）建立"大真"（旋又改称"东夏"）政权。兴定元年（1217）初，上京行省完颜太平与蒲鲜万奴勾结，并发动兵变，焚毁了上京城的部分建筑，金上京再度受到破坏。1233年前后，蒙古汗国平定了整个金代的东北地区，金上京城可能也就是在此时被蒙古军占领。如从上述的金源内地及金上京发展的四个历史阶段分析，金代哈尔滨的城史纪元当在金熙宗统治时期的1146年前后。或许有人要问：哈尔滨地区的金代根本就没有城市，所以何以见得有城史纪元呢？由于文献无征，古籍难寻，在茫茫"史海"要想找到哈尔滨城史纪元的确是件很困难的事。然而，若能够认真而谨慎地思考哈尔滨地区目前所发现的金代考古资料，就不难看出，金代哈尔滨地区确实已经跨进了古代城市文明的门楣。

第八章　渤海王国东牟山考辨——兼谈鸿胪卿崔忻出使震国的册封地

众所周知，东牟山是渤海历史地理研究中最具争议的问题之一，也是多年以来渤海历史问题研究领域中最大的悬案。从某种意义上说，如果破解了东牟山所处的地理位置之谜，那么渤海建国初期的许多历史疑难问题就会迎刃而解。一个多世纪以来，中外学者对于渤海东牟山的地理位置，一直是众说纷纭。20世纪80年代以来，由于新中国的考古发现不断推陈出新，中外治渤海史学者几乎一致确定渤海国的东牟山即今中国吉林省敦化市城山子山城，一时间"东牟山为敦化说"几乎成了定论。然而，笔者一直对敦化说持否定态度，认为该说的历史依据极不充分。

多年以来，我们从历史文献入手，对考证东牟山地理位置的诸家之说进行了认真的梳理和研究。在此基础上，又对前人的诸家考证东牟山所涉及的地域，进行了反复的实地考察，足迹几乎遍及东北三省。最终否定了东牟山即敦化说的观点，同时也得出了如下结论：大祚荣率众东保桂娄之故地，就是今天延边地区的海兰江与布尔哈通河流域，而东牟山就是今延吉市东南约10公里的城子山山城，奥娄河即今日的海兰江。布尔哈通河就是忽汗水的同音异写地名。唐先天二年（713），遣派鸿胪卿崔忻经由今旅顺口黄金山下前往大祚荣的驻地——东牟山，加授大祚荣为忽汗州都督、渤海郡王之名称的册封地不是吉林省的敦化市，而是今天的延吉市郊区的城子山山城。唐天宝末年，渤海文王大钦茂将渤海都城从旧国的布尔哈通河流域，北迁至镜泊湖北侧的牡丹江畔，即渤海上京龙泉府。忽汗水之地名则随着都城的北迁而移到渤海国上京龙泉府附近的水系，牡丹江遂被命名为忽汗水，镜泊湖被称为忽汗海。从此，忽汗之地名就从300里之外的海兰江、布尔哈通河流域随渤海都城上京龙泉府的设置而侨置于今天镜泊湖畔附近的牡丹江流域。文献中所谓的"旧国"，并非指当时整个震国的辖境范围，而应是专指震国王都的京畿所在之地，即以东牟山——今延吉市郊区城子山山城为中心的周边地带。当然，也包括今延吉市所属的西古城之渤海的中京显德府地域。为了进一步说明渤海国的初都之所——震国的都城东牟山以及唐先天二年（713）册封大祚荣的封地的确切位置，本文从如下几个方面加以论述，以求教于学界同仁。

第一节　探讨东牟山地理位置的诸家之说值得商榷

关于东牟山的地名，始见于《旧唐书》和《新唐书》中，后来《唐会要》《册府元龟》《文献通考》《旧五代史》《新五代史》等书均有记载。为了读者理解方便，首先将成书较早的《旧唐书》和《新唐书》对东牟山的记述摘录如下。

《旧唐书》卷199下《渤海靺鞨传》："渤海靺鞨大祚荣者，本高丽别种也。高丽既灭，祚荣率家属徙居营州。万岁通天年间，契丹李尽忠反叛，祚荣与靺鞨乞四比羽各领亡命东奔，保阻以自固。尽忠既死，则天命右玉钤卫大将军李楷固率兵讨其余党，先破斩乞四比羽，又度天门岭以迫祚荣。祚荣合高丽、靺鞨之众以拒楷固，王师大败，楷固脱身而还。属契丹及奚尽降突厥，道路阻绝，则天不能讨，祚荣遂率其众东保桂娄之故地，据东牟山，筑城以居之。祚荣骁勇善用兵，靺鞨之众及高丽余烬，稍稍归之。圣历中，自立为震国王，遣使通于突厥，其地在营州之东二千里。"

《新唐书》卷219《渤海传》："渤海，本粟末靺鞨附高丽者，姓大氏。高丽灭，率众保挹娄之东牟山，地直营州东二千里，南比新罗，以泥河为境，东穷海，西契丹。筑城郭以居，高丽逋残稍归之。万岁通天中，契丹尽忠杀营州都督赵翙反，有舍利乞乞仲象者，与靺鞨酋乞四比羽及高丽余种东走，度辽水，保太白山之东北，阻奥娄河，树壁自固。武后封乞四比羽为许国公，乞乞仲象为震国公，赦其罪。比羽不受命，后诏玉钤卫大将军李楷固、中郎将索仇击斩之。是时仲象已死，其子祚荣引残疾遁去，楷固穷蹑，度天门岭，祚荣因高丽、靺鞨兵拒楷固，楷固败还。于是契丹附突厥，王师道绝，不克讨。祚荣即并比羽之众，恃荒远，乃建国，自号震国王，……睿宗先天中，遣使拜祚荣为左骁卫大将军、渤海郡王，以所统为忽汗州，领忽汗州都督，自是始去靺鞨号，专称渤海。"

根据两唐书的记载，人们惯于将渤海建国时间确定在唐则天武后的圣历年间（698—699）。其实，这只是大祚荣自立为震国王的时间，而真正冠以"渤海"之号的时间，则是始于唐睿宗先天二年（713）。这一年唐王朝遣郎将崔忻，前往震国册拜大祚荣为左骁卫员外大将军、渤海郡王兼领忽汗州都督。由此可知，渤海之号始于713年；大祚荣自立为震国王的王都所在地，正是原高句丽桂娄部的故地东牟山。此东牟山是渤海建立王国政权的初都之所。因此，如果确定了东牟山的地理位置，那么渤海早期的一系列历史地理问题，都将得到认证和解决。从清末至今，关于东牟山地理位置的考证，大致有如下十种观点。

（1）东牟山为沈阳说。这一观点见于《大明一统志》辽东都指挥使司条目："东牟山在沈阳卫东二十里，唐高宗平高丽，渤海大氏以众保挹娄之东牟山即此。万岁通天中为契丹尽忠所逼，有乞乞仲象者度辽水自固，武后封为震国公。"该书作者是依据《元一统志》对东牟山的考证，误将东牟山定在沈阳卫东20里地方。《元一统志》云："东牟山，在沈阳路挹娄故地。"实际上，《元一统志》的这个错误来源于《辽史·地理志》记载："沈州昭德军中节度，本挹娄国地，渤海建州"，所以《元一统志》误将辽代沈州定为渤海旧国之地，从而确定东牟山即今沈阳附近。此后，《满洲源流考》又据《大明一统志》记载，将东牟山明确认定在承德县（今沈阳）城东20里的天柱山。现代东北史地学家景方昶对东牟山为沈阳说进行了彻底订正，认为："《满洲源流考》以《新唐书》写作挹娄为正，引《大明一统志》东牟山在沈阳卫城东二十里，指今承德县城东二十里天柱山即东牟山，非也。"《唐书》云："东牟山直营州东二千里，按营州即今土默特旗境（今朝阳市——作者注）东距天柱山仅数百里，与两千里之言不合。在昔挹娄幅员甚广，奉天之承德、铁岭亦曾隶属明之懿路，所以蒙其故名，特其一隅之地耳。"《大明一统志》不知《新唐书》挹娄乃桂娄之误，又指"懿路即属挹娄，遂谓东牟山在沈阳卫城东二十里，殊不足据"。

（2）东牟山为额穆县嵩岭说。据《额穆县志》记载："额穆在渤海时为旧国忽汗州属地无疑，……额穆和即额穆赫索多站，实今旧县城北四十里北大秧地，帽儿山下有古城，适合佛纳赫之方隅里至，当即古之鄂多哩，大氏初都在此……渤海旧国当系此城非敦化也。大氏所据之东牟山当即今嵩岭。正与据山筑城之意相合，奥娄河自是牡丹江。"额穆县为1910年设置，1948年3月划敦化县（今敦化市），现为敦化市的额穆镇。清初在此设立佐领，称额穆赫索罗台站。额穆赫转音为俄摩贺，满语水滨之意。今额穆镇地处牡丹江上游支源珠尔多河的下游，其西北约40里的北大秧地附近的帽儿山上确有一古城，但古城规模甚小，且出土文物多为辽金遗物，古城东北距渤海上京龙泉府故地不到200里，与《新唐书》所记300里的里数不合。另外，在帽儿山与古城附近没有大型渤海遗址被发现，东牟山为额穆嵩岭说不足为证。

（3）东牟山为敦化鄂多力城说。清末史地学家曹廷杰力主此说，他在《东三省舆地图说》中认为："仲象父子渡辽水，辟地五千里，以所统为呼尔罕州，应由今奉天东渡辽水，至吉林鄂多哩城建国。查鄂多哩城在今牡丹江源西岸。牡丹即仆斡、忽汗之转，忽汗呼尔罕之转，则所谓鄂伦河者乃忽汗河之本名。因先天中赐名呼尔罕州始有忽汗河之称，又以呼尔罕海为众水所归，故称海以别之，武艺徙上京龙泉府，本拂涅国故城，今称东京城，亦称佛讷和城。自鄂多哩城至东京城实三百里。故曰：旧国三百里，呼尔罕海之东也。通考此处距东京城三百里者别无城基可寻。鄂多力、仆幹、忽汗、呼尔罕与鄂伦皆一音之转的异写地名。今土人呼鄂多哩城为敖东城，其音亦近于鄂伦城，又呼阿克敦城，似背鄂伦之转也。"曹廷杰仅从鄂多力、敖东、鄂伦与《新唐书》所云大祚荣在东牟山所建立的震国在"保太白山之东北，阻奥娄河，树壁自固"的记载，推测东牟山当必地近忽汗河。又认为：上京与敦化敖东城恰相距300里，和上京周围300里内别无城基可寻，遂认定今吉林敦化的敖东渤海古城即为大祚荣初立震国的所在地。其实，曹廷杰当时无法确认在上京300里范围内有许多渤海古城的事实，而上京城距敖东城亦并非300里，其实只有200里。曹廷杰没有从山城的角度去考证"东牟山城的所在地，仅从敖东渤海古城角度考证，是必失之甚远"。后人往往根据曹廷杰对忽汗水的考证，推测东牟山与旧国当为一地。许多学者也按照曹廷杰先生的思路去推测东牟山的地理位置，但往往忽视了东牟山是一座山城的事实。但是，曹廷杰所提出的"因先天中赐名呼尔罕州始有忽汗河之称"的观点，却没有引起人们的注意。其实这是非常可贵的推测。景方昶遵从曹氏之说，并在此基础上又详加考证。他在《东北舆地释略》中认为："所谓旧国即今额多力城，在长白山东北，俗呼鄂董城。光绪中设敦化县治，奥娄河当即忽汗河之上源，今名勒福成河，额多力城即滨此河。"继曹氏之后，景方昶明确地认定旧国即指今敦化市的敖东渤海古城。所谓的旧国在景方昶那里被理解为大祚荣初建震国的所在地。不仅如此，景方昶还进一步分析了《新唐书》所记唐天宝末年（755）渤海文王大钦茂"徙上京直旧国三百里，忽汗河之东侧"的事实。他认为，"讷讷赫城即上京龙泉府址，额多力城距讷讷赫城适符三百里之数。额多力城即祚荣旧国所在……其中京显德府所属显德州则在今（桦甸）那丹佛勒城"。日本学者驹井和爱在其所著《中国都城·渤海研究》一书中，根据新中国成立后在今吉林敦化六顶山发现的渤海贞惠公主墓的事实，亦同意东牟山与旧国当在敦化附近，但没有指明在敦化何处。许多日本、韩国学者也从此说。我们认为，曹、景二氏都没有跳出敦化敖东城即祚荣所建震国之地的圈子，实则等于承认了"据东牟山，筑城以居之"的古城即今敦化敖东城。然而，他们都忘记了"据东牟山，筑城以居之"的意思，是说东牟山应是一座山城，而敖东城却只是靠近牡丹江畔的一座平原城而已。此外，他们还忽略了"保长白山东北"的记载，即东牟山应在长白山东北的事实。今敦化市的敖东城并非在长白山之东北，而是处在长白山西北或正北方向上，这与文献记载完全不符。

（4）东牟山为宁古塔说。据《吉林通志》卷10载："大祚荣所居忽汗州，即长白山东北之奥娄河境，后呼为旧国，今为敦化县地。《新唐书》所谓徙上京值旧国三百里者是也。《旧唐书》言大氏始徙营州，其地在今奉天锦州府北境以外，后乃东奔，保阻以自固。史不言其所在，以下文考之，则是在天门岭以西继又越天门岭，东保挹娄（桂娄即挹娄），遂据东牟山，挹娄为宁古塔之地，东牟即宁古塔之山。"实际上，《吉林通志》的作者对东牟山与旧国的考证前后矛盾。先将大祚荣所建立的震国及所祖奥娄河之旧国之地定在敦化境内，而后又把东牟山推定在今牡丹江流域的宁古塔城（今宁安市）附近的宁古塔山。实则不知大祚荣所立震国之地即东牟山，亦即旧国，当属同地。此后，金毓黻先生等诸家关于旧国与东牟山之地望，多从《吉林通志》的敦化说，而不提宁古塔说，宁古塔说渐渐无闻。

（5）东牟山为老岭说。此说是清末学者丁谦先生所独倡，见于《唐书·北狄传考证》一文。谓："东牟山即今塞齐乌稽，图称老岭者，为长白山北行之一支。"所谓老岭者，即今吉林省蛟河市境内的老爷岭，呈西南—东北走向，长达几十公里。其岭有无数座山峰，东牟山究为何处山峰，实难定论。此说按指的地理位置不免过于宽泛，难以立足为据。

（6）东牟山为桦甸县说。此说是由日本学者于20世纪30年代提出，其主要代表者是松井及津田左右吉等人。他们在《满洲历史地理》第1册撰有《渤海国之疆域》和《渤海考》等文章。松井称："东牟山位于辉发河以南、桦甸县西，所谓长白山北行之一支"，并认为："渤海旧国、显州和中京显德府都在那丹佛勒城（即今桦甸苏密城），《唐书·渤海传》中记载的旧国与上京距离为三百里是错误的，应依据贾耽《道里记》所载，显州与上京距离为六百里一说。"而津田左左吉则称："祚荣东奔渡辽水乃沿今浑河入辉发，筑城建国于今桦甸境，旧国即在此，东牟山乃其西南之山，唐书言直上京三百里，三百乃六百之伪。"以今日长白山山脉走势观之，今桦甸市境内的长白山余脉为长白山系之西北的支脉，其方向与《旧唐书》《新唐书》所载东保太白山之东北不合，太白山即长白山。又据两唐书可知，东牟山西距营州（今朝阳市）应为2000里，而桦甸境之山脉西距朝阳仅1200余里，其里数相差甚远，故此说亦不足取。

（7）东牟山为辑安东明山说。据《辑安县志·地理篇》载："辑安城北有东牟山，似祚荣始都于此。"辑安即今吉林省集安市，其市区北郊有丸都山和禹山。丸都山为高句丽时期之都城，因高句丽曾在此地为其始祖东明王修有庙宇和大型的祭祀殿堂，故有东明山之称。今集安市的丸都山地望，在长白山之西南方向，与两唐书所记的东牟山应在长白山之东北的方向相背，故不可取。此外，今集安市亦非桂娄部的发祥地，更不是北沃沮之地。东牟山不应在此地求证。

（8）东牟山为额敦山说。此说为朝鲜学者丁若镛首倡，他在《大韩疆域考》卷5谓："中京者所谓旧国也，在上京之南三百里，东牟山之下，即祚荣树壁之处也；其地在忽汗河之西，故乃徙上京，谓之忽汗河之东也。今镜泊湖之南二百里有额敦山，其高六十里，正在虎儿哈河之西，此域是东牟山也。其山出二河，东曰福尔虎河，西曰飞虎河，此或是奥娄河树壁之处也，中京在此地，然后东西南北四京之方位得其正也。"无疑丁若镛先生相信《新唐书》所记载的上京直旧国300里的事实，并将大祚荣创立震国与东牟山归为一地，这是非常可贵的。此外，他在直上京300里的"直"字上下了一番功夫，也就是在上京的正南方向寻找中京、旧国及东牟山的位置，这是中外学者在近一个多世纪的考证中最有价值的推论。丁氏所指的额敦山即今日布尔哈通河上游的山岭，而虎儿哈河则就是今天布尔哈通河。遗憾的是丁若镛先生没有继续按照《新唐书》所记里程再向正南300里范围内寻找东牟山和旧国的王都所在地。这不是因为他不想这样做，而是因为他当时没有条件对这一带做实地考察。此外，日本学者和田清、池内宏、鸟山喜一等先生也主此说，并极力将旧国、中京显德府及大祚荣初建的震国之东牟山联系起来，一并推定在今吉林省延吉市附近的海兰江流域。然而，由于他们的考证均无显证，往往陷入一种前后矛盾之中，因此也就不能最终找到东牟山的确切位置。虽然他们都把龙井的西古城认定为中京显德府的所在地，但依然没有解决与东牟山相关的其他历史地理问题。韩国学者李龙范在《渤海王国的社会结构与高句丽遗裔》一文中极为赞同丁若镛这一观点，认为东牟山、旧国、中京显德府应为一地，在延吉海兰江一带。实际上李龙范的考证在丁若镛基础之上又向前推进了一步。然而，由于中国学者提出了东牟山在吉林敦化城山子山城的观点，并将敦化六顶山所发现的渤海贵族墓葬联系起来，李龙范又改变了东牟山为海兰江流域的观点，最终还是将东牟山地理位置放在了敦化六顶山附近。即使如此，李龙范先生却一直没有改变中京显德府应在龙井西古城的说法，并对丁若镛的观点大加赞赏："海兰江上游的西古城子，不仅相当于《新唐书·渤海传》的'太白山之东北'，也符合'直旧国三百里'的记载。在此我们不能不再次为丁若镛的慧眼所叹服。他把镜泊湖南200里的额敦山比定为大祚荣的据点东牟山，并且将渤海中京的位置图示于延边东部的海兰江附近。"我们认为，李龙范下了很大的功夫对高句丽桂娄部的故地进行了认真研究，这是他在渤海历史地理学中的一大发现，并得出了较为可信的结论：今图们江下游一带当是高句丽的桂娄部故乡所在地。这为考证东牟山的确切地理位置提供了非常宝贵的研究成果。后来他在《渤海史之谜》一文中提出了与他原本坚持的完全不同的观点，即把大祚荣所定居的东牟山与中京显德府截然分开，他在文中写道："中国的业绩，虽然是片断的传来，但有不少事情明确起来了。通过敦化县六顶山附近渤海古墓，明确了大祚荣首次定居的东牟山就在六顶山附近。"不仅如此，以前认为东牟山即中京显德府，现在则提出大祚荣首先定居六顶山附近东牟山（敖东城址）后，又在西古城子经营中京，然后迁走的主张。在这里，李龙范先生犯了与上述诸多学者同样的错误，他们忽略了大祚荣所居的东牟山应具备山城的特点，而西古城敖东城址都是滨河所建的平原古城。同时，他将东牟山大祚荣建立震国之地与旧国、中京显德府截然分为两地的推测，则把自己引入自相矛盾之中。但是，李龙范先生原来坚持的东牟山、旧国、中京显德府均为海兰江流域的观点，则依然是渤海历史地理研究最具科学的亮点。

（9）东牟山为敦化六顶山说。此说见于《中国历史地图集释文汇编·东北卷》隋唐东北山川条目："东牟山，即今吉林省敦化县南5公里之六顶山，因六个小山峰起伏相联，故当地称之为六顶山。六顶山或敦化城附近另有相应的山城所在为东牟山。"其实《中国历史地图集释文汇编·东北卷》的作者，只是将东牟山的位置推定在今吉林敦化六顶山附近筑有山城的山峰，而未能最终确定其确切的地理位置。然而，六顶山之六座小山峰附近尚未发现较大的渤海时期的山城。另外，六顶山距敦化敖东城仅5公里，此说实为敦化说的另一种提法，依然缺乏实证，但作者将东牟山视为山城来求证，这是可取的做法。

（10）东牟山为敦化贤儒镇城山子说。已故渤海史学家王承礼先生在《考古》1962年第2期发表《吉林敦化牡丹江上渤海遗址调查记》一文后，国内外学者便纷纷从其发表的渤海山城中寻找东牟山的所在地。其中，尤以刘忠义、冯庆余两位先生发表的《渤海东牟山考》一文影响较大。他们认为，今敦化市区西南大约25里处的城山子山城应为渤海的东牟山所在地。刘、冯二氏所认定的城山子山城实际上是处在敦化市区西南12.5公里处的贤儒镇城山子村附近的山城，俗称城山子。城山子海拔600米，孤立地坐落于一块较大的台地上。山上依势修筑有周长达2000米的山城一座，城垣为土石混筑，西墙辟有一门，为内向瓮城结构。北墙则修建在濒临河水的悬崖上，山崖十分陡峭，高达近40米。山下是牡丹江上游的一条较大支流，俗称"大石河"，半绕山城南侧，并在山城东北4.5公里处注入牡丹江。山城与牡丹江东岸的永胜屯遗址隔江相对，敖东城与城山子山城东北相距约15公里。六顶山渤海墓群在山城东北7公里处。山城内未见高句丽与渤海时期有代表性的遗物出土。仅据群众反映，山城内曾出土铁矛头、铁刀、铁镞、矛等，并出土了一枚"开元通宝"钱。归纳起来，刘、冯二氏的主要根据是：第一，城山子西距营州（今辽宁朝阳）2000里，且地处长白山东北之地，其地望及距营州里数与文献记载完全相符；第二，城山子山城坐落于牡丹江上游，恰是挹娄故地，认为《旧唐书》记载的"桂娄故地"有误，当以《新唐书》所载"挹娄故地"为是，并将桂娄部的故地推定在长白山西南；第三，据《新唐书》《旧唐书》所载"大祚荣以其所统为忽汗州"，说明东牟山应当在忽汗州领地内，忽汗州乃忽汗河流域之地，今牡丹江即渤海时期的忽汗河，城山子山城正处在牡丹江上游的敦化市境内，恰为忽汗州领地。此外，刘、冯二人又将城山子山城近年来所发现的50余处半地穴式的房屋解释成为"掘地为屋"的靺鞨人故俗，并以此来说明此城当为挹娄故地无疑。此后，中外治渤海史的学者大多数遵从刘、冯二氏的观点，将城山子山城看作渤海之东牟山，城山子山城说遂成定论。我们认为，刘、冯二氏考证东牟山的三点论据都是难以成立的。其一，今吉林敦化城山子古城西距朝阳市还不足1500里，而山城的地望在长白山之西北而非东北之地。无论是从西距营州的里数还是从地处长白山东北方向上看，城山子山城都与文献记载不相符合，而刘、冯二人再三认为上述条件完全相符，实在令人费解。其二，今牡丹江上游之地非挹娄故地，而应是扶余故地。挹娄故地当在今扶余东北千里外求之，学术界对挹娄故地早有定论，即今黑龙江省的鸡西以北的友谊、宝清、双鸭山等广大地区。此外，刘、冯二氏认为《旧唐书》所记的"桂娄故地"有误，从而遵从《新唐书》将桂娄故地改为挹娄故地的说法也是令人不能信服的。对此，景方昶先生早已订正了这种错误观点：恰好相反《旧唐书》所记的大祚荣率众"东保桂娄故地"的记载则是可信的，而《新唐书》则把"桂"字误写为"挹"字。因为即使在《新唐书》的同一条目中，也屡屡出现册封"桂娄郡王"的记载。《新唐书》所改写的"挹娄故地"，实为"桂娄"之误。其三，我们认为，刘、冯二人对东牟山应地近忽汗河（虎儿哈河）的论据则是成立的。这一观点实则为曹廷杰观点的重提，但是大祚荣率众东保桂娄之地东牟山附近的忽汗河究竟指的是哪一条水，则是需要重新加以分析和思考的。事实表明与东牟山有关的不仅有忽汗之地名，还有"奥娄河"之地名。正如作者在文末所言，"奥娄河"与"忽汗河"同在《新唐书》和《旧唐书》出现，二者并非一条水，因此只有寻找到奥娄河与忽汗河这两条不同的河流均临近东牟山才有说服力。作者最后将城山子山城附近的大石头河比定为奥娄河、牡丹江比定为忽汗水的推测是可取的。然而，考证东牟山的位置所在，不能仅仅以两条水在某一城址及附近相交就加以认定，这种做法未免过于轻率。考证东牟山的位置，必须是结合文献综合各种条件去加以求证，方能得出可信的结论。最后，还需指明的是：城山子山城内所发现的50余处穴居坑并非能够说明为挹娄人所独具特色的居室遗址。这种带有穴居坑的山城址已在吉、黑两省的广大地区均有发现。以地望诊之，这类遗址当与勿吉、靺鞨人的筑城穴居的特点有一定关系。此外，城山子山城仅发现一枚"开元通宝"，迄今为止尚没有在山城内发现更丰富、更典型的高句丽及渤海遗物，这说明此山城的文化性质与断代根据仍显不足，尚有待于进一步考古发现加以印证。

第二节　东牟山的确切地理方位研究

我们认为，要想弄清东牟山的确切地理位置，首先要认真分析和梳理有关东牟山的历史文献记录。目前有关东牟山的文献记载，除了上文所录两唐书的两条记述之外，还有如下两条：

《文献通考》卷326《渤海》："渤海本粟末靺鞨附高丽者，姓大氏。高丽灭，率众保挹娄之东牟山，地直营州东二千里，南比新罗，以泥河为境，东穷海，西契丹。筑城郭以居，高丽逋残稍归之。唐万岁通天中，契丹尽忠杀营州都督赵翙反，有舍利乞乞仲象者，与靺鞨酋乞四比羽及高丽余种东走，度辽水，保太白山之东北，阻奥娄河，树壁自固。武后封乞四比羽为许国公，乞乞仲象为震国公，赦其罪。比羽不受命，后诏将军李楷固等击斩之。时仲象已死，其子祚荣引残疾遁去，楷固穷蹑，度天门岭，祚荣因高丽、靺鞨兵拒楷固，楷固败还。于是契丹附突厥，王师道绝，不克讨。祚荣即并比羽之众，恃荒远，乃建国，自号震国王。遣使交突厥，地方五千里，户十余万，胜兵数万，颇知书契，尽得夫余、沃沮、弁韩、朝鲜海北诸国。……睿宗先天中，遣使拜祚荣为左骁卫大将军、渤海郡王，以所统为忽汗州都督，自是始去靺鞨号，专称渤海。"

《册府元龟》卷959《种族·渤海》："渤海靺鞨大祚荣，本高丽别种也。唐开元中，高丽灭，祚荣（率）家属保桂娄之故地，据东牟山，筑城居之。"又《册府元龟》卷962《官吏》："渤海国，唐中宗封大祚荣为渤海郡王。其俗呼其王为可毒夫。"《册府元龟》卷1000《怨仇》："渤海国王武艺，本高丽之别种也。其父祚荣东保桂娄之地，自立为振国王，以武艺为桂娄郡王。"

以上四条记述渤海东牟山的历史文献，多出自后晋及宋人之手。其中尤以《旧唐书》成书时间早，成于后晋开运二年（945），为刘昫等撰。刘昫字耀达，归文人。后唐时，刘昫为翰林学士，后拜为相。末帝时监修国史，并拜为右仆射。后晋代唐，刘昫又任东京留守，天褐六年（941）晋修《唐书》至开元二年（945）书成。以后史学界为了区别《唐书》与北宋欧阳修等撰修的《新唐书》而被称为《旧唐书》。《旧唐书》诞生时间恰是渤海灭亡之后不久，时隔仅15年。此外，后晋地近契丹、渤海，无论从时间还是地域空间上看，刘昫所掌握的有关渤海史料与信息要较成书于北宋嘉祐五年（1060）的《新唐书》可信度要高得多。同样成书于北宋时期的《册府元龟》和成书于元延祐四年（1317）的《文献通考》中有关渤海史料，其可信度不能与《旧唐书》相比。由于《新唐书》的作者在鉴别史料方面产生了一系列错误，导致在运用史料时产生自相矛盾的情况。如《新唐书》在叙述大祚荣率众保桂娄之东牟山时，就将"桂娄"写成了"挹娄"，而在下面的叙述中又将祚荣死后，册封其嫡子大武艺为"桂娄郡王"。这说明，大祚荣是在桂娄故地建立的震国，而非挹娄故地。由此可见，考证东牟山的地理位置应以《旧唐书》的记载为基本史料，并结合其他历史文献进行综合客观的分析，方能较为正确地推断东牟山的地理位置。

《新唐书》与《旧唐书》在叙述高丽被唐军灭亡之后，大祚荣率家属徙居营州，一直到大祚荣率其众东保桂娄之故地，据东牟山筑城以居的过程，也有明显的不同。《旧唐书》认为，高句丽被灭亡之后，大祚荣率其家族迁居营州（今朝阳市），唐朝万岁通天年间，契丹人李尽忠反叛于唐，并杀死了唐朝官吏营州都督赵翙。大祚荣则与另外一位靺鞨的首领乞四比羽率众向东方逃奔，并利用险要地势"持阻以自固"。李尽忠死后不久，武则天就命右玉铃卫大将军李楷固率兵征讨大祚荣及乞四比羽。李楷固率唐军先破斩了乞四比羽之众，又迫近天门岭大祚荣的固守之地。然而，大祚荣结合了高丽、靺鞨之众在天门岭布阵抗拒李楷固，并发生激战，结果李楷固率领的唐军大败而归，李楷固只身逃脱。此时正逢东突厥势力沿蒙古高原由西向东横扫长城以北的广大地区。居住在燕山北麓的契丹、白奚族则纷纷投降于突厥，由于道路隔绝，使武则天东伐大祚荣的计划未能实现。大祚荣乘机率其众"恃荒远"继续向东，迁徙到原高句丽五部之一的本部桂娄之故地，并在东牟山上筑城以居之。随后，大祚荣骁勇善战东征西讨，尽使靺鞨及高丽之众渐渐归降，自己的力量不断扩大。到圣历中，大祚荣自为震国王，并立即派遣使者与东突厥通好，建立了正常关系，说明大祚荣只想借助东突厥的势力牵制唐军的力量，使自己建立的震国不至于很快被唐军灭亡。

然而，《新唐书》在记述这段过程和细节时与《旧唐书》的记录相比，有很大的不同。其一，过程的次序发生了大的变化，如"高丽灭，率众保挹娄之东牟山"，这里省略了"高丽灭"，祚荣率家属徙居营州的记录，并将桂娄写成挹娄。其二，增加了乞乞仲象这个人物，是作为祚荣的父亲而出现的。其三，省略了李尽忠死后，武则天派唐军先击乞四比羽，却增加了"保太白山之东北，阻奥娄河，树壁自固"和武则天封乞四比羽许国公，乞乞仲象为震国公的记载。《新唐书》虽然较之《旧唐书》在记叙祚荣东奔"保桂娄之东牟山"的过程中，在次序上有些变化，但整个过程的意味大致相同。值得注意的是《新唐书》中增加了不少对细节的描述，无疑这是新增添的史料。从谨慎的立场出发，《新唐书》《旧唐书》均有可资利用的价值，只有充分综合分析《新唐书》《旧唐书》两唐书有关东牟山地理位置的记录，方能得出较为科学的推测和结论。

根据上述文献，我们认为寻求东牟山的地理位置应具备如下八个条件：（1）首先要为高句丽五部之一的本部——桂娄部的发祥地确定地理位置。这里要注意的是：不要把桂娄部故地与高句丽王国形成后的桂娄部南迁的居地混为一谈。只有找到了原高句丽桂娄部故地的地理所在，大祚荣率众东保桂娄故地的东牟山也就不言自明了。（2）东牟山的地理位置必须在长白山东北方向求之，因为文献已明确记载东牟山在长白山之东北。这里所说的长白山不是指整个长白山脉，而是指长白山的主峰白头山而言。（3）东牟山下必有山城，应与"据东牟山，筑城以居之"的记载相吻合。（4）东牟山下必有音近于"奥娄河"之名的江河名称，山城与江河形成绕阻之势，地势险要，应与文献记载的"阻奥娄河"之势相合。（5）唐睿宗先天年间，唐朝遣使册封大祚荣为左骁卫大将军、渤海郡王，以所统为忽汗州，领忽汗州都督。此忽汗州之名当与忽汗河或忽汗水的地名有关，因为忽汗州都督之官名来自忽汗州，说明在大祚荣自立震国的东牟山附近，应有与忽汗名称相近的地名存在。也就是说，东牟山附近除了奥娄河以外还应有另一条水系，即与忽汗水相合或音近的河名。（6）大祚荣在东牟山筑城居之所建立的震国，当为文献所载的旧国之地。而中京显德府的地理位置正是在旧国的范围内所建，并与东牟山相距不远，与桂娄部故地相合。还应与渤海上京距旧国直300里的里数相合。（7）东牟山之山城地理位置应与文献记载西距营州2000里相合。唐代的营州即今辽宁省朝阳市，所以东牟山应西距今朝阳市在2000里内求之。（8）大祚荣率众东保原高句丽桂娄部故地的东牟山，在此山城上和附近当有高句丽及渤海文化遗存。也就是说，从考古资料上看，此山城之文化特征应同时具有高句丽和渤海的文化特征，即山城应有高句丽和渤海文物的出土。此外，又因此山城为震国王都之所在，山城规模应具备王都的规模及宫殿式建筑。总之，只有符合上述八个条件的山城，才是大祚荣建立震国的东牟山所在地。据此推断，今吉林省延吉市东南与龙井市交界处的城子山山城，即为大祚荣"率众东保桂娄之故地，据东牟山，筑城居之"的东牟山山城无疑，亦即大祚荣自立震国的王都所在和旧国之地。现按这八个条件分述如下：

第一，今布尔哈通河、海兰江流域以及图们江下游，即高句丽五部之一的桂娄部世居之地，桂娄部亦即高句丽的本部，高句丽始祖东明王即出自桂娄部。而桂娄部的由来正是夫余在西晋太康六年（285）被前燕慕容廆攻破亡国之后，"扶余王依虑自杀，子弟走保沃沮"，即扶余的残余势力东逃至北沃沮之地，与沃沮人融合后建立的一个新的地域政权。因地处东方滨海，所以史书又称之为"东扶余"，而高句丽的始祖邹牟王（东明王、朱蒙）即出自东扶余。《三国史记》和《三国遗事》均认为："高句丽者出自东扶余。"值得注意的是：《三国遗事》和《三国史记》中均谓"扶余王解夫娄，建立东扶余"。此中的"解夫娄"就读作"gaifulou"，快读则读如"koulo"，亦即"高丽""高句丽"或"桂娄""奥娄"。解本作瀣，《说文》："瀣、渤瀣，海之别也。"《唐韵》《正韵》俱作"胡买切"，读若海，而"娄"则与"兰"同韵，海兰江即解娄，亦即奥娄。由此可见，桂娄部的由来当与扶余王解夫娄建立的东扶余有直接关系。从语言学角度观察，渤海的奥娄河名与高句丽的桂娄部、扶余王的解夫娄均有密切关系。奥娄河与桂娄部的地名很可能来自东逃到北沃沮之地扶余王解夫娄的名字。《魏志·高句丽传》载："东川王奔北沃沮，北沃沮一名置沟娄，去南沃沮八百余里。"这是魏齐王正始元年，毋丘俭再次向高句丽王位宫进攻，迫使高句丽王位宫逃至北沃沮之地，即置沟娄。此中的"沟娄"亦即"桂娄"，而"置"则是设置、驻扎，具有固定之含义。《三国志·高句丽传》载："沟溇者，句丽名城也"，可知桂娄、沟娄、奥娄，因为东扶余王所都之地，故有名城之称，此名城当在奥娄河附近求之。另外，韩国学者李龙范还从桂娄部冶铁技术很发达的角度，详细考证了桂娄故地应在今海兰江及图们江下游一带，并把桂娄部的发祥地与渤海最初的建国之地推定在同一地点。实际上，高句丽的核心桂娄部的发祥地就是在海兰江与图们江下游这块盆地附近，并由此逐渐南下迁入佟佳江流域，最后成为高句丽王族的统治阶层。无疑李龙范先生推定桂娄部的故乡和发祥地就在今延边及东部图们江下游一带是非常正确的。今延吉市与龙井市交界处布尔哈通河与海兰江交汇地的城子山山城，应该是高句丽桂娄部的发祥地，其城内及附近当有北沃沮、高句丽及渤海文化遗存，考古调查和发掘表明：今海兰江、布尔哈通河流域是北沃沮、高句丽、渤海文化遗存最为丰富的地区之一，这些文化有着明显的相互叠压和继承关系，当是推断桂娄部故地的有力物证。

第二，《新唐书》记载，东牟山当在长白山东北，今延吉城子山山城恰在长白山东北方向，与文献所说的地望相合。长白山是确定东牟山地理位置的最重要的地理坐标之一。所谓的长白山，并非指整个长白山系而言，而是专指具有天池的白头山主峰而言。因此，东牟山的地望当在今日白头山主峰的东北方向上求之，今延吉市城子山山城地望恰好在长白山东北方向。

第三，两唐书均记有："据东牟山，筑城以居之"和大祚荣"率众保挹（桂）娄之东牟山……筑城郭以居……保太白山之东北，阻奥娄河，树壁自固。"可知东牟山上必有山城，此山城既然是桂娄之故地，桂娄即沟娄之同音异写，有"山城"之意。大祚荣率众东保桂娄，据东牟山筑城居之，当是在原桂娄部的山城基础上又加以修筑。"树壁自固"可能是采用树加固山城城垣的防御能力。今城子山上修有规模巨大的山城，古城周长为4454米，城墙用石块砌筑并覆以土。古城中央有较大的宫殿址，山城的东、北、西及东南各开设一门址。山城的地理位置及规模与文献记载正合。

第四，城子山山城之下正是布尔哈通河与海兰江相汇后，经过山城的东、南、北三面形成天然的护城河，山城南侧为峭壁悬崖，山下即是海兰江由南向北直冲山城南侧的峭壁，与布尔哈通河汇合后滚滚东去。山城与海兰江恰好形成阻绕之势。山城西侧则是一条峡谷，有趣的是海兰江与布尔哈通河相交在城子山山城东南的悬崖峭壁之下，这与史书记载的"阻奥娄河"之势正合。"海兰江"正是渤海时期的"奥娄河"，海兰与奥娄、桂娄均为同音异写的地名。

第五，唐睿宗先天二年（713）曾册封大祚荣为渤海郡王，并以其所统为忽汗州，领忽汗州都督。由此可知，大祚荣所居的东牟山附近当有与忽汗有关的地名。今城子山山城附近有布尔哈通河，为图们江的一条支流，源于哈尔巴岭东麓的沼泽地，自西向东贯穿延边中部，沿途形成了广阔的冲积盆地。布尔哈通河又写作虎儿哈河、富儿哈河，亦即最初的忽汗水。说明渤海大祚荣于东牟山建立震国之地正是忽汗水之侧。忽汗州的地名由来当与忽汗水有关。为什么唐在册封大祚荣为渤海郡王同时又加领忽汗州都督呢？说明唐朝以祚荣所统的忽汗水之地，设置了忽汗州，今布尔哈通河流域才是渤海初期的忽汗水，亦即忽汗州都督的所统之地。唐天宝末年（752—755）渤海第三代王大钦茂将都城从旧国东牟山之地迁往上京龙泉府，即今日黑龙江省宁安市渤海镇，仍号渤海。与此同时，旧国之地的忽汗州都督及忽汗水之名也随之侨置于上京。镜泊湖与牡丹江自大钦茂迁都上京之后始称忽汗海和忽汗水。至此，也就解决了为什么大祚荣在建立震国于东牟山之际，就被唐朝册封为"忽汗州都督"的不解之谜。"忽汗"之名随着迁都被侨置到上京之地，说明了大钦茂等渤海贵族依然眷恋旧国之地的心情。此时的渤海已处于兴盛时期，其北境黑水靺鞨的后顾之忧已经解除，国势逐渐强大起来，因此，唐朝于宝应元年（762）改封渤海郡王为国王。

第六，《新唐书·渤海传》明确记载了这样的事实："天宝末钦茂徙上京，直旧国三百里忽汗河之东。"此上京即今黑龙江省宁安市渤海镇牡丹江东侧的渤海上京龙泉府遗址所在地。直旧国300里的意思，就是由今渤海上京正南方向的300里内求之，即渤海的旧国王都之所，亦即文王大钦茂迁都之前的渤海王城所在地。以地望诊之，此地正是今延吉龙井市的西古城和东牟山的所在地。从今龙井西古城及东牟山之地向北，正与渤海上京所在地是南北垂直方向上，其距离恰为300里，需要指出的是：文献中所说的"直旧国三百里"的意思是指南北或东西的直线距离。关键要正确理解"直"字。而敦化的城山子山城与敖东山城则在渤海上京的西南方向，与"直"字不合。

第七，两唐书记载大祚荣率众东保桂娄之地的东牟山，西距营州为2000里。唐代的营州即今辽宁省朝阳市，若以城子山山城为东牟山所在地，恰好西距朝阳市为2000里。而敦化的城山子山城则西距朝阳市仅1300里左右。因此，推断延吉市城子山山城为东牟山较为可信。

第八，大祚荣在东牟山建立震国的所在地应为高句丽桂娄故地，因此，在东牟山的所在地和海兰江、布尔哈通河流域应有高句丽文化遗存、北沃沮文化遗存和渤海文化遗存。值得注意的是：东牟山及其周边地带既然是震国的建都所在地，当有大祚荣时期介乎于高句丽和渤海初期的文化遗存。而城子山山城及海兰江、布尔哈通河流域的确有这样一种特殊的文化遗存，即所谓延边地区出土的高句丽式的纹饰板瓦。有人认为这种瓦完全属于高句丽时代，也有人认为是属于渤海时期，而第三种意见则认为属于高句丽和渤海初期。我们认为第三种说法较为可信，从目前这种瓦的分布范围上看，可能是大祚荣建国初期的一种特有文化。这种板瓦主要分布在今吉林市及延边等地，而黑龙江省境内的渤海遗址（包括上京龙泉府在内）则根本不见。此外，延边地区的这种板瓦往往伴随着渤海时期的典型陶器出土，说明这种所谓高句丽式纹饰的板瓦可能是渤海初期的一种特有的文化类型，很可能是大祚荣震国时期的文化遗存的典型遗物。

　　总之，通查吉黑两省的山城，符合上述八个条件者唯有延吉市城子山山城，城子山山城应系东牟山无疑，而旧国则是指城子山山城包括城子山山城附近的西古城而言。

第三节　东牟山名称的由来探索

　　关于东牟山之"东牟"一词，以往的研究多从东牟山地理位置的角度进行探讨，而忽视了对东牟山地名含义的解释。根据文献记载，东牟山是高句丽五部之一桂娄部故地，而桂娄部后来又成为高句丽五部分之一的核心部，是高句丽王所出之部。《三国志·高句丽传》载高句丽"凡有五族：有消奴部、绝奴部、顺奴部、灌奴部、桂娄部。本消奴部为王，稍微弱桂娄部代之"。由此可知，高句丽王原本出自消奴部，而随着桂娄部势力的不断壮大则被取而代之为王。在这里可以清楚地看到：东牟山所在的桂娄部故地，当与高句丽国主有一定联系。今集安市所存的高句丽所立的《好太王碑》中明确刻有高句丽始祖邹牟（朱蒙）"出自北夫余"。这与《魏书·高丽传》所记"高句丽者，出于夫余，自言先祖朱蒙"完全一致。《后汉书·夫余传》与《三国志·东夷传》则记为"东明"。《三国史记》则与《魏书·高丽传》记载相同，写作"朱蒙"。由此可见，邹牟、朱蒙、东明均为高句丽始祖名称的同音异写。令人感兴趣的是：东牟山的"东牟"一词不仅与朱蒙、邹牟、东明音近，更与高句丽国主的桂娄部以及高句丽始祖邹牟（朱蒙）出自扶余（北扶余或东扶余）有千丝万缕的联系，而大祚荣所以能够率领高句丽及靺鞨的部众东保桂娄之东牟山建立震国，当必有其深刻的内在原因。如果东牟山之"东牟"一词与朱蒙、邹牟、东明为同音同韵同义的话，至少有如下几层含义：

（1）东牟即为高句丽始祖邹牟（朱蒙、东明）王的又一种汉字标音文字，可以把"东牟"看作邹牟、朱蒙、东明。

（2）东牟山很有可能是高句丽始祖邹牟王（朱蒙）所居之山，王都之山，所以其山名曰之"东牟"。东牟山纯属因邹牟王所居之地而流传至渤海。其山上当有祖庙及大型的宫殿式建筑。而高句丽素有立祖庙之说。据《三国史记》载：高句丽第三代王大武神王三年春三月，立东明（朱蒙）王庙，又称始祖庙，祖堂位于高句丽初都卒本之地，后王即位，常常前去祭礼。这说明大武神王所立的始祖庙，不在今集安，因为王者即位后往往前去祭礼。卒本之地究竟在何地？目前尚不清楚。又《北史·高句丽传》云："有神庙二所，一曰夫余神，刻木作妇人像；一云高登神，云是其始祖，夫余神之子。并置官司，遣人守护。盖河伯女，朱蒙云。"《周书·高丽传》中有同样的记载。据梁志龙先生考证："所谓高登，当即高东明（'登'乃'东明'之合音）、高朱蒙。而《新唐书》《旧唐书》高丽传中所说的高句丽祭祀的可汗，当此。"更为称奇的是渤海人称王主为"可毒夫"，实际上与高登和东牟、朱蒙、东明的发音特别相近。东牟山即今延吉的城子山山城，其上有高句丽时代的大型宫殿和祖庙之类的建筑。可能与高句丽的始祖邹牟（朱蒙）庙有关。

（3）既然东牟山的"东牟"即为东明、朱蒙、邹牟之意，那么东牟山附近应当有"东明"之类的地名。无独有偶，延吉市朝阳川镇之西侧、布尔哈通河上游右岸有东明村，而龙井市东南有东满村和明东村（实为东明村），龙井市正东20公里处有东明村之地名。在如此狭小的地域范围内竟然存在着如此之多的与"东明""东牟"相近的地名，则不是偶然的。这些地名的存在充分说明了东牟山与东明王、邹牟王、朱蒙王之间的关系，这是证明东牟山之东牟来源于东明王之东明、邹牟、朱蒙的主要佐证。

（4）《好太王碑》第一面第三行刻有："朱蒙（邹牟）造渡於沸流谷，忽本西城，山上而建都焉，不乐世位，天遣黄龙来下迎王，王于忽本东岗，黄龙负升天。"今东牟山（即延吉城子山山城）之东侧正是南岗山脉，横亘南北，而"忽本"就是忽汗，忽汗水即今布尔哈通河。所谓"忽本（汗）西城，山上而建都焉"，就是说邹牟王在忽本（汗）水之西侧的山上建城为都。今布尔哈通河恰好是绕过城子山山头之南、东南和东侧三面，如从东侧观之山城恰在忽汗水之西侧。《好太王碑》的这段记载与今延吉城子山山城所处的位置正相合。此外，在今南岗山的延吉地区留有大量的带有"龙"字的地名也可为之旁证。例如：上龙城、下龙城、龙井、和龙、龙江、龙池、龙潭村、龙盛、龙兴洞、九龙、河龙、龙水、龙坪、龙水洞、龙村等等，这些带有"龙"字的地名，如此密集地在布尔哈通河与海兰江流域出现，更说明了当与帝王和古代帝都存在着密切的关系。众所周知，桂娄部又称黄部，而《好太王碑》中直接称"黄龙来下迎王，王于忽本东岗，黄龙负升天"。或许因黄龙之故，朱蒙的葬地被称作龙山。《三国史记·高句丽本纪》："王升遐，时年四十岁，葬龙山。"此龙山即《好太王碑》所记的东岗山，即指今南岗山脉。一般人以为南岗山应在其南，然而南岗山恰处在城子山山城之东侧，此东岗山当属"忽本东岗"之山。

总之，东牟山之地正是高句丽始祖邹牟王的故地，高句丽建国后之所以将邹牟王尊为始祖当与桂娄部国主有关。《好太王碑》所追述的邹牟王初始创业的经历，当然就被渲染为高句丽的创世神话。《广雅·释天》解："日名耀灵，一名朱明，一名东君，一名大明，亦名阳乌。"此朱明、东君即东牟、邹牟、朱蒙、东明的本意——即太阳神体。而邹牟（朱蒙、东明、东牟）其人，是古代扶余、高句丽人将太阳神体人格化的结果。唯东方太阳神体为尊贵，敬佩不已。所以朱蒙告水曰："我是日子"，即太阳之子，朱蒙的母亲河伯之女是因"为日所照"受孕而生朱蒙，这种受日孕的神话与契丹族、夫余族的降生神话几乎同出一辙，这可能与东北古代各族崇东拜日之俗有关。由此而衍生出整个民族都遵守崇东拜日之俗。实际上，东牟、朱蒙、邹牟就是东方太阳神，即东皇太一神。这一点已被渤海人称自己的王主为"可毒夫"所证实，毒夫的发音实际上就是"东牟"，亦即"朱蒙"，就有东皇王之意。而契丹人则把自己的皇帝直接称为"东皇王"，就是明证。

第四节　余论

关于旧国与显州、中京显德府是一地还是两地。这个问题在史学界存在着两种不同看法，主要因为对《新唐书·地理志》引贾耽《道里记》的记载有不同的解释所导致的。有人认为，文献所载从显州"又正北如东六百里至渤海王城"与《新唐书·渤海传》所载上京"直旧国三百里"是完全相悖的。由此可以断定显州与旧国非一地，因为旧国距上京300里，显州则距上京600里。另一种观点则认为，旧国与中京显德府及显州则同在一地，并断定贾耽《道里记》的记载有误。我们认为后一种观点显然可信，但随意否定文献记载有误却是值得商榷的。其实这个问题的关键在于如何理解"直旧国三百里"和从显州"又正北如东六百里至渤海王城"的记载。首先"直"就是指垂直距离，今渤海上京龙泉府渤海镇与中京西古城正处在南北直线上。"又正北如东六百里至渤海王城"则应主要理解在"如"字上，以往治东北历史地理的中外学者，在考证和分析这段文献记载时，均没有考虑为何要写作"又正北如东六百里"的"如"字的含义。据《尔雅释诂上》对"如"字的解释："如往也"，即是说"如"字应当是"往"的意思。而清代段玉裁在《说文解字注》中更清楚地说明了"如"字的含义，"如凡有所往曰如，皆从随之引申也"。由此可见，贾耽的《道里记》之所以用"如东"而没有只书"正北"，并在"又正北"后面加写了"如东"二字，是另有释意的。"如东"实际上就是往东走的意思。"如东"接通上文的"又正北"与下文的"六百里至渤海王城"相呼应，全句的完整意思是："渤海王城虽然在显州正北方向，但要往东绕行，方能到达上京。"而"又正北"则只是表述渤海的王都在显州的正北方向，不然贾耽不会在"又正北"的后面加上"如东"（往东）的意思。而"上京直旧国三百里"是指中京与上京之间的距离，并不是行走路线。又因中京至上京的直线距离正是哈尔巴岭和额敦山大岭横亘东西，山高路险道路难行，所以从中京到达上京的正常路线是：从（西古城）中京显德府出发，沿着海兰江经城子山山城再沿布尔哈通河东北行，至嘎呀河与布尔哈通河交汇处，再溯嘎呀河而东北再折而正北，经汪清百草沟而西北直达渤海上京。这条路线距离恰为600里左右。由此证明，旧国与显州、中京显德府当为一地，显州依显德府城廓而治，是合情入理的。渤海不可能将显州和显德府分而建置。因为《新唐书·地理志》引贾耽《道里记》明确说明：显州，"天宝中王所都"之地，即渤海王都的所在地。又《辽史·地理志》东京道条载：显州"本渤海显德府"。这两条史料均明确指出，显州是天宝中的王都所在地，也就是中京显德府的治所之地。有人将显州与显德府分在不同地方的做法显然是误断，其主要原因是没有正确理解"如东"二字所致。我们认为，今延边龙井市的西古城即渤海的中京显德府和显州，亦即天宝年间的王都旧国之所。

　　关于敦化六顶山发现的渤海贞惠公主墓及和龙县贞孝公主墓的相关问题。有许多学者认为，根据敦化六顶山所发现的渤海贞惠公主墓证明，渤海王陵的所在地亦应在敦化六顶山附近，并将这一观点作为支持旧国即敦化说的主要依据。其实，贞惠公主墓虽然在敦化六顶山被发现，但这并不能说此地就是渤海初期王陵的所在地。因为在中京显德府即龙井市西古城附近也发现了贞孝公主的夫妇合葬墓，贞惠公主与贞孝公主均是文王大钦茂的女儿。贞惠公主是文王大钦茂的次女，而贞孝公主则是大钦茂第四女。这两座墓地均出土了墓志铭，从中可以了解到：贞惠公主死于大钦茂大兴四十一年（777），而贞孝公主则死于文王大钦茂大兴五十六年（792）。大钦茂的两位女儿分别于大钦茂迁都上京龙泉府之后的25年和27年死于外第。据墓志铭载：贞孝公主"粤以大兴五十六年夏六月九日壬辰，终于外第，春秋三十六，谥曰贞孝公主，其年冬十一月廿八日己卯陪葬于染谷之西原"。贞惠公主"粤以宝历四年夏四月十四日乙未，终于外第，春秋四十，谥曰贞惠公主。宝历七年冬十一月廿四日甲申，陪葬于珍陵之西原"。根据上述墓志铭载：贞孝公主死于大兴五十六年（792）六月九日，时隔五个月后，于当年十一月廿八陪葬于染谷之西原。而贞惠公主则死于宝历四年（即大兴四十年）四月，时隔近三年后又陪葬于珍陵之西原。墓志铭均载大钦茂的两位女儿分别于大钦茂迁都上京龙泉府之后死于外第。所谓外第，就是指王都所属之地以外的王侯功臣的宅院。据《初学记》卷24《宅》引《魏王奏子》载："出不由里门，面大道者名曰第，爵虽列侯，食邑不满万户，不得作第。"可见大钦茂的这两位公主下嫁之后，均死于王都所属之地以外的王侯之家。贞孝公主是死于中京显德府之地，葬于染谷西原，其墓地位于今和龙县龙头山上，东北距和龙县城约50华里，1980年延边博物馆清理了贞孝公主的墓地。其墓地附近狭谷当为染谷之地，其所陪葬者当为渤海王国的王侯功臣。奇怪的是墓葬只有陪葬者的墓志，而不见被陪葬者的墓志，即使在陪葬者的墓志铭中也没有发现被陪葬者的有关文字。20世纪60年代初期，由中朝联合考古队在六顶山上所发掘的贞惠公主墓是一座渤海贵族大墓。其墓地附近有渤海敖东城址、城山子山城址和永胜大型渤海遗址。敖东城及城山子山城如果确系渤海时期所建，当为渤海时期的重镇无疑。从贞惠公主陪葬之地近"珍陵之西原"碑铭推测，其葬地当建于渤海王陵之一的珍陵附近。珍陵当在贞惠公主墓地之东方求之。永胜渤海遗址距六顶山仅3公里，可推测为渤海王室祭奠珍陵的庙堂之类的建筑，而敖东城和城山子山城的建筑特点及出土文物多为辽金时期，这两处古城的文化性质和修建年代尚有待于进一步考证和重新确认。就目前来看，敖东城外城周长仅1200米，且有辽金的马面建筑，出土渤海的典型器物亦很少见，而城山子山城则尚未见到明显的渤海遗物。因此，这两座古城的确切修建年代可能晚于渤海。总之，贞孝、贞惠公主都死于下嫁的外第，且都死于文王大钦茂之前。贞惠公主墓志铭所说的"珍陵之西原"是值得研究的问题。"珍陵"当必是渤海的王陵之一，然而关于渤海王陵是否均在一地？珍陵究竟是谁的王陵？王陵与旧国是否同为一地等诸多问题，都是尚未解决的历史悬案。此外，贞孝、贞惠公主的陪葬地均记有西原之说，此西原所指到底为何意？也需仔细斟酌分析。若仅以贞惠公主之墓在珍陵之侧的论据，即认定旧国的所在地未免有些过于牵强，因为旧国为王都之所，王陵当然要与王都之间有一定的距离。更何况今敖东古城与城山子山城的规模极小，均不符合旧国王都的基本条件。敖东古城的外城仅有1200米周长，而城山子山城的周长仅有2000米，且古城内没有大型宫殿建筑和高句丽、渤海时期的典型器物出土。今延吉城子山山城与龙井市西古城均有大型宫殿建筑，其规模气势均与旧国王都之所相吻合，当为旧国之地无疑。

综上所述，渤海的东牟山就是今延吉市东约10公里处的城子山山城，亦即大祚荣建立的震国所在地。城子山山城脚下的海兰江即史书所称的奥娄河，而布尔哈通河就是渤海迁都上京之前的忽汗河，亦即唐朝册封大祚荣为忽汗州都督及领地的地名由来。大钦茂迁都上京之后，忽汗之地名也随之侨置上京之地，今和龙县头道平原西北部的西古城即渤海中京显德府、显州所在地，亦即贾耽的《道里记》所说的"天宝中王都"所在地，西古城、城子山山城的周边地域即为旧国之意。无论从地望、地脉及地理位置，还是东牟山地名的含义、出土文物、相距里程和相关的山川地名、古城规模等各个方面看，城子山山城无不与文献记载一一相合，东牟山即为延吉市郊区的城子山山城之说可成定论。

第九章　渤海王国东牟山为吉林省延吉市磨盘村山城续考——兼谈渤海王国"旧国"的地望

第一节　笔者四次考察城子山山城即图们市磨盘村山城的经纬

　　1984年秋季，我陪同李健才、张泰湘、魏国忠三位先生第一次考察延吉市郊区的城子山山城，主要目的是针对东夏国南京城故址的实地考察。当时的主要收获：采集到网格纹和绳纹陶片，李健才先生认为早于辽金，应该属于高句丽的文化特征，对山城的城门和城墙进行了拍照，印象最深的是阶梯式的宫殿建筑。

　　1998年夏季，我第二次来延吉考察是经黑龙江省考古研究所金泰顺研究员的介绍，时任延吉市博物馆馆长郑永振先生在延吉市接待了我，并亲自驾车带我考察了中京显德府遗址等地。由于郑先生另有重要工作在身，故未能陪我去城子山山城。当时，我从历史地理方位学考虑城子山山城遗址的地望比较接近文献记载的渤海东牟山山城的地理位置，[①]因此便独自一人打车去了城子山山城。并从山城口入步行穿过城中行至山城南部的城墙，看到了海兰江与布尔哈通河交汇壮观的场景，使我联想到"阻奥娄河"的地理环境

---

① 作者注：在方位历史地理方面，主要是遵从文献的记载：一是东牟山距离唐朝的营州2000里（唐里）；二是"保太白山东北"。

特征。并坚定了撰写《渤海东牟山考》的信心，后来又经过两年的积累最终完成了《渤海东牟山考辨》一文，与都永浩先生联名发表在《黑龙江民族丛刊》2000年第2期。

2007年春季，我带领大连大学东北史研究中心的在读研究生一行11人，受到了时任延边大学社科处处长朴灿奎教授的热情接待，并为我们安排面包车考察了城子山山城、龙头山贞孝公主墓地、渤海中京显德府等地。这是在我的《渤海东牟山考辨》文章发表后，为撰写《图们江流域历史与文化》一文，又一次对延边地区历史遗存做实地考察。

2010年深秋，应朴灿奎先生之邀参加图们江流域历史与文化国际学术会议，我与田广林先生在朴灿奎先生的精心安排下，由李东辉教授陪同我们考察了延边市附近的边墙，并遥望城子山山城。那时，我最迫切的心情就是期待着城子山山城的考古发掘成果的早日发表。当时，最想了解的就是和龙市龙海渤海皇后墓葬发掘出土的两块墓志铭，但是由于众所周知的特殊原因，而未能实现这个愿望。后来在2009年第6期《考古》杂志上看到了由李强等人撰写的《吉林和龙市龙海渤海王室墓葬发掘简报》。尽管在《发掘简报》中只看到了渤海皇后的两块墓志铭"孝懿皇后墓志""顺穆皇后墓志"的极简介绍，我依然是兴奋不已。因为，这两块墓志铭的发现可以确认龙头山可能就是渤海王陵的墓葬区，并为渤海"旧国"地望的确定提供了重要的依据，同时也为寻找渤海（靺鞨）初都立国之所的东牟山山城找到了相关论据。

由于近年来在延吉市附近一系列的渤海考古大发现，特别是2021年5月前后，由中国文物报社、中国考古学会主办的2020年全国十大考古新发现的评选中，磨盘村山城的考古发掘榜上有名，其所公布的一些数据和发掘的文物照片令人兴奋不已，2021年秋，我又一次萌生了撰写《渤海东牟山续考》的想法。这些重大的考古发现无疑为我20年前对渤海东牟山山城的考证提供了最有力的支撑，使考证的逻辑链条更加严密。于是，受延边大学人文社会科学学院院长朴灿奎教授的热情之邀，嘱我介绍一下我对图们市磨盘村山城（即城子山山城）的新的认识，并借此机会一探磨盘村山城考古现场之究竟。

第二节　近年来关于渤海东牟山地理位置研究的主要成果梳理

关于渤海国初期建国于东牟山的所在地理位置，在国内外学术界一直是争论不休，莫衷一是。我早在20年前就曾经撰文《渤海东牟山考辨》，发表在《黑龙江民族丛刊》，[1]并与都永浩先生合作完成。后经过补充、修改，又与魏国忠先生合著《渤海史新考》[2]一书，全文收录了修改后的《渤海东牟山考辨》。我在文中明确提出延吉市郊区的城子山山城亦即今天图们市磨盘村山城，即渤海国的东牟山山城的所在地，并提出了一个符合逻辑的证据链条，所有的十一条证据均明确指向城子山山城（即磨盘村山城）[3]。当时的学术界对我提出的渤海东牟山山城不在敦化的观点以及旧国也不是敦化贤儒镇山城子山城和六顶山渤海墓葬附近的观点并不十分认同，反对的声音不绝于耳。在学术界众多的反对声音中我始终坚持自己的学术观点，并先后撰写了《图们江流域的历史与文化》等多篇文章，不断补充自己的论据，特别是在西安发现了《唐李他仁墓志》后又对渤海东牟山山城即磨盘村山城的观点进行了更为详尽的新史料的补充。[4]

时间飞逝，20多年来，国内外有关渤海史的研究著作和论文可谓如雨后

① 王禹浪、都永浩：《渤海国东牟山考辨》，《黑龙江民族丛刊》2000年第2期。
② 王禹浪、魏国忠：《渤海史新考》，哈尔滨出版社2008年版。
③ 王禹浪、魏国忠：《渤海史新考》，哈尔滨出版社2008年版，第81—113页。
④ 王禹浪、魏国忠：《图们江流域历史与文化——兼考靺鞨族源、渤海旧国、东牟山及其相关历史地理问题》，《渤海史新考》，哈尔滨出版社2008年版，第114—134页。

春笋，层出不穷。^①对于渤海国东牟山城的所在地以及渤海的旧国究竟在哪里的问题一直在争论中。此间，2001年，中央民族大学编辑的《民族研究》集刊，刊载了韩国学者金在善的《东牟山考》一文，该文根据民国十九年所撰的《辑安县志·地理志》中把渤海东牟山定位在集安（辑安）北部的观点，经过一番复述后又重复了《辑安县志·地理志》中关于"东牟山"的地理位置的地望，^②并把东牟山定位在今天桓仁、集安县一带，"东牟山应以位于桓仁、辑安地区"^③较为正确。实际上该文除了重复民国十九年《辑安县志》观点之外，没有任何新意。

可喜的是我国治渤海史的考古、历史研究的学者在21世纪的20年间不断有所发现和研究。其中有李强先生、王培新先生以及著名的渤海史专家魏国忠先生与杨雨舒先生，他们都从不同的角度不约而同地认定磨盘村山城即渤海早期的东牟山山城。下面根据他们的论述梳理如下。

首先就是2019年由魏国忠、杨雨舒先生合著的《渤海史》一书，对笔者确定渤海国为东牟山山城就是延吉市市郊的城子山山城的这一观点给予了高度肯定。这是学术界权威专家对笔者渤海国东牟山即城子山山城观点的最有力的支持。该书指出渤海东牟山的具体位置。"学界曾大都认定其地在吉林省敦化一带而且几乎成了定论，只是论者并没有提供出任何确实的证据。直到20世纪末，有学者正式提出^④：据东牟山，筑城以居之地在今延吉市郊区的今属龙井市的城子山山城。"^⑤魏国忠、杨雨舒把笔者文章的主要论据

---

① 作者注：据不完全统计，2000—2021年有关渤海国历史研究的著作类已达30余部，论文类则达400余篇（其中包括历史、民族、考古调查与发掘）；其中比较有代表性的著作有魏国忠、杨雨舒：《渤海史》，中国社会科学出版社2019年版；魏国忠、朱国忱等：《渤海国史》，黑龙江人民出版社2006年版；魏存成：《渤海考古》，文物出版社2008年版；郑永振、李东辉等：《渤海史论》，吉林出版集团／吉林文史出版社2011年版。

② 刘天成等修，张拱垣纂：《辑安县志·四卷》，民国十九年石印本。

③ 金在善：《东牟山考》，中央民族大学历史系编《民族研究》2001年，总第2辑，民族出版社2001年版，第125—133页。

④ 王禹浪、都永浩：《渤海国东牟山考辨》，《黑龙江民族丛刊》2000年第2期。

⑤ 即指今天的磨盘村山城。

在书中进行了阐述和梳理，并全面采用了我在2000年发表在《黑龙江民族丛刊》的《渤海东牟山考辨》的观点。[1]继而，魏国忠、杨雨舒两位学者又把我的《图们江流域的历史与文化——兼考靺鞨族源、渤海建国、东牟山及其相关历史地理问题》也做了充分肯定，再次强调东牟山山城即渤海初都的靺鞨国立国之所。其中对笔者所引用的最新唐李他仁墓志给予了高度评价：该文曰："第一次引用了一向被研究者忽视的唐朝时期的靺鞨人极其珍贵实物资料——《唐右领军赠右骁卫大将军李他仁墓志铭并序》，全文千余字，记载李他仁和他的祖、父一直是高句丽时期'栅州'一带的贵族，本人曾出任'栅州都督兼总兵马，管十二州高丽，统37部靺鞨'。"[2]值得关注的是：在魏国忠、杨雨舒先生《渤海史》一书中，还专门设置了《卷四·考异》专论《东牟山与旧国的方位》，基本上完全采用了笔者的"渤海东牟山就是延吉城子山山城的观点"。[3]

此外，在渤海国东牟山山城研究的问题上，应特别值得关注的是：李强先生在2003—2005年主持了延边州和龙市龙海渤海王室墓葬的考古发掘，墓葬中出土了渤海文王孝懿皇后、简王顺穆皇后两方墓志以及在附近发现了大量的渤海墓葬的遗存。[4]2009年，《考古》杂志发表了由李强先生执笔的《吉林和龙市龙海渤海王室墓葬发掘简报》，这是确定"渤海国公元8世纪后半叶至9世纪前半叶重要的王室贵族陵寝"[5]的最有力的直接证据。墓葬中出土的一些金冠饰、金托玉带等高品级的文物，为研究渤海王国的历史与文化提供了崭新的实物资料。该文还推断M2墓葬的主人地位明显高于皇后，极有可能就是渤海第九代简王大明忠的陵寝。[6]毋庸置疑，这是发现渤海王国陵寝区域

---

① 魏国忠、杨雨舒：《渤海史》，中国社会科学出版社 2019 年版，第 11—12 页。
② 魏国忠、杨雨舒：《渤海史》，中国社会科学出版社 2019 年版，第 11—12 页。
③ 魏国忠、杨雨舒：《渤海史》，中国社会科学出版社 2019 年版，第 459—466 页。
④ 李强：《吉林和龙市龙海渤海王室墓葬发掘简报》，《考古》2009 年第 6 期，第 36 页。
⑤ 李强：《吉林和龙市龙海渤海王室墓葬发掘简报》，《考古》2009 年第 6 期，第 38 页。
⑥ 李强：《吉林和龙市龙海渤海王室墓葬发掘简报》，《考古》2009 年第 6 期，第 38 页。

的最有力的实物证据，这一发现从根本上否定了渤海王国所谓的"旧国"根本不在敦化，而渤海早期立国的东牟山山城不会距此很远，当在海兰江与布尔哈通河流域附近的较大的山城中求之。无疑，李强主持的这次考古发掘和《简报》所公布的信息，对于重新思考渤海早期的陵寝区域及其东牟山、旧国等问题提供了最直接的实物证据。应该说，这是21世纪渤海考古一系列发现中最值得关注的事件。

此后，2013年吉林大学王培新教授在《渤海早期王城研究中的几个问题》中明确指出："西古城遗址是目前已知的年代最早的渤海王城。其地理位置也与《新唐书·渤海传》记载的'保太白山之东北'条件相符。"①王培新教授首先从方位地理学角度否定了旧国在敦化的观点，并强调了西古城作为渤海早期王城的重要性和符合历史文献记载的"在太白山之东北"的方位上，该文的分析和考据可谓精当而富有见地。不过，该文的缺陷是在强调渤海的显州（延边地区西古城）当为渤海的初都之所的同时，却忽视了渤海王国最初立国的地方则是东牟山山城的客观存在，并轻易否定了大祚荣所率领的靺鞨等族众具有筑城的技术和能力，并认为"西古城遗址是目前已知的年代最早的渤海王城"，②其结论未免过于轻率。"文献记载：只有显州、上京、东京曾为渤海王城，其中显州是文献记录中年代最早的渤海王城。渤海王城时序变化是否存在初在敦化一带，天宝中或天宝以前某个时期迁至显州这一过程，文献中并无记载。对于《新唐书·渤海传》中大祚荣'率众，保挹娄之东牟山，筑城郭以居'的记载，应理解为：大祚荣率其部众，占据挹娄故地之东牟山一带，筑城定居。文献没有大祚荣在山上筑城的明确记录，而且靺鞨人也没有建筑山城的传统。渤海时期，山城的数量也很少，并且都为军事防卫性质的小型城址，因而渤海早期王城不太可能是山城。"③其实不

---

① 王培新：《渤海早期王城研究中的几个问题》，《中国边疆史地研究》2013 年 6 期，第 36 页。
② 王培新：《渤海早期王城研究中的几个问题》，《中国边疆史地研究》2013 年 6 期，第 36 页。
③ 王培新：《渤海早期王城研究中的几个问题》，《中国边疆史地研究》2013 年 6 期，第 39 页。

然，历史文献已经明确告诉了我们：大祚荣"率众保挹娄（桂娄）之东牟山筑城郭以居"①就充分说明了大祚荣率领靺鞨、高句丽等族众保挹娄（桂娄）之东牟山，筑城郭以居的事实。也就是说，早在唐朝册封大祚荣之前，亦即与唐抗命之时大祚荣所立国之地不是显州的显德府，而是属于临近的东牟山筑城郭以居的山城。此当为大祚荣立靺鞨国或（震国）时期，而非唐朝册封大祚荣为渤海郡王时期。

此外，勿吉、靺鞨很早就有筑城穴居的习惯，其筑城的经验和技术已经很成熟，更何况大祚荣率众走保太白山之东北的东牟山筑城以居，已经说明了他们修筑山城的能力，除靺鞨人外其叛唐队伍中还有大量的高句丽部众，而高句丽人修筑山城的技术早已经炉火纯青，因此大祚荣时代在东牟山上修筑山城是极有可能的。此外，近些年来，笔者在黑龙江流域中游地区的中俄两国进行了系统的黑水靺鞨的山城调查，并已经发现了为数众多的黑水靺鞨时期修筑的山城。②关于靺鞨的前身勿吉人筑城穴居的事实，早在《魏书》等历史文献中已有明确记载。

2014年，宋玉彬先生的《渤海显州考》③，李强等人的《西古城性质研究——以考古资料获取的城址形制和功能为切入点》④在不同程度上也对渤海早期的旧国等问题，显示出一些重要的发现和新的考古材料中值得关注的蛛丝马迹。

2017年，刘晓东、郝庆云合著《渤海历史与文化研究》⑤一书出版，这是黑龙江省哲学社会科学重大委托项目，遗憾的是在这部著作中对于渤海早期王城的研究并没有引用最新的研究成果，特别是较为重要的一系列渤海考古

---

① （宋）宋祁、欧阳修、范镇、吕夏卿等：《新唐书·渤海传》，中华书局 1975 年版。
② 王禹浪等：《黑龙江流域古代民族筑城研究》，中国社会科学出版社 2019 年版。
③ 宋玉彬：《渤海显州考》，《东北亚古代聚落与城市考古国际学术研讨会论文集》，科学出版社 2014 年版。
④ 李强、白淼：《西古城性质研究——以考古资料获取的城址形制和功能为切入点》，《北方文物》 2014 年第 11 期。
⑤ 刘晓东、郝庆云主编：《渤海国历史与文化研究》，黑龙江人民出版社 2017 年版。

发现均没有注意到，说明项目的主持者没有能够掌握关于渤海历史研究与考古发现最前沿的成果。正如王培新教授所评价的一样，虽然作者将渤海"旧国敦化说"存在的问题暂且搁置，强调渤海早期王城的具体城址及年代下限尚无从考证。但是，吉林省考古工作者就是在该书作者对渤海东牟山山城盲目下了"尚无从考证"的同时，在海兰江流域和布尔哈通河流域的渤海早期文化遗存的考古发掘工作有了重大的发现和进展。

2018年，吉林大学边疆考古研究中心主编的《边疆考古研究》第24辑，刊发了由李强等人撰写的《吉林省图们市磨盘村山城2013—2015年发掘简报》，在该文章的最后结论中，李强根据磨盘村山城的考古发掘的一些发现，谨慎提出了与笔者21年前较为接近的渤海东牟山观点。该文认为：磨盘村山城的考古发掘中"另一种是以红褐色陶质的网格纹、绳纹板瓦为代表早于东夏国的遗存。对于这种遗存的认识，学者们尚未达成共识，发掘者倾向属于渤海国（698—926）建国初期遗存。并认为这种遗存在山城中有大量埋藏，绝非偶然。该文为学术界苦苦寻觅史书记载的大祚荣'遂率其众东保桂娄之故地，据东牟山，筑城以居之'的渤海立国之城提供了新线索"。即磨盘村山城存在着一种新的考古学文化：当为渤海国早期立国之东牟山时期的文化。李强在该文中所提出来的"为渤海立国之城提供了新线索"的观点是颇为耐人寻味的，并与笔者早在21年前提出的"城子山山城中出土的网格纹与绳纹瓦，可能是渤海早期的一种带有高句丽文化特征的新的考古学文化"的观点不谋而合。① ②无疑，李强先生的观点，是由于其直接主持了吉林和龙市龙海渤海王室墓葬与磨盘村山城的第一线考古发掘现场（从2013年至2018

---

① 李强等撰：《吉林省图们市磨盘村山城2013—2015年发掘简报》，科学出版社2018年版；《边疆考古研究》第24辑，第53—71页："另一种是以红褐色陶质的网格纹、绳纹板瓦为代表早于东夏国的遗存。对于这种遗存的认识，学者们尚未达成共识，发掘者倾向属于渤海国（698—926年）建国初期遗存。并认为这种遗存在山城中有大量埋藏，绝非偶然。他为学术界苦苦寻觅史书记载的大祚荣'遂率其众东保桂楼之故地，据东牟山，筑城以居之'的渤海立国之城提供了新线索。"
② 王禹浪、都永浩：《渤海东牟山考辨》，《黑龙江民族丛刊》2000年第2期。

年），得以第一时间掌握了科学发掘的遗存、遗物的显著特征；并能够结合历史文献迅速而又谨慎地提出这些考古文化背后所隐藏的历史文化的本质特征，不仅告诉了我们这些渤海早期历史文化是什么，更重要的是及时告诉了我们其考古学文化的本质为什么、是什么的问题。我认为，这是当前高句丽与渤海关系中考古学领域中非常重要的关联性认识的研究方向。实际上，对于渤海早期历史的敦化说的质疑之声，早在1991年《东北亚历史与文化》文集中，就刊发了李强先生的《渤海旧都即敦东城质疑》的文章，[1]该文明确提出了旧国不在敦化的观点。李强的渤海早期考古学文化的发现与深入研究成果，值得持续关注。

　　与此同时，也是2018年王培新教授在《新果集（二）——庆祝林沄先生八十华诞论文集》中刊发了《磨盘村山城为渤海早期王城假说》。该文一反2013年所发表的《渤海早期王城研究中的几个问题》中的观点：即"西古城遗址是目前已知的年代最早的渤海王城"的观点，根据磨盘村山城的考古最新发现重新修正了自己原有的提法，而是提出了"磨盘村山城为渤海早期王城假说"。诚然，王培新教授用"假说"来重申磨盘村山城为渤海早期王城的观点，是一种坚信中的谨慎态度。不过王培新教授的这一观点的变化，显然是受到李强先生主持的磨盘村山城考古的新发现，特别是受到李强2018年发表在《边疆考古》第24辑《吉林省图们市磨盘村山城2013—2015年发掘简报》的强烈影响。学术观点的转换与修正与科学的"否定之否定"的规律是相辅相成的，并且应该成为科学工作者必须坚守的一种自我批判精神。王培新先生的文章所梳理的围绕磨盘村山城周边的渤海早期遗迹和对延边古城遗址的最新考古发掘信息的整理与分析，都是非常有见地的、难得的第一手资料。该文称："磨盘村山城位于长白山主峰东北方向最大山间平原的东部边缘，城址三面环水，城墙坚固。山城周边分布着数十处渤海遗迹，其中

---

[1] 张志立、王宏刚主编：《东北亚历史与文化——纪念孙进己先生六十华诞纪念文集》，辽沈书社1991年版。

发现具有高句丽及渤海早期文化风格红色绳纹、红色网格纹、红色席纹板（瓦）①、灰色绳纹板瓦的遗址就有：延吉河龙城址、龙井英城城址、龙井土城屯城址、龙井东兴村土城、和龙杨木顶子山城、延吉台岩城址、延吉兴安城址。这些城址（遗址），沿延吉盆地和海兰江河谷盆地的边缘分布，形成了环绕'保桂娄之故地'的防御体系。此外，沿海兰江河谷盆地与延吉盆地的西部和北部边缘，有一条称为延边古长城（延边边墙）的长城遗迹，虽然延边古长城的始建年代还不能准确判断，存在高句丽或渤海时期营建等不同观点，但并不影响渤海政权建立之初利用此长城为屏障，强化早期核心地区的防御。延边古长城图们水南段，于磨盘村山城北约2千米呈西北—东南向延伸。近年对磨盘村山城东约4千米的延边古长城水南关遗址进行了考古发掘。水南关遗址内分布多座半地穴式房址，出土陶器及在南墙门址提取的木炭标本碳14测定年显示，水南关为渤海所建。"②当然，王培新上述观点主要是依据延边州博物馆主编的《延边文物简编》以及20世纪80年代由吉林省文物志编撰委员会主编的一系列延边州、市、县的《文物志》（内部出版），此外还有吉林省文物考古研究所编写的《2014年吉林省文物考古工作汇报》，③上述这些资料的可靠性是毋庸置疑的。

　　无独有偶，更为可喜的是2020年全国十大考古新发现正式公布了"吉林省图们市磨盘村山城"的发掘的概要简报，其中最为引人瞩目的就是在磨盘村山城出土的筒瓦上带有"牟"字的汉字铭文，此为确定渤海国早期立国之东牟山山城最有力的直接证据。考古发掘者在公布的2020年全国十大考古新发现的报告中还提到了在东区建筑群中"出土遗物多为褐色，瓦身多见网格

① 安文荣：《2020全国十大考古新发现之吉林省图们市磨盘村山城遗址》，《文旅中国》，澎湃新闻·澎湃号媒体，https://www.thepaper.cn/newsDetail_forward_12196244，2021-04-14。

② 王培新：《磨盘村山城为渤海早期王城假说》，载吉林大学考古研究中心编，《青国集（二）——庆祝林沄先生八十华诞论文集》，科学出版社2018年版，第435页。

③ 延边州博物馆《延边文物简编》编写组，延边人民出版社，1988年版；吉林省文物志编委会编辑出版，《延吉市文物志》（内部），1985年版；《龙井县文物志》（内部），1984年版；《和龙县文物志》（内部），1984年版；[日]鸟山喜一、藤田亮策：《间岛省的古迹》，伪满洲国文教部编，1942年版。

纹、绳纹以及刻划符号，还发现了1件八瓣莲花纹瓦当。早期遗存规格等级较高，分布范围广，年代或与城墙始建年代相当，在7—8世纪之间，具体性质有待进一步发掘加以确认"①。无疑，该报告所推断的一种新的文化遗存的年代为7—8世纪，显然与李强、裴鑫教授以及笔者21年前所推断的上述观点不谋而合。不过李强、王培新出于谨慎的态度，始终没有明确提出磨盘村山城的早期文化就是属于渤海国最初立国之所的东牟山文化遗存。因此，他们均采用了这种严谨的态度是完全可以理解的。

本文根据近些年来的考古工作者在磨盘村山城的考古发掘所获得的最直接的实物证据以及海兰江河谷盆地、布尔哈通河的河谷平原周边的一系列考古发现，结合笔者21年前从历史文献到历史地理方位与空间的证据链条，利用考古资料继续认证渤海国东牟山山城即今日之磨盘村山城具有非常重要的意义，是笔者对渤海国东牟山山城之续考篇。

第三节　渤海东牟山续考中发现的新证据

第一，渤海国"旧国"的范围问题：2003—2005年延边地区和龙附近的重大渤海考古发现（渤海两位皇后墓葬的发现）②，这是确定渤海国的陵寝区的重要依据，由此推测渤海之"旧国"当在该区域内求之已经毫无异议。所谓的渤海国的"旧国"，其实就是指唐册封渤海国名号之前的大祚荣最初立国的国号，即"靺鞨国"的旧称。③

第二，勿吉与高句丽的界限问题：关于延边长城的历史年代与性质，

① 安文荣：《2020全国十大考古新发现之吉林省图们市磨盘村山城遗址》，《文旅中国》，澎湃新闻·澎湃号媒体，https://www.thepaper.cn/newsDetail_forward_12196244，2021-04-14。

② 李强：《吉林和龙市龙海渤海王室墓葬发掘简报》，《考古》2009年第6期。

③ 王禹浪、魏国忠：《渤海史新考》，哈尔滨出版社2008年版，第34、36页。

其实就是黑水靺鞨延续了勿吉与高句丽对立的冲突地带，延边长城即黑水靺鞨与渤海早期的对立产物。在今天延边地区、牡丹江镜泊湖所发现的长城可能是渤海初期与黑水靺鞨不断冲突抗衡对立所产生的历史遗迹。2010年，笔者在延边大学李光辉教授的陪同下考察了延吉市附近的边墙，并采集到网格纹、绳纹瓦片等属于高句丽晚期至渤海早期的遗物。这种文化遗存很可能就是勿吉与高句丽冲突、高句丽在附近设置"栅城"，继而唐设栅州都督兼总兵马管辖、弹压靺鞨时期的重要遗存。

第三，李他仁墓志铭的发现为揭示高句丽被灭亡后的统治靺鞨36部的历史过程，为探索高句丽时期的栅城与唐代的栅州，可能就是今天的城子山山城的最早建城时间，后来大祚荣选择此地建立东牟山山城的可能性是存在的。[1][2]磨盘村山城地处布尔哈通河与海兰江河谷平原的东翼，地处图们江中、上游地区的要冲，面对其西南的北大渤海墓地、和龙市海龙渤海陵寝遗存，并与西古城渤海之显州中京显德府遗址都很近，特别是地处旧高句丽与靺鞨的交界地，是管辖高句丽12州、靺鞨37部的绝佳的地理位置。

第四，2013年以后的考古发掘在磨盘村山城被确定下来的新的考古学文化，恰恰在7—8世纪之间，此为渤海早期文化的可能性的存在的实物依据。此外，城墙建筑年代与房屋遗址年代相符，东夏国南京遗址只是对东牟山遗存的延续，期间的靺鞨、女真、辽金等多有沿用。渤海东牟山城则是磨盘村山城的建设的重要历史阶段；城墙的建筑年代无疑已经与遗址的早期文化遗存相吻合。[3]

第五，带有"牟"字的绳纹板瓦的发现是直接考证东牟山的实物证据，此"牟"字，我认为当与高句丽邹牟王的"牟"，亦即"东牟山"的"牟"有关。因此，出土的"牟"字瓦，既可以理解为东牟山之"牟"，也可以理

① 王禹浪、魏国忠：《渤海史新考》，哈尔滨出版社2008年版，第101—103页。
② 孙铁山：《唐李他仁墓志考释》，《远望集——陕西省考古研究所华诞四十周年纪念文集》，陕西人民美术出版社1998年版。
③ 王禹浪、魏国忠：《渤海史新考》，哈尔滨出版社2008年版，第103页。

解为邹牟之"牟"。①

第六，《新唐书·地理志》引贾耽《道里记》的记载，从显州"又正北如东600里至渤海王城"，与《新唐书·渤海传》所载渤海上京"直旧国三百里"的记载是完全相悖的，其实这是对历史文献没有完全理解所导致的。直旧国300里，就是说显州距离渤海上京的直线距离为300里，但是由于大山的阻隔，从旧国之地的显州去渤海上京必须是绕行，而不能直行。所以文献记载为从显州"又正北如东600里至渤海王城"。其路线就是从今天西古城出发，沿着布尔哈通河东经磨盘村山城，进入嘎呀河流域北上，经汪清百草沟再西北行到达渤海国的上京城。沿路渤海的历史遗迹不绝于途，包括二十四块石等遗址。里数与"如东600里至渤海王城"正合。又显州与中京显德府当为一地，而非两地。②

第七，忽汗水、呼尔哈通河亦即布尔哈通河之称谓的转音异写字的不同表音文字，奥娄河与海兰江地名的转换谐音的语源的历史地名；阻奥娄河之地理环境与地势特征。③

第八，持荒远，城子山山城即渤海早期立国的东牟山山城，其地距唐营州2000里的地方，以两地地理距离考之；唐代的营州即今天的朝阳市已无异议，若从朝阳唐之营州城向东2000里（如按唐里计算相当于今天750公里）。今磨盘村山城西距朝阳的直线距离正合750公里，此为唐代的2000里数相合。太白山东北之方位地理均相合。

第九，敦化六顶山渤海墓葬并非唯一的渤海贵族墓地，而只是公主外嫁后的外第之阴宅，不是王族或皇族的墓地，此当在和龙市龙海附近求之；渤海国的旧国当必在包括和龙龙海皇后墓葬地、磨盘村东牟山山城及中京显德府附近范围求之；渤海文王孝懿皇后、简王顺穆皇后两方墓志。④

---

① 王禹浪、魏国忠：《渤海史新考》，哈尔滨出版社2008年版，第103—104页。
② 王禹浪、魏国忠：《渤海史新考》，哈尔滨出版社2008年版，第107—109页。
③ 王禹浪、魏国忠：《渤海史新考》，哈尔滨出版社2008年版，第99页。
④ 李强：《吉林和龙市龙海渤海王室墓葬发掘简报》，《考古》2009年第6期。

　　第十，考古工作者在近年的磨盘村山城考古发掘中，曾出土了"八瓣莲花纹瓦当"，经过与已经发现的"八瓣莲花纹瓦当"进行比较，这种莲花纹瓦当的年代当属高句丽晚期至渤海早期的遗物。可能属于7世纪至8世纪的遗物，当与渤海早期立国时期的"靺鞨国"时代吻合。

第十章　东北亚丝绸之路论纲丛考

"东北亚丝绸之路"缘起于20世纪末中日学者对明清"虾夷锦"与山旦贸易的研究。东北亚丝绸之路发迹于肃慎，先后历经连接辽东与夫余国的战国——汉代丝绸之路、勿吉朝贡道、室韦朝贡道、黑水靺鞨道、渤海营州道与朝贡道、辽代鹰路、金代燕京经蒲裕路至火鲁火疃谋克、元明"海西东水陆城站"与奴儿干都司、清代"贡貂赏乌绫"与"黄金之路"等阶段，贯穿几乎整个东北亚历史时期。来自中原地区的农业技术、耕作文化、典章制度、政治理念、行政体系、城市文化、儒家思想、宗教信仰、丝织品文化、手工业科技、诗词歌赋、思想艺术等文化元素源源不断被输送至东北亚腹地乃至黑龙江下游、库页岛等极边地区。

第一节　东北亚丝绸之路概念的提出与研究概述

"丝绸之路"源于19世纪德国地理学家李希霍芬在《中国》一书中所提。这一概念旋即在世界范围内得到广泛使用。由此而衍生出了"陆上丝绸之路""海上丝绸之路""草原丝绸之路""西南丝绸之路""高原丝绸之路"[1]"东

---

[1] 霍巍：《"高原丝绸之路"的形成、发展及其历史意义》，《社会科学家》2017年第11期；霍川、霍巍：《汉晋时期藏西"高原丝绸之路"的开通及其历史意义》，《西藏大学学报》（社会科学版）2017年第1期。

北亚丝绸之路""丝绸之路经济带""21世纪海上丝绸之路""东北新丝路""龙江丝路带"等一系列新的政治、经济与文化概念。20世纪80年代，费孝通先生首提"民族走廊"这一概念。①其引发的国内外学术界对藏彝走廊（茶马古道）、河西走廊、南岭走廊、辽西走廊及东北亚走廊等廊道文化的研究与关注，亦成为"丝绸之路"内涵的重要延伸和补充。

　　"东北亚丝绸之路"这一概念的提出缘起于20世纪80—90年代，日本北海道大学中村和之、菊池俊彦、申村和之蕃等日本学者对北海道原住民阿依努民族进行调查时，对明清"虾夷锦"与山旦贸易问题的关注。是时与中国学者傅朗云、杨旸等开展了密切的合作，取得了丰硕成果，在当时掀起了东北亚丝绸之路研究的热潮。在此期间，出版了《明代奴儿干都司及其卫所研究》②《明代东北》③《明代东北史纲》④《明清东北亚水陆丝绸之路与虾夷锦研究》⑤等专著和编著作品。进入21世纪后，学术界对该问题热度逐渐降温。随着近年国家"一带一路"倡议和振兴东北战略的提出，东北亚丝绸之路研究再度复苏，陈鹏的《路途漫漫丝貂情：明清东北亚丝绸之路研究》⑥、曹保明的《东北亚丝绸之路》⑦等是近年面世的新专著。傅朗云的《东北亚丝绸之路初探》⑧《关于古代东北亚丝绸之路的探索》⑨，杨旸的《明代东北亚丝绸之路与"虾夷锦"文化现象》⑩，侯江波、林杰的《试论古代"东北亚丝绸之路"的特点及其现实意义》⑪，陈永亮的《"东北亚陆海丝绸之路"：

---

① 费孝通：《谈深入开展民族调查问题》，《中南民族学院学报》（哲学社会科学版）1982年第2期。
② 杨旸、袁闾琨、傅朗云编著：《明代奴儿干都司及其卫所研究》，中州书画出版社1982年版。
③ 李健才：《明代东北》，辽宁人民出版社1986年版。
④ 杨旸：《明代东北史纲》，台湾学生书局1993年版。
⑤ 杨旸主编：《明清东北亚水陆丝绸之路与虾夷锦研究》，辽海出版社2001年版。
⑥ 陈鹏：《路途漫漫丝貂情：明清东北亚丝绸之路研究》，兰州大学出版社2011年版。
⑦ 曹保明：《东北亚丝绸之路》，吉林大学出版社2016年版。
⑧ 傅朗云：《东北亚丝绸之路初探》，《东北师大学报》1991年第4期。
⑨ 傅朗云：《关于古代东北亚丝绸之路的探索》，《北方论丛》1995年第4期。
⑩ 杨旸：《明代东北亚丝绸之路与"虾夷锦"文化现象》，《社会科学战线》1993年第1期。
⑪ 侯江波、林杰：《试论古代"东北亚丝绸之路"的特点及其现实意义》，《辽宁丝绸》2000年第4期。

基于历史和现实的探讨》①，王勇、秦利的《东北亚丝绸之路的历史演变与柞蚕产业发展的思考》②，佟大群的《东北亚丝绸之路发展历程考察》③，崔向东的《东北亚走廊与丝绸之路研究论纲》④等论文对东北亚丝绸之路的历史经纬与内涵进行了综合论述和分析，特别是近几年的研究成果更加表达了对其战略、政治、经济等现实意义与价值的关注。朱立春的《清朝北方民族赏乌绫与东北亚丝绸之路》⑤、栾凡的《明代女真商人与东北亚丝绸之路》⑥、佟大群的《清代东北亚丝绸之路研究中的几个重要问题》⑦、穆鉴臣等的《"驿路"与"国家化"——论明代"海西东水陆城站"丝绸古道》⑧等则是着眼于历史时期某个历史片段予以具体分析，主要内容仍是围绕明清东北亚民族、交通、朝贡与贸易等问题。

近年来，以渤海大学、黑河学院等为代表的东北高校机构积极开展对东北亚丝绸之路的研究。渤海大学成立了东北亚走廊研究院，并出版了《东北亚走廊与丝绸之路研究丛书》，已在学术界产生了不小的影响力。黑河学院地处黑龙江上、中游接合部的右岸之滨，并与俄罗斯远东第三大城市布拉戈维申斯克市隔江相望，其地缘优势明显。现已专门成立了远东研究院，下设远东史地研究中心、黑龙江流域研究所、俄罗斯远东智库等机构，同样旨在开展以黑龙江流域为中心、涵盖中国东北和俄罗斯远东及蒙古地区的东北亚历史文化与社会发展研究。2016年9月，黑河学院远东研究院与中国中外文化交流史学会联合举办了"首届中俄黑龙江流域历史与文化学术研讨会"。

---

① 陈永亮：《"东北亚陆海丝绸之路"：基于历史和现实的探讨》，《满族研究》2015年第4期。
② 王勇、秦利：《东北亚丝绸之路的历史演变与柞蚕产业发展的思考》，《蚕业科学》2017年第7期。
③ 佟大群：《东北亚丝绸之路发展历程考察》，《学问》2017年第1期。
④ 崔向东：《东北亚走廊与丝绸之路研究论纲》，《广西民族大学学报》（哲学社会科学版）2017年第5期。
⑤ 朱立春：《清朝北方民族赏乌绫与东北亚丝绸之路》，《广东技术师范学院学报》2010年第10期。
⑥ 栾凡：《明代女真商人与东北亚丝绸之路》，《东北史地》2015年第6期。
⑦ 佟大群：《清代东北亚丝绸之路研究中的几个重要问题》，《东北史地》2015年第6期。
⑧ 穆鉴臣、潘彩虹：《"驿路"与"国家化"——论明代"海西东水陆城站"丝绸古道》，《广西民族大学学报》（哲学社会科学版）2017年第5期。

2017年9月，由中国中外关系史学会与黑河学院共同主办的"北方丝绸之路与东北亚民族学术研讨会"在黑河市召开，这次会议对深化东北亚丝绸之路研究起到了很好的推动和促进作用，意义至深至远。

第二节 东北亚早期丝绸之路的形成概述

东北亚古代民族与中原王朝的交往历史十分悠久，从文献上来看，早在五帝时期就已有往来。《竹书纪年》记载了满族先民源流最早期的肃慎族向舜朝贡"弓矢"的历史："肃慎者，虞夏以来东北大国也。……帝舜有虞氏二十五年，息慎来朝，贡弓矢。"其实，这种"弓矢"就是《国语》中陈惠公向孔子问政所提及的"楛矢石砮"。所谓"楛矢石砮"，"楛"实为"桦"，即用桦木做成的箭杆，"石砮"则是用黑曜石、玛瑙、页岩、碧石、松花石等各类石头做成的箭镞。以桦木为箭杆，以各类石头制成箭镞，即是"楛矢石砮"。《国语·鲁语下》则详细记载了肃慎向陈惠公朝贡楛矢石砮的历史："仲尼在陈，有隼集于陈侯之庭而死，楛矢贯之，石砮，其长尺有咫。陈惠公使人以隼如仲尼之馆，问之，仲尼曰：'隼之来也，远矣！此肃慎之矢也。昔武王克商，通道于九夷、百蛮，使各以其方贿来贡，使无忘职业。于是，肃慎氏贡楛矢石砮，其长尺有咫。先王欲昭其主令德之致远也，以示后人使永监焉。故铭其楛曰：肃慎氏之贡矢。以分大姬，配虞胡公分封诸陈。古者分同姓以珍玉，展亲也；分异姓以远方职贡，使无忘服也，故分陈以肃慎氏之贡。君若使有司求诸故府，其可得也。'使求，得之金椟，如之。""金椟"即金质或鎏金的储盒，用于收藏"楛矢石砮"，足见该物在当时弥足珍贵。中原王朝正式建立对东北南部地区的管辖始于战国时代的燕国，设置了上谷、渔阳、右北平、辽西、辽东五郡。秦汉沿用了五郡建制。汉武帝又在灭卫氏朝鲜后设置了"汉四郡"，统辖辽东东部和朝鲜半岛。至此，中原文化开始源源不断通过华北长城地带和辽西走廊的陆路、山东半岛至辽东半岛的海路进入东北地区。秦汉时期，东北南部（以辽东半岛为中心）经济文化快速发展，依托于郡县建制，出现了一批繁荣的汉文化城邑，延续并进一步发展着燕秦时期开启的辽东半岛城镇化进程。东北地区汉代城邑体系趋于完备，职能分工明确。以辽东地区为例，该区域汉代古城以辽东郡治所襄平（今辽阳）为政治中心，襄平城成为东北地区名副其实的

辽阳北园1号墓"车马出行图"（局部）

大连营城子镇沙岗子东汉墓壁画

"通都大邑"。以今大连地区为经济和外贸中心，大连地区的旅顺牧羊城、普兰店张店汉城等城邑依托优良海港，泛海贸易广泛开展，商贾往来频繁，不断接纳山东半岛移民登陆，输入中原汉文明，造就了发达的经济。其中营城子第二地点76号墓出土的金质联珠十龙纹带铸、普兰店姜屯45号墓出土的以"圭璧"为组合的玉覆面、张店汉城南郊南海甸子出土的马蹄金等一批高品级遗物的发现，更是汉代大连地区经济繁荣的重要佐证。

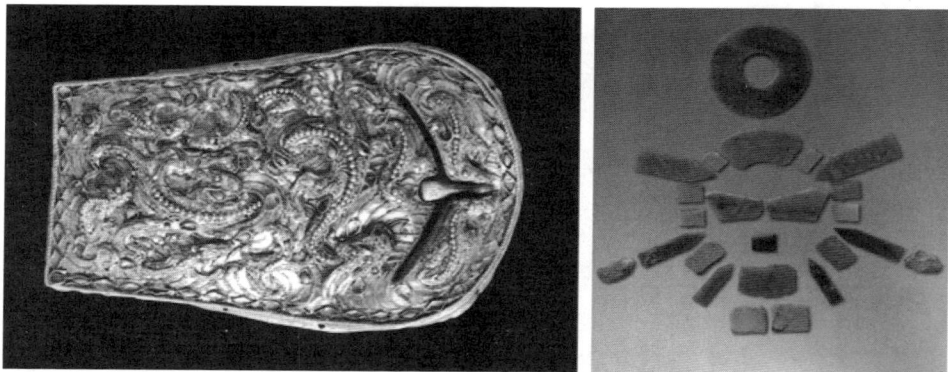

大连地区汉墓出土珍贵文物
左为营城子M76出土金质联珠十龙纹带铸，右为普兰店姜屯M45玉覆面

以今营口地区为手工业中心，该地区集中了辽东地区最丰富的手工业作坊遗存，如盖州城关汉城北、大石桥市周家乡于家堡村打铁炉沟屯的汉代铁矿山与冶铁作坊遗址，大石桥汤池乡英守沟汉城附近冶铁窑址、开采铁矿的古矿道等。[1]除此之外，辽东地区汉代城邑设施基本完备，在一些城址中发现了可能为官署用瓦的瓦当以及陶水管、手工业作坊等配套设施。临海城址附近建有港口。较大古城附近一般均发现了公共墓地。[2]反映了汉文明在这一地区的广泛传播和深刻影响，"说明了辽东半岛的汉化过程在汉代已经完成，基本实现了由土著东夷文化、秽貊文化向汉文化的重大转型"。[3]

---

① 崔艳茹、冯永谦、崔德文：《营口市文物志》，辽宁民族出版社1996年版，第48—50页。
② 王禹浪、王俊铮：《辽东半岛地区汉代古城初步研究》，《东北亚研究论丛》，商务印书馆2018年版。
③ 王禹浪、王俊铮：《辽东半岛汉墓的类型、文化特征及影响》，《大连大学学报》2016年第4期。

　　汉代东北亚丝绸之路主要有华北长城地带和辽西走廊的陆路、山东半岛至辽东半岛的海路，海路路线在辽东半岛南部又分为北上辽沈、东入朝鲜。由于秦汉以前辽东湾北部为海泛区，海潮涨落致使道路无法通行，因此辽西地区傍海道尚未形成，陆路交通均是通过医巫闾山的交通孔道进入东北地区。秦汉以前，陆路主要有两条，均由燕蓟（今北京）一带出发，一条出古北口，经右北平郡治所平刚（今内蒙古自治区宁城县甸子镇黑城子古城）至柳城（今辽宁省朝阳市）；另一条从卢龙（今河北省卢龙县），经平刚至柳城。傍海道伴随着秦帝国驰道的修建得以开辟。据崔向东考证："辽西傍海道分为二段，一段是由蓟出发，经由无终、令支和孤竹东行至临渝关，出临渝关沿渤海岸向东北行进，抵达碣石（今绥中）。秦统一六国后，修治驰道，从燕都到碣石有道路相通。另一段是从碣石东北行经兴城、锦州进入辽东。"①但受环渤海沿岸陆路大"C"形走向的制约，中原汉文化向东北地区的传播和输送始终以距离较近的海路传播为主。山东半岛登州港（今蓬莱）与辽东半岛大连地区之间的渤海海峡分布着天然的岛链陆桥——庙岛群岛，为泛海活动提供了天然的便捷条件。设置辽东半岛最南端之辽东郡沓氏县、东沓县、沓津等地名，生动反映了山东居民泛海"纷至沓来"的历史图景。这条海陆联运的交通线抵达辽东半岛南段后，一条线路继续北上，沿千山山脉西麓与渤海之间的平原丘陵地带，向北通过太子河流域和浑河流域，进入长白山系西南余脉的辽东山地，这一带为南北走向的哈达岭、东西走向的龙岗山脉和东北—西南走向的千山山脉的接合部。如果以流域视角来看，则主要是以抚顺、清原、新宾为中心的浑河、苏子河流域以及以本溪为中心的太子河上游流域。目前在沈阳、抚顺一带发现了新宾永陵南汉城、东洲小甲邦汉城、抚顺劳动公园汉城、沈抚交界处的沈阳上伯官汉城、沈阳"宫后里"汉城等多座颇具规模的汉代城邑，其性质多与不同时期的玄菟郡治所有关。

---

① 崔向东：《辽西走廊变迁与民族迁徙和文化交流》，《广西民族大学学报》（哲学社会科学版）2012年第4期。

汉城附近亦发现了密集的汉墓群。继而，汉文化越过辽东山地的龙岗山脉和哈达岭，进入松嫩大平原南缘的松花江流域上游，即今柳河、东丰、辽源、四平、吉林市等地。①目前已知最北部的汉文化古城为东辽河流域的吉林省梨树县二龙湖古城。②另一条交通路线是沿辽东半岛左翼黄海海岸和环黄海北部的群岛链，越过鸭绿江口进入朝鲜半岛北部。在朝鲜半岛北部的清川江、大同江、载宁江等流域形成了贞柏里、石岩里、土城洞等乐浪汉墓群。

汉代丝绸之路进入松嫩平原后，首先就与定都于吉林市东郊东团山和南城子一带的夫余国文明碰撞融合，形成了具有浓厚汉文化特色的夫余文明。今吉林市一带发现了大量与夫余文化杂处的汉文化元素的遗存。③汉文化与夫余国的融合表现在如下几个方面：首先，在吉林市帽儿山、榆树老河深等夫余墓葬中，均发现了与中原及辽东半岛汉墓形制基本相同土圹墓和土圹木椁墓，其中以土圹木椁墓数量最多。这种墓葬形制与中原及辽东半岛汉墓形制基本相同，可以认定系辽东半岛汉文化北传松嫩大平原的产物。但由于夫余国地处偏远、社会发展水平有限，因而形制复杂、建造工艺要求较高的砖室墓始终未能进入夫余文化中。其次，在夫余文化陶器中，轮制泥质灰陶器与辽东半岛汉墓中出土的陶器风格十分相似。这些夫余泥质灰陶均为轮制，火候较高，质地坚硬，其上绘有绳纹、弦纹、刻划纹、压印纹、附加堆纹等多种纹饰。该类型陶器在辽东半岛汉墓中几乎随处可见。不仅如此，永吉学古东山遗址出土的陶罐、陶豆，永吉大海猛出土的陶钵、陶甑以及龙潭山山城出土的陶灶，其器物形制与辽东半岛及中原汉式陶器具有较高的相似性④。再次，在吉林市帽儿山夫余墓地中，还出土了大量铁质生产工具，如铁镢、铁铧、铁刀、铁削刀、铁锥、铁矛、铁箭镞、铁剑、铁甲片、铁马衔等；铜器

---

① 王禹浪、王俊铮：《辽东半岛汉墓的类型、文化特征及影响》，《大连大学学报》2016年第4期。
② 四平地区博物馆、吉林大学历史系考古专业：《吉林省梨树县二龙湖古城址调查简报》，《考古》1988年第6期。
③ 李文信：《吉林市附近史迹及遗物》，《历史与考古》1946年第1号。
④ 李钟洙：《夫余文化研究》，吉林大学博士学位论文，2004年。

有权杖、铜镜、泡饰、车辖、锯等。这些金属制品与辽东半岛汉墓中出土的遗物极为类似，特别是铁质农具和汉式规矩铜镜，具有鲜明的汉文化特色。墓地中出土的规矩铜镜并非夫余本土制作，而应是从辽东半岛地区传入的。帽儿山墓地中还出土了部分漆器，器型有汉式耳杯、盆等。货币以汉代五铢钱为主，新莽"货泉"货币的出土则说明帽儿山墓地一部分墓葬时间已至两汉之际。至为重要的是，在吉林市帽儿山夫余国墓地中出土了27件珍贵的丝织品残片，绝大多数出自帽儿山墓地西山Ⅰ区18号墓，其中有一件主题为招魂的绢帛墨画，可谓是汉代东北亚丝绸之路的文化传播的明证。

帽儿山墓地F18出土绢帛墨画

以丝织品、漆器、汉式陶器、铁质农具、规矩镜、土圹木椁墓等为代表的文化元素，通过汉代东北亚丝绸之路，首次系统而源源不断地输入东北亚腹地。这一过程不仅使辽东半岛完成了汉化过程，实现了深刻的文化转型，"通过辽东半岛这一文明'贮存地'和中转站，远播松嫩平原松花江上游流域以及朝鲜半岛北部，亦使这一时期该地区的文明进程发生了深刻变异，改变了东北亚区域古代文明格局，最终在以辽东半岛为中心，北达松花江流域上游、南抵朝鲜半岛大同江流域、西越医巫闾山至滦河流域、东起长白山西麓的区域内，出现了繁荣的汉代城市和农耕文明以及与汉文明融合的世居古族文化，基本实现了汉帝国在东北地区的文化'大一统'"。[①]

第三节　勿吉朝贡道与黑水靺鞨道

勿吉是满族先世在南北朝时期的称谓。勿吉活跃于东北亚中世纪民族大分化、大迁徙、大融合的时期，曾强盛一时。驱逐挹娄人，占领挹娄故地，袭扰高句丽，驱逐并最终灭亡了夫余国。其地域范围不断扩张，首次突破了满族先民自肃慎—挹娄以来，在牡丹江流域和三江平原的传统活动区域，向南扩张至松花江流域，逐渐形成了"勿吉七部"。

勿吉之名始见于北魏，大致在隋代消失于历史文献中。勿吉的前身为活动于图们江、绥芬河流域的沃沮人。三国时期曹魏毌丘俭率军征讨高句丽，致使高句丽王宫北逃沃沮，《三国志·东夷传》云："毌丘俭讨句丽，句丽王宫奔沃沮，遂进师击之。沃沮邑落皆破之，斩获首虏三千余级，宫奔北沃沮。"高句丽对沃沮的征服和统治引发了沃沮人不断北迁至今三江平原，并驱逐了当地土著挹娄人，建立了强大的勿吉国，历史文献遂以勿吉取代了沃沮的族称。"勿吉"与"沃沮"实为一音之转。以三江平原双鸭山凤林古城为代表的凤林文化晚期吸收了其南部沃沮族团结文化的因素，正是沃沮北上灭挹娄、入主凤林古城的考古学证明。[②]

结合《魏书·勿吉传》《北史·勿吉传》《文献通考》《册府元龟》等历史文献，据笔者对史料进行爬梳和统计，自北魏孝文帝延兴年间至北齐后

[①] 王禹浪、王俊铮：《辽东半岛汉墓的类型、文化特征及影响》，《大连大学学报》2016年第4期。
[②] 王禹浪、魏国忠：《渤海史新考》，哈尔滨出版社2008年版，第124页。

主武平三年，勿吉朝贡中原王朝共计29次，其中朝贡北魏22次，朝贡东魏6次，朝贡北齐1次。勿吉朝贡中原王朝的路线，见于《魏书·勿吉传》的记载："去洛五千里。自和龙北二百余里有善玉山，山北行十三日至祁黎山，又北行七日至如洛瓌水，水广里余，又北行十五日至太鲁水，又东北行十八日到其国。国有大水，阔三里余，名速末水。延兴中，遣使乙力支朝献。乙力支称，初发其国，乘船溯难河西上，至太沵河，沉船于水，南出陆行，渡洛孤水，从契丹西界达和龙。"文中地名虽无法尽知，但"太鲁水""太沵河"为今洮儿河，"速末水"为今松花江，"难河"为嫩江则是基本可以肯定的。由此可知，这条朝贡道自和龙（今辽宁朝阳）启程，沿辽河大平原西部进入洮儿河流域，转而向东北进入松花江流域的勿吉国。该地距魏都洛阳5000里。

随着勿吉的南下扩张，以"靺鞨罐"为特征的考古学文化也传播到了以今吉林市为中心的松花江上游，如永吉杨屯文化三期[①]、永吉查里巴墓地[②]、榆树老河深遗址[③]、舒兰黄鱼圈遗址[④]等，均应是勿吉南下后的遗存，准确说应是勿吉粟末部遗存。

勿吉在隋唐时期称靺鞨，亦作靺羯，系对勿吉的同音异写。首见于《北齐书》云："是岁，室韦、库莫奚、靺羯、契丹并遣使朝贡。"关于"靺羯"与"靺鞨"的争论，学术界业已争论颇多，基本取得了一致意见，即靺鞨原应系靺羯。勿吉七部发展为靺鞨七部，其中靺鞨黑水部即黑水靺鞨是靺鞨七部中较为强大的一部，曾与唐朝、渤海等政权发生过十分密切的联系，在隋唐东北亚世界中扮演着重要角色，自隋朝黑水靺鞨始见于文献记载开

---

① 刘振华：《永吉杨屯遗址试掘简报》，《文物》1973年第8期；吉林市博物馆：《吉林永吉杨屯大海猛遗址》，《考古学集刊》（第五集）；吉林省文物工作队：《吉林永吉杨屯遗址第三次发掘》，《考古学集刊》（第七集）。

② 吉林省文物考古研究所：《吉林永吉查里巴靺鞨墓地》，《文物》1995年第9期。

③ 刘景文、庞志国：《吉林榆树老河深墓葬群族属探讨》，《北方文物》1986年第1期；吉林省文物考古研究所：《榆树老河深》，文物出版社1987年版。

④ 吉林省文物工作队：《吉林舒兰黄鱼圈珠山遗址清理简报》，《考古》1985年第4期。

始，直至渤海国灭亡之后，一直以强大的姿态存在于东北亚地区，是女真完颜部的直系祖先。我们认为从唐代靺鞨安车骨部西北方向的今三肇（肇源、肇东、肇州）地区直至今黑龙江中下游和俄罗斯滨海地区均应是黑水靺鞨的地理分布区①，分布范围广阔。

据《新唐书·黑水靺鞨传》记载："开元十年，其酋倪属利稽来朝，玄宗即拜勃利州刺史。"《旧唐书·靺鞨传》又载："开元十三年，安东都护薛泰请于黑水靺鞨内置黑水军。续更以最大部落为黑水府，仍以其首领为都督，诸部刺史隶属焉。中国置长史，就其部落监领之。十六年，其都督赐姓李氏，名献诚，授云麾将军兼黑水经略使，仍以幽州都督为其押使，自此朝贡不绝。"两则文献记载了唐朝对黑水靺鞨的册封和管辖。关于黑水都督府的设置，《旧唐书》对其记述始于开元十三年（725），《新唐书》则追溯到开元十年（722）勃利州的设置。关于勃利州地望，过去一些学者均认为系伯力，即今俄罗斯哈巴罗夫斯克，亦有学者认为系今勃利县。但伯力显然距离当时唐王朝势力所能及之地过于遥远。刘晓东等考证渤海渤州地望，认为渤海上京之地原为黑水靺鞨活动范围，今牡丹江近郊南城子古城附近有博力甸子、博力哈达、勒勒河之类等地名，当系"勃利"一音之转。②这一位置作为唐朝初涉渤海与黑水靺鞨事务的羁縻建置的地点是科学合理的。勃利州的建制说明，唐玄宗在设置黑水府之前，曾向黑水部酋长倪属利稽颁发了勃利州刺史的委任。继之唐安东都护薛泰奏请唐朝政府应在黑水靺鞨部设置黑水府，并以其黑水靺鞨部酋长为都督兼领刺史，黑水靺鞨内部其余各部落首领一律授予刺史官职，同时唐朝政府又在黑水靺鞨部中的最大部落设置黑水都督府，黑水靺鞨诸部刺史统归黑水都督管辖，并在黑水靺鞨部设置长史予以监视。可见唐朝对其恩威并施。唐朝赐倪属利稽李姓、名献诚，意为朝献忠

---

① 王禹浪：《靺鞨黑水部地理分布初探》，《北方文物》1997年第1期；王禹浪、王俊铮：《黑水靺鞨地理分布研究综述》，《哈尔滨学院学报》2015年第4期。
② 刘晓东、罗葆森、陶刚：《渤海国渤州考》，《北方文物》1987年第1期。

诚，并与李唐皇室有了沾亲带故的关系。《新唐书》中所提到的开元十年赐予倪属利稽为勃利州刺史一事，实际上是对安东都护薛泰奏请设置黑水都督府历史缘由的补充。也就是说，早在薛泰上奏之前，唐玄宗就已经赐予黑水靺鞨酋长倪属利稽为勃利州刺史。薛泰为何在三年后提出了一整套的方案来拉拢黑水靺鞨部，如赐予皇姓、改其姓名、置黑水府、增设都督一职、设长史监押、以云麾将军领黑水经略使，隶属于幽州都督节镇，这一系列安排显然应与渤海国的崛起有关。作为唐朝东北边疆前线的高级将领，安东都护薛泰切身感受到了渤海国的日益壮大并与唐朝中央政府疏远，有可能对唐朝产生威胁。此时唐朝的安东都护府已迁址于大凌河畔，唐朝势力已后撤至今朝阳一带。因此，唐朝要借黑水靺鞨急于与唐朝接近的机会，用进一步拉拢黑水靺鞨的方式控制渤海国的后方，使其腹背受敌，限制渤海国的继续壮大。还值得一提的是唐朝政府授予黑水靺鞨酋长的官职——云麾将军和黑水经略使。"云麾将军"始见于南朝梁，在唐宋时期为武散官。"经略使"同样是一个临时性的官职，在唐代多由地方藩镇节度使兼任。由此可见，云麾将军和经略使均是没有实际职务和权力的虚封官职，再结合黑水都督府归幽州都督管辖，即羁縻府州与唐朝藩镇之间存在明确的隶属关系，可见唐朝政府在册封黑水靺鞨酋长这一政治事件中的外交考量，反映了唐玄宗对黑水靺鞨既利用又防范的复杂心态。[①]

　　唐朝设黑水都督府管辖黑水靺鞨诸部，整体说来，唐黑水都督府的设置经过了黑水州——勃利州——黑水军——黑水府的过程。这是唐朝管控东北亚极边地区重要的羁縻举措。黑水都督府治所争议百年，至今众说纷纭。近年黑龙江省萝北县江岸古城的发现为寻找黑水都督府提供了极有价值的新线索。考古工作者在位于黑龙江南岸鸭蛋河、小泥河河口夹角处发现了一座规模宏大的唐代古城，取名江岸古城，根据对其初步测绘和调查可知，古城周

---

① 王禹浪、王俊铮：《我国历史文献中所见黑水靺鞨概述》，《哈尔滨学院学报》2015 年第 8 期。

长可达1200余米，外设有三道城垣围护，城址内地表遍布长方形、方形建筑遗迹以及大约300个穴居坑，是一座文化内涵丰富、文化价值极高的大城。在该城址西约300米处，还有一座周长136米的小城，外围有椭圆形城垣一道，城垣外侧还有一条宽约2米、深约60厘米的壕沟。该小城形制与文化内涵均与江岸古城一致，应为江岸古城的卫城。邓树平通过分析论证这一最新的考古发现，推论这座江岸古城极有可能就是唐代黑水州都督府治所的旧址。[1]江岸古城的发现引起了学术界的强烈震动和反响。可以肯定的是，萝北江岸古城遗址群是黑龙江右岸迄今所见较大的一处靺鞨人聚落中心，萝北县则可以被认定为黑水靺鞨文化的中心。因此，江岸古城被学术界暂定为唐代黑水都督府故址。[2]

勃利州、黑水都督府等羁縻府州的建置，意义十分深远，魏国忠先生指出："这既是唐朝正式'派官施治'于黑水靺鞨分布的广大地面的开始，又是其进一步地经略黑水流域并把这一辽阔地区纳入中国领土版图的重要标志，即从这时开始，今松花江流域中下游和黑龙江中游一带的广大地面已经隶属于唐朝的管辖之下，成为当时中国的领土版图。"[3]

黑水都督府故址江岸古城地理位置正处于黑龙江与松花江汇合口以西的大夹角地带，在小地理单位内又位于鸭蛋河、小泥河河口夹角处。其方位正位于渤海上京龙泉府北方。《新唐书·地理志》载渤海上京"其北经德理镇至南黑水靺鞨千里"，《太平寰宇记》卷175云："今黑水靺鞨界南至渤海德理府，北至小海，东至大海，西至室韦，南北约二千里，东西约一千里"，表明渤海上京至黑水靺鞨之间存在一条交通线路，是为黑水靺鞨道。由此可见黑水靺鞨道与营州道相接于渤海上京，亦可视为营州道的北延。刘晓东等认为上京城北至德理镇应为牡丹江市东北20公里桦林镇的南城子古城。[4]该

① 邓树平：《黑水靺鞨地域范围与黑水府治初探》，《满族研究》2011年第1期。

② 王禹浪、王俊铮：《唐黑水都督府研究概述》，《东北史地》2015年第4期。

③ 魏国忠：《黑水靺鞨人的再度勃兴与勃利州、黑水府的相继建立》，《黑河学院学报》2016年第6期。

④ 刘晓东、祖延苓：《南城子古城、牡丹江边墙与渤海的黑水道》，《北方文物》1988年第3期。

城扼守牡丹江水陆，规模较大，并出土了渤海时期文物。"黑水靺鞨最处北方，尤称劲捷，每恃其勇，恒为邻境之患"（《旧唐书·靺鞨传》），"分十六落，以南北称"（《新唐书·黑水靺鞨传》），为渤海的北部边境带来了巨大的军事压力。渤海为防御黑水靺鞨，修筑了牡丹江边墙。目前已知牡丹江边墙长约100千米，分为三段，分列于牡丹江、镜泊湖沿岸险地，均呈西北—东南走向，构成了纵贯南北的三条军事防线。这条以军事对抗为特征的交通路线向北延伸至黑水靺鞨，进而必与唐黑水都督府相接。黑水都督府亦成为营州道和黑水靺鞨道上具有战略节点和地理坐标意义的北部军政重镇，进而可以链接出一条"营州—襄平—新城—长岭府—上京—德理镇—黑水都督府—黑龙江下游"，贯穿唐朝、渤海国和黑水靺鞨三大政治实体的交通大动脉。黑水都督府江岸古城发现的意义正如王绵厚先生所言："它不仅是由渤海北行'南黑水靺鞨'古交通道上的又一重要坐标，而且在今后研究隋唐及其以前，黑龙江流域的'黑水靺鞨'的地理位置和'黑水靺鞨'民族文化源头，都有着重要意义。"①

第四节　室韦朝贡道概述

室韦是北魏至辽金时期分布于黑龙江流域上游及嫩江流域的古老民族，最初以"失韦"一词出现在《魏书》中。学术界一般认为，室韦在北魏时期主要分布于大兴安岭南麓的嫩江流域。隋朝时其范围不断扩大并向外拓展至额尔古纳河流域和黑龙江流域上游，形成了南室韦、北室韦、大室韦、钵室韦和深末怛室韦。《隋书·室韦传》中云南室韦"分二十五部"，北室韦

---

① 王绵厚、朴文英：《中国东北与东北亚古代交通史》，辽宁人民出版社2016年版，第281页。

"分为九部落"，钵室韦"人众多北室韦，不知为几部落"，大室韦和深末怛室韦的部落分布情况未见记载。唐朝时，五部室韦进一步分化和扩张，变为20余部。唐朝为管辖室韦专设了羁縻府机构——室韦都督府。晚唐以后，见诸史籍的室韦部落名称大量减少，文献中多以"室韦"泛称黑龙江上游一带室韦故地的室韦部族，并接受了突厥语族部落对室韦的泛称——达怛。契丹人则称这一时期西迁入蒙古高原的室韦部落为"阻卜"。黑车子室韦、大黄室韦、小黄室韦、臭泊室韦、兽室韦等为文献中新见之室韦部落名称。辽代为管理室韦各部，还在黑龙江流域专设了室韦大王府。这一时期的室韦已经分化较为严重，处于族群解体阶段，并与周边其他族群融合，形成了新的族群。从东北地区的嫩江、黑龙江流域直至蒙古高原，均有室韦及其后裔的分布。

室韦自以"失韦"首次出现于史籍，其形象便与朝贡紧密相连。室韦同中原王朝的关系可追溯至北朝，但室韦首次同中原王朝建立关系的时间，史学界长久以来一直存在着分歧，主要分为两种观点：以孙秀仁、孙进己、张久和等为代表的一部分学者认为室韦在北魏时首次同中原王朝建立联系，以王德厚等为代表的另一些学者则认为室韦同中原王朝建立联系的时间为东魏。产生这一分歧的主要原因是学术界对北魏时期乌洛侯与室韦关系的认定不同。北朝"失韦"事实上对契丹以北若干部族群体的泛称，其中应包含了地域相近的乌洛侯。《魏书·太武帝纪下》载"太平真君四年三月壬戌，乌洛侯国遣使朝贡"，这显然是室韦族群朝贡中原王朝的最早记录。《魏书·孝静帝纪》载"（武定二年）夏四月，室韦国遣使朝贡"，则是史籍首次明确以"室韦"作为朝贡者。室韦朝贡中原王朝历经北魏、北齐、隋、唐、辽诸朝，贯穿于室韦存在之始终，唐代尤为频繁。

如是，遂知由中原经今辽西地区至室韦，长期存在一条以朝贡为主要职能的交通动脉，中原王朝的文化亦通过此要道输入室韦聚居地。《魏书·失韦传》记载了失韦国的地望及和龙（即营州，今辽宁朝阳）至失韦的交通路线，"失韦国，在勿吉北千里，去洛六千里。路出和龙北千余里，入契丹国，又北行十日至啜水，又北行三日有盖水，又北行三日有犊了山，其山高大，周回三百余里，又北行三日有大水名屈利，又北行三日有刃水，又北行五日到其国。有大水从北而来，广四里余，名榇水"。这条起始于和龙、经契丹、止于榇水的路线显然就是室韦朝贡中原王朝的"朝贡道"。在该文献中，出现了啜水、盖水、犊了山、屈利水、刃水、榇水等众多古地名，但榇水的地望无疑对判断失韦的地理分布最为关键。白鸟库吉认为榇水为黑龙江，他在俱伦泊为今呼伦湖观点的基础上进一步论证："由此湖水流出之室建河（《新唐书》作望建河）即今Argun河（即额尔古纳河，笔者注）也。又此河注入之那河，即今黑龙江；而《魏书》之榇水，与《唐书》之那河为同名，亦黑龙江之古称也。《朔方备乘》《黑龙江舆地图》等之著者考订此那河为嫩江者，盖徒拘泥于声音上之类似，而未尝深考《唐书》之本文，故有此误也。"且认为榇水、那河、难河均为蒙古语"碧河之义"。故将北魏失韦地望锁定在瑷珲、海兰泡一带。"位于瑷珲东南八日程之屈利大水，必为近嫩江无疑也。"[1]津田左右吉则依行进里程将失韦考订在今齐齐哈尔附近，并认为："如是，则其国中自北来之榇水即今之嫩江。嫩江，魏时谓之难河，唐称那河。榇水之名，与之相合也。"[2]后世学者多从此说，认为榇水即今嫩江，"榇"系"嫩"的同音异写。但失韦分布在嫩江流域的具体河段却尚存争议。谭其骧主编的《〈中国历史地图集〉释文汇编·东北卷》认为在嫩江上游，干志耿、孙进己的《室韦地理考述》则认为在今齐齐哈尔附近[3]，孙秀仁、干志耿合撰的《室韦史研究》认为在齐齐哈尔以北[4]。王德厚则认为，"北魏时的失韦当以嫩江中游齐齐哈尔以北的嘎仙洞一带为中心，

---

① ［日］白鸟库吉：《东胡民族考（下）·失韦考》，山西人民出版社2015年版，第27—33页。
② ［日］津田左右吉：《室韦考》，《满鲜历史地理研究报告》第一册，东京帝国大学文学部1915年版；又见王国维：《观堂译稿（下）》，载《王国维遗书》（第14册），上海出版社2011年版。
③ 干志耿、孙进己：《室韦地理考述》，《社会科学战线》1983年第3期。
④ 孙秀仁、干志耿：《室韦史研究》，北方文物杂志社1985年版。

向其东、南、西、北诸方广为分布较为合适"。①张久和认为北朝失韦在嘎仙洞这一地理坐标的南部地区，即东邻豆莫娄，西毗地豆于，东南与勿吉邻近，北与乌洛侯相连，沿嫩江中下游及以西各支流居住，中心地域在雅鲁河和阿伦河之间。②尽管学术界对北魏失韦所涉诸多地理坐标争论颇多，但基本可以肯定失韦当分布在嫩江流域至今黑河市辖境的区域内。隋唐时期室韦不断扩大、分化、重组。据张久和对《通典》《旧唐书》《新唐书》的比定和梳理，至唐朝，室韦部落凡二十部——岭西室韦、山北室韦、黄头室韦、大如者室韦、小如者室韦、讷北室韦、婆萵室韦、达末室韦、骆驼室韦、乌素固、移塞没、塞曷支、和解、乌罗护、那礼、大室韦、西室韦、蒙兀室韦、落俎室韦、东室韦。③郑英德则认为，历史上的乌洛侯、乌丸、达姤、鞠、地豆于、霫、俞折等不同时期的族群部落均应属于室韦。④而这一时期，其分布范围已扩展至黑龙江上游、蒙古高原东部等更加广阔的区域内。但室韦朝贡道始终是室韦各部与中原王朝沟通联系的主要交通路线。这条朝贡道始于辽西重镇和龙（即营州，今辽宁朝阳），沿辽河大平原和松嫩大平原西部、大兴安岭东麓，经东辽河、洮儿河、雅鲁河、阿伦河、甘河等流域，其主干线大体与嫩江平行或重合，最终到达黑龙江上游的额尔古纳河、盘古河、呼玛河流域。

室韦地处农牧森林杂交地带，气候寒冷，生产力水平长期处于较低水准。《魏书·失韦传》载其"夏则城居，冬逐水草"（笔者按：应为"冬则城居，夏逐水草"，文献记载有误），《隋书·室韦传》载"冬则入山，居土穴中"。朝贡道将以金属冶炼为代表的先进技术传入室韦。隋代"其国无铁，取给于高丽"，唐初室韦木犁不能加金刃，到五代室韦地多铜、金、银，室韦人工巧，善做各种金属器皿，以至于《辽史·食货志》记载："坑

---

① 王德厚：《室韦地理考补》，《北方文物》1989 年第 1 期。
② 张久和：《室韦地理再考辨》，《中国边疆史地研究》1998 年第 1 期。
③ 张久和：《北朝至唐末五代室韦部落的构成和演替》，《内蒙古社会科学》1997 年第 5 期。
④ 郑英德、刘光胜：《室韦部落新探》，《中央民族学院学报》1982 年第 2 期。

冶，则自太祖始并室韦，其地产铜、铁、金、银，其人善作铜、铁器。"从隋代到五代，室韦的辨识金属矿石的能力以及冶炼、制作金属器皿的技术都达到了一定水平，甚至契丹人的金属冶炼和金属制作技术还是在阿保机吞并室韦后发展起来的。[①]

第五节　渤海营州道与朝贡道概述

渤海时期，在其疆域内建立起完备的五京、十五府、六十二州、一百三十余县的行政建制体系。各行政区域内部通过密集的水陆交通道路网络相连，使东北亚地区第一次真正进入区域一体化和城镇化的阶段。其中以日本道、新罗道、朝贡道、营州道、契丹道为最重要的交通干线。《新唐书·渤海传》载："龙原，东南濒海，日本道也。南海，新罗道也。鸭渌，朝贡道也。长岭，营州道也。扶余，契丹道也。"遂知这五条交通干线架构起渤海国内部交通路网和对外交往的核心体系。其中，以营州道和朝贡道最为重要，承担着与唐朝政治、经济、文化往来的职能，亦是渤海国积极输入盛唐典章制度的文化大动脉，对渤海国发展起着至关重要的作用。

《新唐书·地理志》引贾耽《皇华四达记》云："营州东百八十里至燕郡城，又经汝罗守捉，度辽水，至安东都护府五百里，故汉襄平城也……自都护府东北经古盖牟、新城，又经渤海长岭府，千五百里至渤海王城，城临忽汗海。"可知，营州道始自营州（今辽宁朝阳），经襄平、盖牟、新城、长岭府至上京城的重要交通要道。笔者择要者分而简述之。

（1）襄平。即今辽阳，唐朝时曾短暂作为安东都护府治所。

---

① 张久和：《原蒙古人的历史：室韦、达怛研究》，高等教育出版社1997年版，第85页。

（2）盖牟。《旧唐书·高丽传》："（贞观十九年）夏四月，李勣军渡辽，进攻盖牟城，拔之，获生口二万，以其城置盖州。……我军之渡辽也，莫离支遣加尸城七百人戍盖牟城，李勣尽虏之，其人并请随军自效。"盖牟城系高句丽西境一重镇。盖牟城之役战况惨烈，高句丽莫离支请加尸城援军援助盖牟城的高句丽守军，但仍为唐军所破，俘获2万人口和10万石粮食，说明盖牟城人多粮足。综合文献可知，盖牟城位于安东都护府东北方向至新城的交通要道上，文献还记载李勣渡辽水而击之，可知该城应位于今辽阳东北至抚顺高尔山山城之间且濒临辽河之地。根据其地理方位，结合考古调查材料，一般认为盖牟城应为今沈阳陈相屯塔山山城。孙进己先生则认为应为沈阳棋盘山水库上游的石台子山城。[①]总之，盖牟城地望当在今辽阳东北至抚顺高尔山山城之间，且濒临辽河之地。

（3）新城。新城系高句丽在辽东地区又一座军政重镇，位于高句丽西部地区的中心位置，为高句丽西部褥萨驻节之地，其地位仅次于作为辽东政治、经济和文化中心的辽东城。高句丽灭亡后曾长期作为唐代安东都护府治所。新城不仅位于"新城道"的咽喉地带，是扼守辽东进入朝鲜半岛王畿地区的交通要道，同时也是高句丽抵御中原王朝征讨的战略桥头堡。《旧唐书·高丽传》载李勣言："新城是高丽西境镇城，最为要害，若不先图，余城未易可下。"一般认为，新城即今抚顺市区、浑河右岸的高尔山山城。20世纪80年代，辽宁省文物考古研究所与抚顺市博物馆联合对高尔山山城进行多次发掘，不仅出土了相当丰富的高句丽、唐代文物，特别是序列较为完整的高句丽陶器群，还发现了多座建筑遗址。在山城发掘的Ⅱ区和Ⅳ区，考古工作者发现了罕见的用灰褐瓦铺顶的高句丽建筑基址，并伴有砾石小道和科学的排水系统。山城东城南端Ⅱ区高岗上还发掘了一座宏大的建筑群，出土了唐代联珠纹瓦当等大量规格较高遗物，这座建筑群是整个高尔山山城内建

---

① 孙进己：《沈阳石台子高句丽山城城名及建立时间考》，《北方文物》2000年第1期。

筑规模最大、规格最高并出土有明确唐代遗物的建筑基址，应为唐安东都护府遗址。①古城东侧还有文化遗存丰富、面积较大的施家沟高句丽墓葬群。②

　　（4）渤海长岭府。营州道自辽东进入松花江流域必要翻越吉林哈达岭。"哈达岭山脉是从吉林省西南伸向辽宁省东北的一座山脉，其南称纳噜窝集，北为库勒纳窝集，合称为长岭，现在也有长岭子的地名，与这一长岭有关。"③李健才先生提出的桦甸苏密城说为渤海长岭府故址的观点已被学术界所认可。④

　　由此可知，营州道自今朝阳起始，越大凌河、小凌河、辽河至辽阳，转而向东北，溯浑河而上，经今沈阳、抚顺、梅河口等地，直达桦甸苏密城。再由苏密城而东北过敦化，沿牡丹江向北，由镜泊湖左岸经过北湖头而抵达渤海上京城。2015年10月26日，时任大连大学中国东北史研究中心主任王禹浪教授及其研究生王俊铮、内蒙古大学蒙古学研究中心主任齐木德道尔吉教授、大连民族大学东北少数民族研究院黑龙教授、牡丹江师范学院历史与文化学院院长刁丽伟教授共同对牡丹江市宁安镜泊湖北湖头西岸菱角崴子遗址进行了考古调查。这处遗址位于宁安市林业有害生物渤海林木种子园十四号监测点附近，为刁丽伟教授率领团队所发现，尚未被文物部门普查。这处遗址内涵丰富，它的发现是对渤海营州道镜泊湖段的重要补充。调查收获首次发表于王禹浪、王俊铮执笔的《牡丹江、延边地区渤海国历史遗迹考察纪行》一文。该遗址下层为莺歌岭文化遗存，上层有渤海时期陶片、布纹瓦。当地工作人员曾采集到：石磨棒，长7.5厘米，厚5厘米，呈半圆柱形，一面磨

---

① 辽宁省文物考古研究所、抚顺市博物馆：《辽宁抚顺高尔山山城发掘简报》，《辽海文物学刊》1987 年第 2 期。
② 抚顺市政协文史委员会、抚顺市文化广播电影电视局：《抚顺文物》，辽宁人民出版社 2011 年版；吕学明：《抚顺施家高句丽墓地》，《中国考古学年鉴》，文物出版社 2001、2002 年版。
③ 郑永振、李东辉、尹铉哲：《渤海史论》，吉林文史出版社 2011 年版，第 237 页。
④ 李健才：《桦甸苏密城考》，《黑龙江文物丛刊》1983 年第 2 期。

平，中部断裂；两个规格完全相同的铁质车钏，外径7厘米，内径5.5厘米，厚4厘米，为渤海时期车马器。监测站附近至今仍遗留渤海时期石臼三件和一座八宝琉璃井。①该路段无险可守，契丹当年行军正可绕过险要的南湖头，躲避城子后山城、城墙砬子山城、重唇河山城的防守，继而直捣上京。

鸭渌朝贡道详见于《新唐书·地理志》引贾耽《道里记》："登州东北海行，达大谢岛、龟歆岛、末岛、乌湖岛三百里；北渡乌湖海，至马石山东之都里镇二百里，东傍海壖，过青泥浦、桃花浦、杏花浦、石人汪、橐驼湾、乌骨江八百里。……自鸭绿江口舟行百里，乃小舫溯流，东北三十里至泊汋口，得渤海之境。又溯流五百里，至丸都县城，故高丽王都。又东北溯流二百里，至神州。又陆行四百里至显州，天宝中王所都；又正北如东六百里至渤海王城。"这条道路始自山东半岛登州港，北渡渤海海峡，抵达今旅顺、大连一带，沿辽东半岛左翼黄海沿岸至鸭绿江口，溯江而上经丸都至神州，再转陆路经显州抵渤海上京。可见这是一条海陆、水陆联运的路线。《道里记》所载沿途地名，兹予以略考。

（1）大谢岛、龟歆岛、末岛、乌湖岛、乌湖海。上述诸岛均系山东半岛与辽东半岛之间天然岛链。大谢岛、龟歆岛为今大连东南部长海县所在之长山群岛南北二岛，末岛为今庙岛，乌湖岛为今隍城岛。乌湖海即今隍城岛所在之渤海海峡。②

（2）马石山。马石山因位于马石津附近而得名。一般认为，晋代称旅顺口为马石津，则马石山为今旅顺口附近之黄金山。但有学者提出晋代马石津最早位于于家村老船坞。"到了唐朝以后，随着海运的发展和船只加大，已可以经得住风浪急流了，从山东登州来辽东的航船也随之逐渐移至马石山（今老铁山）之东，在都里镇（旅顺口）登陆。"③笔者考证旅顺牧羊城为汉

---

① 王禹浪、王俊铮：《牡丹江、延边地区渤海国历史遗迹考察纪行》，《黑河学院学报》2015年第6期。
② 王绵厚：《东北亚走廊考古民族与文化八讲》，黑龙江人民出版社2017年版，第123页。
③ 言午：《晋马石津具体位置小考》，《大连文物》2000年总第57期。

代沓氏县故址，其附近之于家老船坞港系沓氏县港口"沓津"。①如此，晋代马石津前身若为汉代沓津，则马石山应系于家老船坞附近的老铁山。

（3）都里镇。即今旅顺。旅顺口黄金山下原有唐鸿胪井刻石。该刻石系公元713年，唐朝中央政府遣鸿胪卿崔忻远赴中国东北册封渤海国前身"靺鞨国"首领大祚荣，归途中经旅顺黄金山时所留下的刻石题铭。鸿胪井刻石系一块天然巨石，其上共计刻有29个汉字，其全文为："敕持节宣劳靺羯使鸿胪卿崔忻井两口永为记验开元二年五月十八日"。这块刻石是唐王朝册封渤海国政权唯一的实物证据，更是中央王朝管辖东北地区的历史见证。1905年被日本驻旅顺海军司令中将富冈定恭等人用军舰盗运往日本。②

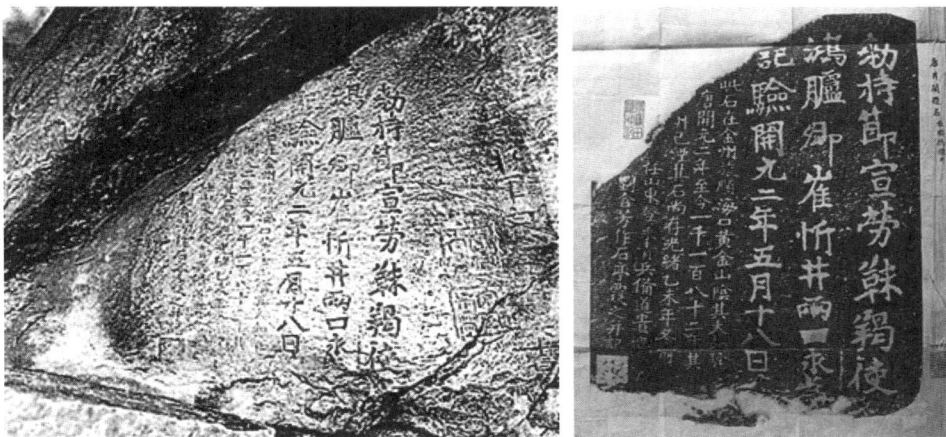

唐鸿胪井刻石题铭

（4）青泥浦、桃花浦、杏花浦、石人汪、橐驼湾。上述地名均位于辽东半岛左翼黄海沿岸或黄海近岸海面上。青泥浦即青泥洼，系今大连市区最早明确出现于史籍的地名。杏花浦为今金州杏树屯。石人汪为庄河外海的石城岛。橐驼湾为大洋河入海口，附近至今仍有大坨子、半拉坨子、驴桂坨子等地名。

---

① 王禹浪、王俊铮：《汉代辽东郡沓氏县、东沓县、沓津合考》，《黑龙江民族丛刊》2016 年第 6 期。
② 王禹浪、王俊铮：《中日关于旅顺唐鸿胪井刻石研究综述》，《黑龙江民族丛刊》2015 年第 3 期。

（5）乌骨江。乌骨江因地近乌骨城而得名。乌骨城是高句丽五部褥萨驻地之一，也是自辽东进入朝鲜半岛王畿地区的"平壤道"中心城邑。今凤城市凤凰山山城是辽东地区乃至整个鸭绿江右岸规模最大的山城，为高句丽乌骨城故址。山城周围被叆河和叆河支流环绕，遂知"乌骨江"实为叆河下游河段。

（6）泊汋口。西南距鸭绿江口30里。《旧唐书·薛万彻传》载唐军"入鸭渌水百余里，至泊汋城"。《三国史记·高句丽本纪·宝藏王下》载："泊汋城因山设险，阻鸭渌水以为固。"王绵厚、李健才推断泊汋城应该是丹东虎山山城与叆河尖平地城相结合的形式。[①]虎山山城扼守叆河河口，即泊汋口，是为泊汋城。

（7）丸都县城、神州、显州。丸都为高句丽故都，今吉林省集安，不予赘述。神州系西京鸭渌府首州，为其西京治所所在。西京鸭渌府城址虽至今不甚明确，但基本可以认定为今吉林省临江城区。显州即中京显德府，为今延边和龙西古城。

鸭渌朝贡道贯穿了渤海五京中的三京，足见其意义之重大。从交通的角度来说，这条路线距离短，又有水运舟楫之利，成为渤海与唐朝政治、文化、经贸往来的主要路线，突出表现为唐遣鸿胪卿崔訢册封大祚荣及渤海派遣大批遣唐使均是走鸭渌朝贡道。

渤海通过营州道和朝贡道，全面系统地吸收和引入了盛唐文明，使渤海在政治、经济、文化各方面均呈现出与唐朝"疆里虽重海，书车本一家"的局面，唐朝对渤海的影响可谓全面、深刻。渤海派遣遣唐使积极学习盛唐典章制度和儒学礼仪，使渤海政治制度得到了根本性的革新。从中央到地方在行政体系上形成了五京、十五府、六十二州、一百三十余县的庞大而合理的多层级建制。在政治和教育制度上设六部，尊儒学、治礼仪、循法制、重教

---

① 王绵厚、李健才：《东北古代交通》，沈阳出版社1990年版，第164页。

化、办学校、用汉字、习唐诗，使渤海官民的文化面貌得到了巨大的改变。

渤海国的建立极大地促进了东北地区古代筑城文明的繁荣发展，特别是将牡丹江、图们江、鸭绿江流域推向了都市文明的高峰，也真正开创了东北亚地区的区域城镇化和城镇一体化进程。在都城建设上，渤海积极学习唐朝筑城理念和技术，参照唐代长安城宫城、皇城、外城相套（上京城表现为宫城、内城、外城），宫城居中，以朱雀大街为中轴线，设东西两市，宫殿分前朝后寝、外朝三大殿制度等。"大钦茂自显州迁都渤海上京后，其平原筑城显著增加，并出现了繁荣辉煌的都市文明。渤海上京龙泉府、中京显德府、东京龙原府是渤海的三大都城，其建制深受唐都长安城和洛阳城的影响，均为套城形制。渤海不仅继承了高句丽的山地筑城传统，城址形制和城墙修筑技艺与高句丽十分相似，而且开始大量建造平原城，其规模宏伟。平原城均坐落于水陆要冲、交通要道，城垣多为夯土板筑，城墙设有城门、瓮城、角楼等防御设施，城址平面以方形和长方形为主，另有少量城址依地形修筑成不规则形、近似椭圆形、多边形等。城址内官衙、亭台楼阁、回廊、道路、寺院、府邸、生活设施、水井、作坊、民宅等设施齐备。古城中出土的大量的青砖、莲花纹瓦当、瓦头、牡丹花纹方砖、布纹板瓦、筒瓦等建筑饰件都充分说明了渤海国的都市化、城镇化的规模都达到了空前的水平。"[①]宫室建筑也修建得富丽堂皇，突出表现在琉璃瓦的广泛使用。平原筑城自此开始取代山地筑城成为东北亚民族最重要的筑城形式，反映了农业文明的发展和稳定政治局面的出现。

在其他文化及佛教传播方面，渤海都城遗址内出土的三彩釉陶、琉璃瓦、汉字文字瓦、铜镜、佛像等遗物及宁安三陵坟、敦化贞孝公主墓葬壁画、墓志等等，均融入了大量盛唐文化元素，带有浓厚的中原汉文化气息。特别是佛教在渤海的广泛流行，显然也与唐朝推崇佛教密切相关。目前已在

---

① 王禹浪、王俊铮、王天姿：《黑龙江流域古代民族筑城研究综述（一）》，《黑河学院学报》2016 年第 6 期。

上京、中京、东京故址及俄罗斯远东滨海地区南部发现了多座渤海时期佛寺遗址，出土了铜佛、鎏金铜佛、砖佛等遗物。上京城南兴隆寺内的大石佛和石灯幢是目前所见历史价值和艺术水准最高的渤海国佛教遗物，三陵坟二号墓壁画也带有浓厚的佛教文化色彩。近年来，对俄罗斯克拉斯基诺盐州故城佛寺遗址的发掘取得了成果。[1]上述佛教遗存的发掘反映了渤海国的京城与一般的州城中佛教艺术的繁盛局面。

第六节　辽代鹰路交通道

鹰路是辽代由辽上京临潢府（今内蒙古巴林左旗林东镇）通往五国部的交通路线。鹰，即深受辽代皇室贵族喜爱的海东青。因辽朝须经此交通路线至盛产海东青之五国部而得名。五国部即辽代生女真中较大的五个部落，其分布区域自依兰，顺松花江而下，东至今鄂霍次克海一带，归"黄龙府都部署司"管辖。其地山高林密，地形险峻，山林中有鹰名海东青，体矫健而性猛悍，能搏击天鹅、大雁，是契丹皇室最喜爱之猎禽。辽朝皇帝、贵族喜猎天鹅，其羽华丽，可作装饰品。然天鹅飞翔高远，非弓箭和一般鹰隼所及，非海东青不能捕捉。朝廷为追求这种珍禽，专门开辟了这条历史上有名的鹰路。

据《三朝北盟会编》卷三《政宣上帙三》载："又有天鹅能食蚌则珠藏其嗉。又有俊鹘号海东青者，能击天鹅，人既以俊鹘而得天鹅，则於其嗉得珠焉。海东青者，出五国，五国之东接大海，自海东而来者谓之'海东青'。小而俊健，爪白者尤以为异。必求之女真，每岁遣外鹰坊子弟趋女真发甲马千余人如入五国界，即海东巢穴取之，与五国战斗而后得，其后女真

---

[1] 吉林省文物考古研究所、俄罗斯科学院远东分院远东民族历史·考古·民族研究所：《2011年俄罗斯滨海边疆区克拉斯基诺城址考古勘探报告》，《北方考古》2016年第2期。

不胜其扰。""又有使者号天使，佩银牌，每至其国，必欲荐枕者。则其国旧轮中下户作止宿处，以未出室女侍之，后，使者络绎，恃大国使命，惟择美好妇人，不问其有夫及阀阅高者。"又《契丹国志》卷十载："女真东北与五国为邻，五国之东邻大海，出名鹰，自海东来者，谓之海东青，小而俊健，能擒鹅鹜，爪白者尤以为异，辽人酷爱之，岁岁求之女真，女真至五国，战斗而后得，女真不胜其扰。及天祚嗣位，责贡尤苛。又天使所至，百般需索于部落，稍不奉命，召其长加杖，甚者诛之，诸部怨叛，潜结阿骨打，至是举兵谋叛。"可知辽帝经常派使臣到五国部索取海东青，给女真部众和五国部带来沉重的负担。阿骨打乃"集女真诸部兵，擒辽障鹰官"发兵起义。

从辽上京通往生女真和五国部的道路有两条：一是西路，从辽上京经长春州，东行渡江到宁江州，沿今第一松花江直到黑龙江下游五国部之地；二是南路，从辽上京沿西辽河、东辽河东行，经信州（今吉林省怀德县泰家屯古城）、黄龙府（今吉林省农安县城），北行沿今第一松花江直到黑龙江下游五国部之地。辽上京至长春州的路线即辽上京至春捺钵之地的路线。长春州地望向来争议颇大，有白城城四家子古城、前郭尔罗斯塔虎城等诸说，大体不出今吉林省西部洮儿河—嫩江流域一带。王绵厚考证辽上京至春捺钵之地路线，自今巴林左旗林东镇出发，沿乌尔吉木伦河东行至阿鲁科尔沁旗，再北上扎鲁特旗、科尔沁右翼中旗、突泉县双城子古城，再东北行至洮安县，经白城城四家子古城、前郭塔虎城，自嫩江下游入松花江。①长春州、宁江州是辽朝在女真居地西部建立的军事重镇，而黄龙府则是在生女真南部建立的军事重镇，用以控制和管辖生女真和五国部。因此，长春州、宁江州、黄龙府均是辽上京至五国部这条万里"鹰路"上重要的交通节点、地理枢纽和军政重镇，换而言之，真正意义上的鹰路起点当为上述诸城。若以五国部

---

① 王绵厚、朴文英：《中国东北与东北亚古代交通史》，辽宁人民出版社 2016 年版，第 300—301 页。

隶属关系论，则以黄龙府为原起。^①上述两条鹰路路线，为金、元、明所沿用，成为由东北腹地通向松花江及黑龙江下游滨海地区的重要水、陆城站的基础。鹰路是辽朝官员和五国部贡使往来的重要交通线，也是黑龙江流域的女真人与南部地区汉人、契丹人经济文化交流的重要渠道。^②辽朝政府一方面向五国部征收貂皮、名马、海东青等各种地方特产；另一方面，又把汉人、契丹人制造的各种手工业产品和生产技术带到了五国部地区。辽朝政府征索海东青给五国部造成了极大的负担和骚扰，激起了五国部人民的反抗斗争，但此举对于加强辽朝对黑龙江地区的统治，发挥了重要的作用和影响。

至金代，这条交通线得以继续发展，并为元代的水达达路所辖军民万户府、站赤和狗站，明代"海西东水陆城站"，明清虾夷锦丝绸之路、黑貂之路等奠定了基础，可视作辽代鹰路交通的延续。故而，辽代鹰路对后世松花江、黑龙江的水陆交通都产生了深远的影响。

第七节　金代"燕京—金上京—蒲峪路—火鲁火疃谋克"

相较于契丹族崛起于东北地区南部的"松漠之间"，女真则发迹于东北亚腹地的"白山黑水"。因此，女真族在复兴渤海城市文明的基础上，进一步发展和拓展，使东北地区腹地的经济文化达到了一个新的巅峰，继而完善和延伸了原有的交通网络体系。

---

① 亦有学者提出宁江州应为鹰路起点，原因在于："首先，宁江州处于辽与生女真的边界之上，有榷场存在，属于交通枢纽。其次，宁江州先后隶属于黄龙府都部属和东北路统军司，这与五国部及鹰路的管理变化相契合。再者，宁江州处于辽都城上京、春捺钵地点长春州的直线上，而且毗邻第二松花江，可由水路经第一松花江到达五国部。"（吴树国：《辽代鹰路起点考辨》，《北方文物》2016 年第 3 期）

② 景爱：《辽代的鹰路与五国部》，《延边大学学报》（社会科学版）1983 年第 1 期。

《金史·太宗本纪》载金天会二年（1124）春正月丁丑，"始自京师至南京，每五十里置驿"。金太宗时期"京师"为金上京，"南京"则是今北京。这说明，今北京至金上京之间沿用了辽代交通城站，设置了新的驿路。北宋末年使臣许亢宗出使金朝，作《宣和乙巳奉使行程录》，记载了自河北"雄州"白沟拒马河起，经燕京、滦州、锦州、沈州、黄龙府，终至金上京的旅程，共39程，勾勒出一条贯通东北南北的交通大动脉。这条交通线路也为历代所沿用，至金代终得以完全固定化和制度化。

金上京会宁府位于今哈尔滨阿城区南、阿什河左岸的白城子，是大金帝国第一座都城，亦是"金源文化"发源地。自金太祖完颜阿骨打于"皇帝寨"（金上京城东小城子古城）建国（1115）称帝起，至海陵王完颜亮贞元元年（1153）迁都到中都（今北京）止，金朝以上京为都城，历时38年。金上京规模浩大，是同时期东北亚最大的国际大都会。从上京城的建设过程来看，女真人在建国初期即迅速开始了封建化进程，城市建造融入了契丹文化与汉文化；从金上京的形制特点来看，金朝继承了辽上京南北城分立的布局特点，中设腰垣予以划分，并在此基础上进一步发展，一改辽上京的南城为汉城、北城为皇城的特点，将皇城置于南城，北城则为官衙、汉民聚居区及手工业作坊区。[1]金上京随着海陵王南迁中都而一度荒废，金世宗即位后恢复了上京名号，"大定十三年七月庚子，复为上京"（《金史·世宗本纪》），并实行了"实内地"的政策。以金上京为核心的"金源内地"经济文化得到了快速发展，开创了东北亚地区新的繁荣的城市文明。以金上京为中心的城市体系和交通网络也迅速形成了，向外辐射有数条水陆联运的交通大动脉，其中最重要的当为"金上京—蒲峪路—火鲁火疃谋克"一线。

1988年，哈尔滨市阿城区巨源乡、金上京附近小城子村村民在村西推土建房时发现了一座男女合葬竖穴土坑石椁木棺墓。石椁由10块石板组成，

---

① 刘冠缨：《金上京城历史沿革及形制特点》，《学问》2016 年第 5 期。

石板间以白膏泥密封，内置木棺。木棺制作考究，边、角均用如意纹银片包饰，棺上有丝织品覆盖，棺盖正中置一阳文篆书"太尉开府仪同三司事齐国王"银质铭牌。遂知该墓系金代齐国王完颜晏夫妇合葬墓。棺内男性身着8层服装；女性头部及面部用黄色丝织品包裹，腰佩饰件，项戴玛瑙金丝链，身着9层服装。丰富的丝织品遗物使该墓葬号称"北方马王堆"。齐国王墓出土丝织物主要是服饰，分为棉、夹、单类共计30余件，有袍、衫、裙、腰带、鞋、袜、冠帽等。服饰原料有绢、绸、罗、锦、绫、纱等，经纬线排列细密，弹性、韧性良好。织工精湛，大量采用挖梭技术，织金品占有相当数量，有织金绸（绫）、织金绢、织金锦等。此外还采用印、绘、绣等技法，特别是绣法，针法灵巧多变，可分为辫绣、打籽绣、贴补绣、盘香绣、平针、接针、套针、钉线、铺线、圈金等10余种。颜色有驼、绛、棕、烟、酱、绿、青等色。花纹图案有团龙、夔龙、云鹤、飞鸟、鸳鸯、朵梅、团花、卷草、璧桃、蝴蝶、卷云等纹。袍、衫多为盘领、开裾，具有浓厚的北方民族特点。①齐国王墓丝织品遗物为研究宋金时期服饰史提供了极为珍贵的材料，亦是我国金代考古最重大的发现之一。齐国王墓的发现生动再现了金代东北亚丝绸之路的盛况，是这一时期丝路发展最重要的实物见证。

《金史·地理志》载："（蒲峪路）南至上京六百七十里，东南至胡里改一千四百里，北至边界火鲁火疃谋克三千里。"蒲峪又作蒲与，是金代上京所辖诸路之一，初置万户府，海陵王时设节度使，路之正式设治或在此时。改路管辖范围甚为辽阔，南邻上京会宁府辖地，西界嫩江与乌古迪烈部（后改东北路）相邻，向北三千里至火鲁火疃谋克之地。"火鲁火疃谋克"据考证在今外兴安岭南麓、结雅河上游。②蒲峪路是金代上京以北地区的最重要的军政重镇之一。学术界已基本达成一致，蒲峪路古城即今克东县金城

---

① 黑龙江省文物考古研究所：《黑龙江阿城巨源金代齐国王墓发掘简报》，《文物》1989年第10期；陈凤娟、杨旭：《十大镇馆之宝之二：金代齐国王墓丝织品服饰》，黑龙江省博物馆官网：http://www.hljmuseum.com/system/201510/101943.html。

② 孙进己、冯永谦：《东北历史地理》（下卷），黑龙江人民出版社2013年版，第318页。

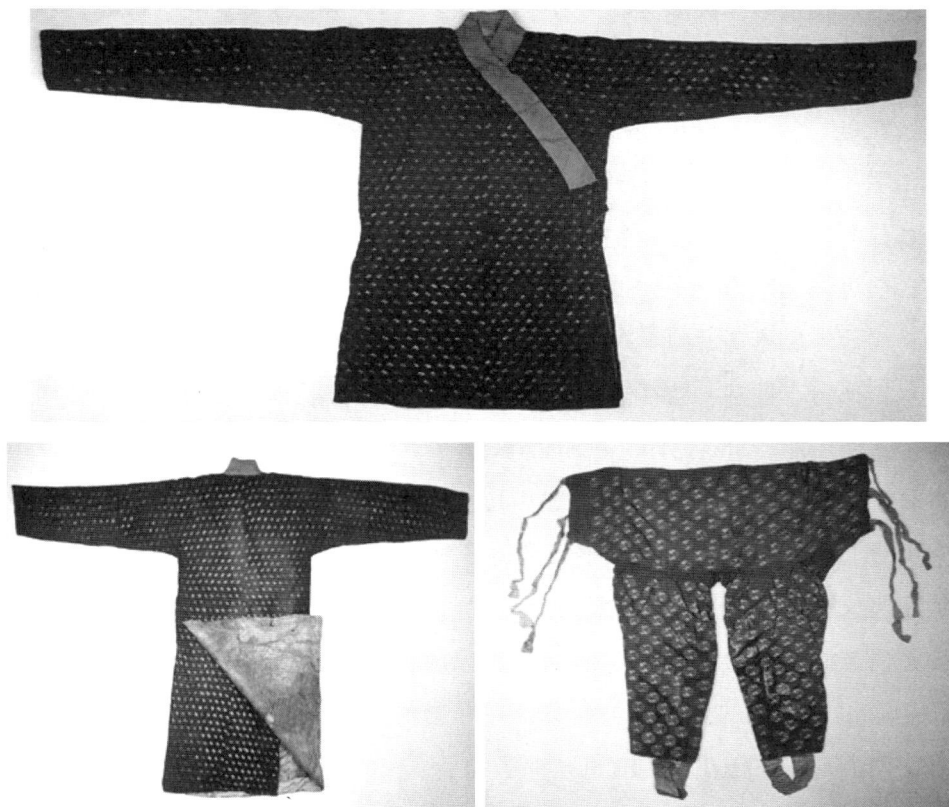

金代齐国王墓出土丝织品

（资料来源：赵评春：《金代服饰》，文物出版社1998年版。）

乡古城。城址位于克东县城西北约10公里的金城乡古城村附近，地处小兴安岭以西的平原地带，地势辽阔地平；古城濒临乌裕尔河南岸，横卧于东、北、西三面沼泽草甸的环抱之中，城北和城西被乌裕尔河及其支汊环绕，地势低洼。蒲峪路故城平面略呈椭圆形，东宽西窄，城内地势为北高南低，周长2850米。城墙为夯土板筑。城墙外附筑马面共40个，间距60—70米。城墙外10米处有护城壕遗迹，大部分已淤平。全城辟设2个门，分别位于南、北墙中间；门外均筑瓮城，呈半圆形。两门间有大道相通，原门址的一部分被破坏。城内早已垦耕或建民房，仅有些略显隆起的土阜或比较低洼的金代建筑遗迹址。1975年、1979年曾发掘南门址及城内东北部的一处建筑址。两次发掘出土文物较多。陶器有罐、盆、瓮、灯、纺轮等。瓷器有碗、盘、坛等，同时发现较多瓷片，以定窑为主，有影青、磁州定窑片等。铁器有札车、车辖、铁铧、合页、带扣、刀削、铲、镞等。骨器有镞、勺等。此外南门址附近出土不少石球，还有石望柱等。建筑材料以砖瓦居多，其中有牡丹花纹砖、兽面纹瓦当、板瓦、筒瓦、螭首、陶手（建筑饰物）等。[1]城内东北角高约1米、长40米、宽20余米的土阜，经发掘认定是一座官衙廨署遗迹，现均已垦为耕地。历年来城内不时发现文物，调查和发掘时征集到的重要文物有铁锁、钺形刀、铁砧、铁马镫、鞍饰、铜押印、带錾长柄人物故事镜等。1956年，该城发现"蒲峪路印"铜印1方，已佚，今仅存印模。印为正方形，每边各长7.8厘米，汉字阳文篆书。翌年又发现"□□之印"1方，正方形，边长7.3厘米，篆书，据考证前两字当是契丹大字。"蒲峪路印"的出土，为该城的断代及定名提供了重要根据。

蒲裕路地处金上京会宁府与火鲁火疃谋克之间，其三者大致呈南北一线。金上京所在的阿什河与松花江左岸支流通肯河注入松花江河口相距甚近，两大支流与松花江主河道几乎形成了天然的大十字路口。这条交通大动脉自金上京出发，沿阿什河流域，越过松花江进入通肯河流域，继而到达乌裕尔河流域上游的蒲裕路。这一交通沿线不乏具有坐标意义的重要城邑。如位于蒲峪路古城北部的黑河北安市南山湾古城，位于北安市胜利乡民生四屯西侧的漫土岗上，地近乌裕尔河与闹龙河交汇处。古城为南北向，平面呈方形，周长300米，城墙高1米。南城垣设一城门，城垣四角尚存角楼遗迹，城垣外有近2米宽的护城壕。在城内曾发现陶片、残瓦片、铜镜、铜佛、铜钱、铁镞、石臼等。古城东南700米处发现居住址一处，地表散布铜钱、铁镞、青砖、布纹瓦等遗物。古城附近曾出土金代"曷苏昆山谋克之印"，官印两侧的边款刻有"系蒲与猛安下"及"曷苏昆山谋克之印"等文字，背面右侧还

---

[1] 黑龙江省文物考古研究所：《黑龙江克东县金代蒲峪路故城发掘》，《考古》1987 年第 2 期。

嵌刻"大定十年七月"（1170年）、左侧刻有"少府监造"等字样。① 可知该城应系蒲裕路下辖曷苏昆山谋克城之所在。该印系黑河地区目前所见唯一一方明确表明行政建置名称的古代官印。位于黑河市西沟古城亦是一座战略位置相当重要的军政重镇。西沟古城位于黑河市爱辉区西岗镇西沟达斡尔民族村南16公里，民间称老羌城或老枪城，有大、小之分。老羌城的北、东、南（偏西）坡30余公里被公别拉河环抱。西沟古城分南、北二城，南城较大，周长2.7千米。南城南墙开一城门，门道外是一条弧形城墙，形成瓮门，门高40—50厘米，宽约1米之内。城门内南侧是1条300—400米长的土城墙，城高在1.5—2.5米之间，城墙基宽2—2.5米，顶部宽1.5米左右。城墙每隔40—50米之间有一马面。城墙为堆筑，墙外有护城壕。城墙内距城墙5米左右或10米处，有一排不规则的土包或探险坑，推断为住所、垒灶（灰坛）遗址。该城历经数次考古调查，结合出土金代"经略使司之印"，可将其定为金代古城。西沟古城所在之公别拉河流域正处在以克东县、黑河北安市为中心的乌裕尔河流域及嫩江流域上游至俄罗斯结雅—布列亚平原的过渡交界区域和交通要道必经之地，地理位置十分重要。因此，从地理空间的角度来看，老羌城显然具有很高的战略地位。②

值得注意的是，与黑河地区隔黑龙江相对、以结雅河口为中心的俄罗斯阿穆尔州地区，分布着多座中世纪大型女真筑城。兹举要者若干如下：③

"陡崖古城"位于溯结雅河而上15公里处，10余米高的陡岸之上。古城距结雅河500米，扼守河道要冲。古城平面呈梯形，东部临河，其余三面被城垣环绕。城垣依陡崖山岭而建，总长1560米。城墙外侧高至4米，墙体内侧高

① 北安市地方志办公室编：《北安县志》，1994年版。

② 王禹浪、谢春河、王俊铮：《黑龙江流域黑河地区古代民族筑城初步研究》，《哈尔滨学院学报》2017年第12期。

③ История Амурской области с древнейших времён до начала XX века // Под. ред. А.П.Деревянко, А.П.Забияко. Благовещенск, 2008.〔[俄]А.П. 杰烈维扬科、А.П. 扎比亚科主编：《从古代到20世纪初的阿穆尔州历史》，布拉戈维申斯克，2008年。〕；[俄]С.П. 涅斯捷罗夫等：《俄罗斯黑龙江中游左岸的帽子山古城》，《黑河学院学报》2016年第1期。

至2米。筑城西北侧城墙部分有两个城门，宽3—4米，其分别距筑城东南角约100米、250米。通道处无外防设施。在城墙东南方，在墙体上建有大型角塔楼。城墙外侧修有壕沟。现今壕沟深度为0.2—0.5米，宽至1.2米。古城内尚未发现房址遗迹。

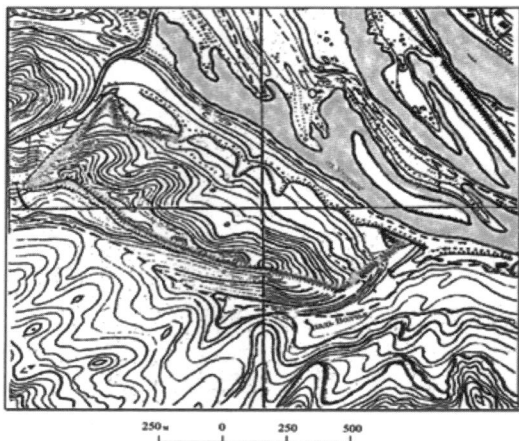

陡崖古城平面图（摘自《从古代到20世纪初的阿穆尔州历史》，第142页）

格罗杰科沃古城位于布拉戈维申斯克市沿黑龙江而下25公里处，因其上游9公里处的格罗杰科沃村而得名。古城坐落于高于水面5—7米处的河岸台地。筑城周长约3公里。目前可见不少于4道外城墙、2道内城墙。城墙高达5—6米，城墙基宽8—10米。在古城东南部、西南部分布有数座塔楼类防御设施。该城内不仅发现了女真时期遗物，还发现了靺鞨、达斡尔等不同历史时期遗存，表明该城始建于靺鞨时期，女真、达斡尔先后沿用。

帽子山古城是黑龙江中游最大的一座古城，位于阿穆尔州波亚尔科沃村沿黑龙江而上4公里处，与中国逊克隔江相望。古城距黑龙江河道1.5公里。帽子山古城发现了新石器时代遗存。在中世纪早期，在帽子山及其周围分布有靺鞨村落。帽子山发现了5—8世纪的靺鞨文化遗物。女真沿用了古城，使其进入繁荣时期。在房址里发现北宋"元丰""崇宁"时期铜钱。帽子山古城属楔形山地筑城，形制复杂，长约350米，宽约170米。城墙高、基宽均为3—4米。城墙

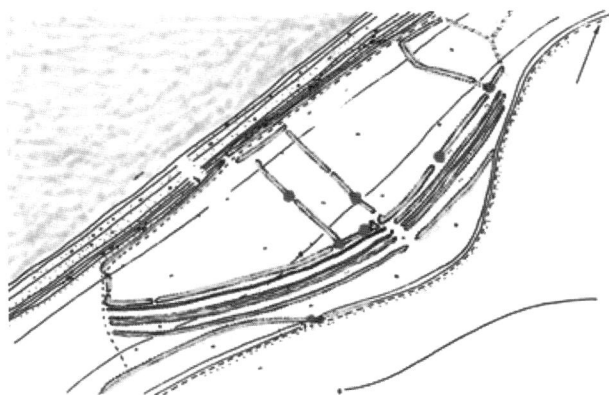

格罗杰科沃古城平面图（摘自《从古代到20世纪初的阿穆尔州历史》，第121页）

的建筑方法为黏土掺杂腐殖土和草皮堆砌。城墙外侧挖有壕沟。古城内发现大量房址，其中非常显著的一个特征就是火炕的应用。女真时期城内居住着官吏和平民，手工业发达，是黑龙江中游女真人重要的行政与军事中心。

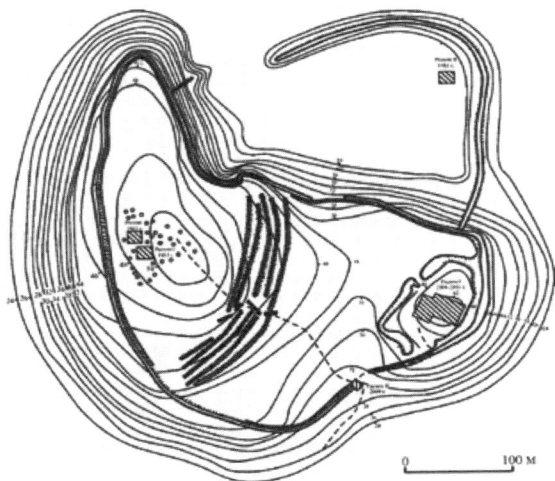

帽子山古城平面图（摘自《从古代到20世纪初的阿穆尔州历史》，第110页）

在结雅河与黑龙江汇流形成的以结雅河口为中心水路大"丁"字路口，中俄两国分布有密集的古代城邑，特别是俄罗斯阿穆尔州地区黑龙江、结雅河沿岸形成了规模很大的城邑与要塞堡集群。该地区亦是俄罗斯境内除滨海边疆区南部之外，又一片密集的中世纪古城群。

这说明了这一地区作为自金上京、蒲峪路至外兴安岭南麓火鲁火疃谋克的这一交通大动脉"地理枢纽"的重要地位，是黑龙江流域民族交错、融合与交往的重要地区，特别是沟通了黑龙江左右两岸，特别是松花江、嫩江流域与结雅河、谢列姆贾河流域的族群往来和文化传播。

在俄罗斯阿穆尔州阿尔哈拉区黑龙江左岸支流阿尔哈拉河右岸，蘑菇村上游48公里、距阿尔哈拉河注入黑龙江口上游97公里处，有一处极为重要的女真大字岩画题词。2003年，俄罗斯阿穆尔国立大学宗教学与历史教研室主任А.П.扎比亚科与Р.А.科贝佐夫对岩画进行研究时发现了女真大字题词。文字符号（字素）用黑色颜料（墨汁）书写。该字使用毛笔或芦秆笔书写（细芦苇或竹筷）。字素由3竖行组成的整体线条内容（其面积大概是14×20厘米）。右侧7个字素，中间10个字素，最左侧7个字。А.П.扎比亚科教授认为文字字素系女真大字。根据爱新觉罗·乌拉熙春教授的译文，这一岩画题词由一名叫申忒鄰的人所留，把题词崖体旁的河流称作"塔里安朵"。题词落款为"金太宗天会五年十月十九日"，即1127年，也就是发明女真大字9年之后。[1]岩画地点距离阿尔哈拉河与黑龙江汇合口近百公里，根据题词内容且伴有落款，推测这位名叫申忒鄰的题词者很有可能是一位有一定文化素养的金代官吏。虽然岩画透露出的信息十分有限，但可知岩画所在之阿尔哈拉河河段在金代称"塔里安朵"。同时，该题词的出现，表明金代该地区存在某行政机构的可能性。这一重要发现为黑龙江流域中游，特别是黑龙江左岸的金代史实研究提供了极为珍贵的文献材料。

---

[1] А.П.Забияко. Лингвисты Японии и Китая расшифровали наскальную надпись на Архаринской писанице // Амурская Правда, 10.02.2015; Наскальные изображения реки Архары - Международная научная конференция《Северная часть Шелкового пути и народы Северо-Восточной Азии》(Хэйхэский университет, Хэйхэ, КНР, 27 сентября – 1 октября 2017 г.)(А.П.扎比亚科：《日本与中国语言学家解读阿尔哈拉岩刻题铭》，《阿穆尔真理报》，2015年10月2日；《阿尔哈拉河岩画》，北方丝绸之路与东北亚民族学术研讨会，黑河学院，黑河，2017年9月27日—10月2日。）

阿尔哈拉河岩画全景及女真题词

第八节　元明"海西东水陆城站"与奴儿干都司驿路

元代建立后，东北全境统归辽阳行省管辖，其下设辽阳路、沈阳路、广宁路、大宁路、东宁路、开元路（后析出水达达路）、征东元帅府等行政建制予以管辖。特别是在辽代鹰路、金代站铺的基础上，沿松花江、黑龙江水道设置了通往黑龙江口、库页岛、北海道地区的"海西东水路城站"。

为了便于对自元大都至黑龙江口交通大动脉和征东元帅府的管辖，在黑龙江流域设置了数座军民万户府。元代曾在东北北部边疆水达达女真聚居区设置了若干军民万户府，《元史·地理志》记载："合兰府水达达等路，土地旷阔，人民散居。元初设军民万户府五，抚镇北边。一曰桃温，距上都四千里。一曰胡里改，距上都四千二百里、大都三千八百里。……一曰斡朵怜。一曰脱斡怜。一曰孛苦江。"谭其骧曾做过辨析，认为该处"合兰府水达达路"应为"女真水达达路"之误。[①]事实上，水达达路除了统辖上述桃温等五大军民万户府，见诸《元文类》《元史》《析津志》等文献的军民万户府名称，还有吾者野人乞列迷万户府、失宝赤万户府、塔海万户府等。程

---

① 谭其骧：《元代的水达达路和开元路》，《历史地理》创刊号 1981 年。

尼娜综合前人研究，将元代东北北部诸军民万户府地望制表，[①]兹引用附录如下：

军民万户府	地望
桃温军民万户府	黑龙江省汤原县固木纳古城
胡里改军民万户府	黑龙江省依兰县喇嘛庙
斡朵怜军民万户府	黑龙江省依兰县牡丹江对岸马大屯
脱斡怜军民万户府	黑龙江省桦川县万里霍通古城
孛苦江军民万户府	黑龙江省富锦市西南古城
吾者野人乞列迷万户府	俄罗斯远东阿纽伊河入黑龙江口处附近
失宝赤万户府	黑河瑷珲县
塔海万户府	黑龙江省依兰县西北大古洞村

除松嫩平原沿松花江经三江平原至黑龙江下游这一传统交通线路，元代文献《析津志》还记载了自肇州转而向东北，经今齐齐哈尔地区至失宝赤万户府这一重要线路。今本《析津志》系北京图书馆善本组从《永乐大典》等古籍中将相关内容辑佚而成。是书《天下站名》记载了自元大都向四方辐射的交通驿站及路线、区间里程。该文献记载，洋州"至北分三路：一路正北肇州转东北至吉答。一路北行转东至唆吉"。依谭图"辽阳行省图"，吉答位于齐齐哈尔市以西、龙江县以东的嫩江右岸一带。[②]至吉答后，"至此分二路：一路东行至失宝赤万户，一路西行至吾失温，其西接阿木哥"。吉答至失宝赤一线，依次经过牙剌站、捻站、苦怜站、奴迷站、失怜站、和伦站、海里站、果母鲁站、阿余站。其路线即沿着嫩江上溯至今嫩江县，转而向东北进入公别拉河流域，最终到达黑河地区。《元文类》卷四一引《经

---

① 程尼娜：《元朝对黑龙江下游女真水达达地区统辖研究》，《中国边疆史地研究》2005 年第 2 期。
② 谭其骧主编：《中国历史地图集》（第七册），中国地图出版社 1996 年版。

世大典》"鹰房捕猎"条云："国制，自御位及诸王皆有昔宝赤，盖鹰人也。""昔宝赤"即"失宝赤"，为管鹰人的万户府。《〈中国历史地图集〉释文汇编·东北卷》考证："按自辽、金以来，黑龙江下游是出产'海东青'的地区。失宝赤万户府在吉答以东十站处。从这些情况看，这条驿站线应在松花江以北，约自今黑龙江省齐齐哈尔东北行而东，与另一条沿松花江至奴儿干的驿路相平行，一北一南。清代黑龙江驿站中有一路经齐齐哈尔东北行达瑷珲城，其'活鲁儿驿'即元代'和伦站'，其'枯母黑驿'即元代'果母鲁站'，'厄育勒驿'当即元代的'阿余站'。失宝赤万户（府）在阿余站下，应位于现在黑龙江右侧逊河上流之东，约当现在的霍尔莫津地方，霍尔莫津可能是失（昔）宝赤的音讹。"①将失宝赤万户府定位在黑河爱辉一带是较为令人信服的。

明代对东北地区的管辖是短暂的。明朝建立后，洪武四年（1371），朱元璋为收复东北、肃清盘踞在辽东的残元势力纳哈出，派都指挥使叶旺、龙虎将军马云率军横渡渤海海峡，在今旅顺黄金山下的狮子口②登陆，直取金州，并设"辽东都司"于得利瀛城（今大连瓦房店得利寺山城），后迁辽阳，并设"定辽都指挥使司"，简称"定辽都司"。洪武八年（1375），改定辽都司为"辽东都指挥使司"，简称"辽东都司"或"辽东镇"。永乐九年（1411），在特林地方正式设立"奴儿干都指挥使司"，简称奴儿干都司。如此，辽东都司与奴儿干都司一南一北统辖东北全境。明朝实行卫所制度，在东北地区共设有25卫、127所，东控建州女真和朝鲜，西控蒙古三卫，北控海西、野人等女真诸部，南控海路。明代卫所大部分位于嫩江中下游、松花江、黑龙江下游沿岸。相比之下，黑龙江中游和上游卫所则寥寥无几。

明廷对东北亚极边地区丝织品的输送主要通过水路运抵奴儿干、苦兀、

---

① 谭其骧主编：《〈中国历史地图集〉释文汇编·东北卷》，中央民族学院出版社1988年版，第206页。
② 因旅途平顺，狮子口遂改称旅顺口。

奇集等黑龙江下游地区。水路运输的船只均来自吉林船厂。明廷先后三次派遣辽东都指挥使司刘清前往吉林船厂督办船务。船厂遗址位于吉林市丰满区阿什哈达村附近。在松花江沿江崖壁上至今仍留有当年凿刻的石刻题铭。第一处摩崖石刻刻于永乐十九年（1421），全文竖排三列，是文云："甲辰丁卯癸丑，骠骑将军辽东都司指挥使刘□□大明永乐拾玖年次辛丑，正月吉□□。"此处漫漶不清之"刘□"当是刘清。第二处摩崖石刻刻于宣德七年（1432），全文七列："钦委造船总兵骠骑将军辽东都司指挥使刘清，永乐十八年领军至此，洪熙元年领兵至此，宣德七年领兵至此。本处设立龙王庙宇。永乐十八年创立，宣德七年重建□宣德七年二月三十日□□"。明永乐、洪熙、宣德年间，宦官亦失哈"九巡北海"。亦失哈系海西女真人，朝鲜汉文典籍亦称"亦大人""亦时哥"。在明永乐九年（1411）至宣德八年（1433）的20余年中，率船队自船厂顺松花江、黑龙江而下，九巡奴儿干地方，修建并重修了永宁寺，树立了碑刻。永宁寺位于庙街以北2.4公里处的江畔石崖之上。永宁寺碑有《永宁寺记》和《重修永宁寺记》两通石碑。《永宁寺记》全称《敕修奴儿干永宁寺记》，立于明永乐七年（1409），碑高102厘米，宽49厘米，厚36厘米，碑正面刻汉字30行，每行64字，碑额书"永宁寺记"；碑阴为蒙古文与女真文，是对汉文内容的简要翻译，各15行。碑两侧均为汉文、蒙古文、女真文、藏文刻写的佛教"唵嘛呢叭咪吽"六字真言。碑文中的汉文由明朝官员邢枢撰写，蒙古文由阿鲁不花书写，女真文由康安书写。《重修永宁寺记》立于宣德八年（1433），碑高120厘米，宽70厘米，厚32厘米，碑刻则相对简略，只有正面碑文，额书"重建永宁寺记"，刻字30行，每行44字，碑文均为汉字。两通永宁寺碑记录了黑龙江下游世居民族的风物民俗以及亦失哈受命远赴黑龙江流域开拓疆土、建立行政管辖的历史过程，是明朝政府对黑龙江流域及库页岛进行有效行政管辖的实物证明，也是研究明代东北的重要史料。目前两通石碑均存放于俄罗斯滨海边疆首府符拉迪沃斯托克的滨海国立阿尔谢涅夫博物馆。亦失哈对黑龙江下游的

阿什哈达摩崖石刻（王俊铮 摄）

永宁寺碑（左）与重修永宁寺碑（右）（王俊铮 摄）

巡视和管辖，赏赐当地民族"丝绸诸物"，使汉文明在东北亚极边地区广为播撒，与当地原住居民建立了密切的联系。

这条沿江的文化大走廊又进一步完善为"水陆并用、水狗联运"①的"海西东水陆城站"。"海西东水陆城站"真正始于元代"海西辽东提刑按察司"。所谓"海西"，有学者指出，大体指元代岭北行省以东、日本海以西，包括库页岛在内的广大地区。②元代在辽金鹰路、站铺基础上建制了该机

---

① 穆鲞臣、潘彩虹：《"驿路"与"国家化"——论明代"海西东水陆城站"丝绸古道》，《广西民族大学学报》（哲学社会科学版）2017 年第 5 期。

② 穆鲞臣、潘彩虹：《"驿路"与"国家化"——论明代"海西东水陆城站"丝绸古道》，《广西民族大学学报》（哲学社会科学版）2017 年第 5 期。

构，进一步强化对这条古老交通线路的管理，将驿站建设直达黑龙江口奴儿干地方的"征东元帅府"。明代则特设奴儿干都司，正式建立了"海西东水陆城站"这一交通大动脉。这条贯穿东北亚南北的交通要道南接辽西走廊，明代丝织品由开原"丝关"出塞，经"海西东水陆城站"至满泾站，渡鞑靼海峡，进入"苦兀"（又称"苦夷"，即今库页岛）北部，南下纵贯全岛，从苦兀最南端白主渡过宗谷海峡到达北海道地区。明廷将丝织品输入上述地区，与黑龙江下游、库页岛的山旦人展开贸易。山旦人即赫哲、费雅喀等土著居民及其前身。这种贸易进一步拓展至北海道虾夷人，因此这种贡赏交易的载体又被称为"虾夷锦"，形成了独具特色的北海道"虾夷锦文化"。

第九节　清代"贡貂赏乌绫"与"黄金之路"

清代在明代山旦贸易基础上正式建立了"贡貂赏乌绫"制度。这种制度即黑龙江下游、库页岛等地赫哲、费雅喀、雅尔哈、奇楞、恰喀拉、库野、鄂伦春、乌德盖、吉利雅克等世居民族向宁古塔、三姓副都统上贡貂皮，两地副都统代表清朝向当地民族赏赐"乌绫"。"乌绫"又作"乌林"，系满语"财帛"之意，包括织锦、棉帛、丝绸等丝织品。清朝副都统地方定期举行贡赏活动，当地官吏负责接收朝贡和赏赐。19世纪初，日本学者间宫林藏考察黑龙江下游和库页岛后撰写《东鞑纪行》一书，对晚清黑龙江流域有关"贡貂赏乌绫"制度"满洲行署"及诸夷"进贡仪式"给予了记载："满洲行署面临满珲河，背为辽阔平野，其间树木苍郁，实为可观之大地，河岸为中游上下之岛屿所环抱。……此地无土著夷人，行署外到处皆是外来夷人搭造之窝棚，为数之多几十上百，均用桦树皮苫盖。来集之夷人西自朝鲜，东自俄罗斯，……行署约有十四五间大之方形地方，以圆木围成双重栅栏，其

中左、右、后三处为交易所。中央又设一重栅栏，行署设于此处。此为接
受贡物，与授予赏赐品之处。每栅只设一门，别无其他出入口。"①这种行
署是临时性机构，贡赏与交易大集结束后官员即离去。此处之"满珲河"即
混同江，亦即黑龙江。"满洲行署"坐落于黑龙江江畔开阔之地。间宫林藏
对"进贡仪式"也进行了记载："先由下级官吏出栅栏门，呼唤诸夷之喀喇
达、噶珊达等依次单独进入公署。较高级官员三人，坐于台上三条凳上，接
收贡物，夷人脱帽，跪地叩首三次，献上黑貂皮一张。中级官吏介绍来人之
后，接过礼物呈交较高级官吏面前。贡礼毕，赐予赏物。与喀喇达锦一卷，
与噶珊达缎类品四寻，与庶夷则为棉布四反，梳子、针、锁、绸斤及红绢三
尺许。"②是文出现的"喀喇达""噶珊达"均是噶珊制度的反映。清代噶
珊制度是取代明代卫所制度而形成的一种新的地方军政制度，设"喀喇达"
即姓长、"噶珊达"即乡长对当地族众予以管理。"贡貂赏乌绫"正是噶珊
制度下一种重要的政治统辖与民族互动的表现形式。"贡貂赏乌绫"制度重
建了元明以来以"虾夷锦"为特色的东北亚丝绸之路。同时，"贡貂"的制
度化则可视作汉魏以来以"挹娄貂"为标志的"黑貂之路"（Э.В.沙弗库诺

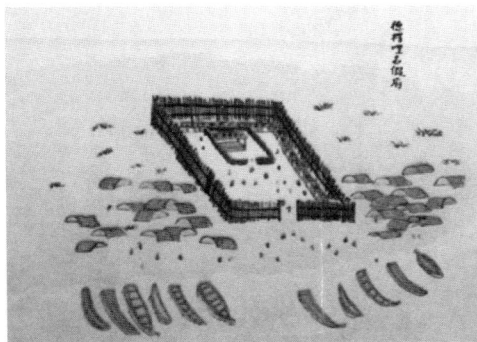

《东鞑纪行》所绘"德楞行署"与"进贡仪式"

① [日]间宫林藏，黑龙江日报（朝鲜文报）编辑部、黑龙江省哲学社会科学研究所译：《东鞑纪行》，
  商务印书馆1974年版，第12页。
② [日]间宫林藏，黑龙江日报（朝鲜文报）编辑部、黑龙江省哲学社会科学研究所译：《东鞑纪行》，
  商务印书馆1974年版，第13—14页。

夫①）的延续和复兴。

在东北腹地至黑龙江中上游这一地理区域内，自室韦朝贡道以来形成的交通廊道也在近代发生了革命性的转变。随着沙俄在远东地区的扩张，建立了以阿尔巴津堡（雅克萨）为中心的殖民据点，并与清朝发生了军事冲突。为抗击沙俄入侵，清朝政府于康熙二十四年（1685）派驻军队于黑龙江城（瑷珲），沿嫩江上游左岸、大兴安岭东麓建立了传送军报、供应物资的驿道。以墨尔根为头站，向北驿路设"二站""三站"等驿站，以此类推，直至雅克萨对岸的额木尔河口，全长1400多里，设25站。1877年，漠河发现金矿，日本、俄罗斯等国淘金者纷纷来此挖掘金矿。1887年，经李鸿章推荐，时任吉林将军代理长春厅通判的李金镛奉旨调往黑龙江担任漠河金矿督办，筹建金矿。李金镛重新开拓并改进了这条通往雅克萨的运输军需物资的交通大驿道，增设驿站至33个。他积极奔走于天津、上海、烟台等地，筹集资金，招聘矿师，购买机械，筹运粮草与军火，招募矿丁，确定运输路线并开始采金工作。②这条从墨尔根至漠河的千里古驿道，遂被称为"黄金之路"。

丝与貂的互动与共生，"黄金之路"闪耀的熠熠光彩，共同勾勒出东北极边之地后中世纪时代文明互动、文化交流、民族融合，乃至于近代革新传统、工业化转型的历史图景。

俄罗斯文献所绘和复原阿尔巴津堡（雅克萨）

① [俄]Э.В.沙弗库诺夫，郝丽娜、营思婷译：《东北亚民族历史上的粟特人与黑貂之路》，《广西民族大学学报》（哲学社会科学版）2017年第5期。
② 嫩江县墨尔根古道驿路博物馆展览陈列说明。

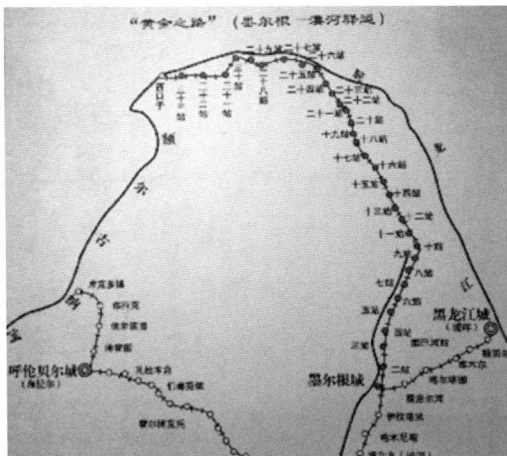

墨尔根—漠河驿道："黄金之路"（王俊铮翻拍于嫩江县墨尔根古道驿路博物馆）

第十节　结语

东北亚丝绸之路自肃慎以来至今，凡4000余年不绝如缕。事实上，在东北亚地区长期存在着两条较为稳定的交通廊道，一条自山东半岛北部横渡渤海海峡，登陆辽南后沿辽东半岛千山山脉西麓的近海平原进入辽河大平原；另一条则为多条辽西古廊道，随着傍海道的开发，其逐渐取代了穿越医巫闾山传统道路，朝阳地区始终为辽西政治、经济、文化中心和中原王朝管控东北边疆的前沿军政重镇。上述两条路线于辽河平原会合后继而向北进入松嫩大平原。松嫩平原广阔平坦，自此又长期存在两条分列并行、方向相反的交通孔道。一条大体沿松花江水道顺流而下转而向东北，经三江平原直入黑龙江。这条线路水陆联运，交通区位优势明显，最适宜人群移动，因此成为东北亚腹地丝路体系中至关重要的一环。这一线路在明清时期得到了全面制度化和规范化管理，无论"亦失哈九巡北海""海西东水陆城站"、清廷"贡貂赏乌绫"等，均是利用此路线。另一条则是位于松嫩平原西部，经洮儿河流域进入嫩江流域和乌裕尔河流域，一路北上至黑龙江中游和上游，室韦朝贡道、勿吉朝贡道均循此道；显然，自松花江水道经通肯河而上与朝贡道会合亦是一条重要线路，"金上京—蒲裕路—火鲁火疃谋克"即是如此，其后元代肇州至失宝赤军民万户府、晚清"黄金之路"亦如是。除此之外，在东北地区东部尚有一条重要的交通路线，自松花江上游翻越哈达岭、牡丹岭进入牡丹江流域，继而与松花江下游和黑龙江下游沟通。这条线路即渤海营州道。这显然取决于渤海国先后以图们江、牡丹江流域为统治中心的地理区位选择。但纵观东北亚古代历史，穿行于松嫩平原腹地的交通路线始终占据了最为重要的地位。

战国以后中原王朝开始在东北地区建立有效管辖，来自中原地区的农业技术、耕作文化、典章制度、政治理念、行政体系、城市文化、儒家思想、宗教信仰、丝织品文化、手工业科技、诗词歌赋、思想艺术等文化元素源源不断被输送至东北亚腹地乃至黑龙江下游、库页岛等极边地区。东北亚丝绸之路这一复杂的交通网络体系在东北古代文明演进与社会发展、民族迁徙与融合、文化交往与碰撞、经贸互通与共生，特别是在中原王朝对东北边疆的管控与统辖方面发挥了举足轻重的作用。随着东北亚国际局势的变迁，东北亚丝绸之路则被赋予了更多现实内涵，其所带动的当代区域历史文化与社会发展，与中蒙俄经济走廊建设、中国东北第二次振兴、俄罗斯远东开发、蒙古国"草原之路"对外发展理念以及俄罗斯积极倡导的"欧亚经济联盟"的发展战略密切相关。而作为东北亚心脏地带的黑龙江流域与俄罗斯远东，"其优势的地缘性决定了其既可以作为欧亚经济联盟体的试验场，同时也能够充当东北亚丝绸之路与中蒙俄经济走廊交汇融通的战略节点"。[1]可见，当代东北亚丝绸之路对东北亚区域政治交往与经贸合作具有重要意义。

---

[1] 王俊铮、马振祥：《首届黑龙江流域文明暨俄罗斯远东历史文化与社会发展论坛综述》，《大连大学学报》2016 年第 5 期。

第十一章　北室韦吐纥山地理位置考

吐纥山为《隋书·卷84》所记载的北室韦九部所居之地。然而，数百年来，国内外学术界对于北室韦的吐纥山地理位置一直是众说纷纭，莫衷一是。归纳起来大致有大兴安岭说和小兴安岭说，依据水域来划分的话，则是嫩江左右两岸之争。笔者经过实地考察，校雠文献，梳理前人的成果，最终确认黑河市瑷珲区所辖的大黑山与九水山当为北室韦的"吐纥山"。这一观点，早在20世纪80年代，谭其骧先生已经在地望上给予了肯定，本文实际上是对谭其骧先生关于北室韦吐纥山地望推论的重要补充与确认。

第一节　历史文献中北室韦的吐纥山

历史上关于室韦人的居住地地域一直与山水相关联，如《魏书·室韦传》中所记载的南北朝时期室韦人居住地有"又北行三日有犊了山，其山高大，周回三百余里"。[①]又《隋书·室韦传》载："南室韦在契丹北三千里，土地卑湿，至夏则移向西北贷勃、欠对二山。""南室韦北行十一日，至北室韦，分为九部，绕吐纥山而居。""又北行千里，至钵室韦，依胡布山而住，人众多北室韦，不知为几部落。用桦皮盖屋，其余同北室韦。"[②]由此可

①（北齐）魏收：《魏书·室韦传》卷100，中华书局1970年版。
②（唐）魏微：《隋书·室韦传》卷84，中华书局1970年版。

见，室韦人居住的地域根据北魏、隋唐人的观察与掌握的信息，主要是依据所居住的河流、山川的地貌特征而进行的记录。这说明古人所掌握的室韦人居住地主要围绕着某一座大山为中心。由于北室韦居住地的吐纥山是与黑河市所辖的小兴安岭地域有着密切的关系，故本文主要是以考证室韦人居住的吐纥山为主要对象。对于室韦人的犊了山、贷勃山、欠对山的地望当在大兴安岭地区一带寻找，而室韦的胡布山的地望当在外兴安岭一带，室韦人居住的贷勃山、欠对山、犊了山、胡布山将有另文详考，此不赘述。如果从历史文献对室韦人居住地与山相关联的概率上观察，室韦人主要居住在大、小兴安岭与外兴安岭的山地以及在山地之间发育丰富的众多河流。这些山地是组成黑龙江流域最重要的地区，黑龙江干流及其重要的支流构成了古代室韦人的主要活动地域。因此，室韦人的生活明显的带有山川河谷的特征，或者说就是森林狩猎加渔捞和采集的民族的特征。他们的迁徙移动与草原游牧民族有着很大的不同，但是他们的这种"逐山水而居"的特点与草原游牧部落的"逐水草而居"的生活方式却有着本质的共通性。因此，当草原游牧部落兴盛之时，室韦人很容易就会融入草原游牧部落中去。因为这两个族群的社会结构、部落生活包括语言、风俗、价值观与生死观，乃至宗教信仰都比较接近，彼此能够很好的融合。所以，我们就不难理解研究蒙古族源流的许多学者们，一直认为蒙古族的族源主要来自蒙兀室韦或北室韦，笔者赞同此说。①

为了更加清晰地掌握历史文献中对"北室韦吐纥山"的详细信息，笔者特意将《隋书·卷八十四》室韦传中的记载转录如下：

室韦，契丹之类也。其南者为契丹，在北者号室韦，分为五部，不相总一。所谓南室韦、北室韦、钵室韦、深末怛室韦、大室韦，并无君长，人民贫弱，突厥常以三土屯总领之。南室韦在契丹北三千里，土地卑湿，至夏

---

① 苏日巴达拉哈：《蒙古族族源新考》，民族出版社 1986 年版。

则移向西北贷勃、欠对二山，多草木，饶禽兽，又多蚊蚋，人皆巢居，以避其患。渐分为二十五部，每部有余莫弗瞒咄，犹酋长也。死则子弟代立，嗣绝则择贤豪而立之。其俗丈夫皆披发，妇人槃发，衣服与契丹同。乘牛车，蘧蒢为屋，如突厥毡车之状。渡水则束薪为筏，或以皮为舟者。马则织草为鞴，结绳为辔，寝则屈为屋，以蘧蒢覆上，移则载行。以猪皮为席，编木为籍。妇女皆抱膝而坐。气候多寒，田收甚薄，无羊，少马，多猪牛。造酒食噉与靺鞨同俗。婚嫁之法，二家相许，婿辄盗妇将去，然后送牛马为，更将归家。待有娠，乃相随还舍。妇人不再嫁，以为死人之妻难以共居，部落共为大棚，人死则置尸其上。居丧三年，年唯四哭。其国无铁，取给于高丽。多貂。

南室韦北行十一日至北室韦，分为九部落，绕吐纥山而居。其部落渠帅号乞引莫贺咄，每部有莫何弗三人以贰之。气候最寒，雪深没马。冬则入山，居土穴中，牛畜多冻死。饶麋鹿，射猎为务，食肉衣皮。凿冰，没水中而网射鱼鳖。地多积雪，惧陷坑穽，骑木而行。俗皆捕貂为业。冠以狐狢，衣以鱼皮。

又北行千里，至钵室韦，依胡布山而住，人众多北室韦，不知为几部落。用桦皮盖屋，其余同北室韦。

从钵室韦西南四日行，深末怛室韦，因水为号也。冬月穴居，以避太阴之气。

又西北数千里，至大室韦，径路险阻，语言不通。尤多貂即青鼠。

北室韦时遣使贡献，余无至者。[①]

上述文献详细记录了自北魏以来至隋唐时期室韦人的大致分布及其各部的名号和室韦人的不同生活方式。《隋书·室韦传》中虽然对室韦人记录

---

① （唐）魏徵：《隋书》卷84，中华书局1970年版。

得较少，但是其中的信息含量很大。由于篇幅所限，本文不能对上述诸多问题一一展开，故只能围绕着北室韦的吐纥山问题展开讨论。根据《隋书》的记载可知：北室韦的位置在南室韦的北行十一日的里程之内。这里说明了北室韦在南室韦的正北方向，二者相距十一日程之内。据张久和先生考证，唐宋之际室韦人的朝贡使应该是骑行，一日之内翻山越岭，道路迂折，每天的行程当在60里或80里之间。如果折算成十一日程，当在600余里至800余里之间。①张久和先生认为南室韦当在嫩江中下游地区，笔者认为这一地望略显偏北，隋朝的南室韦地望当在洮儿河以南的洮南地区，并靠近契丹所居之地。因为，隋朝的南室韦临近契丹而导致室韦与契丹的融合。因此《隋书》中说"室韦，契丹之类也，其南者为契丹，在北者号室韦"。从今天洮儿河流域的洮南地区，沿着嫩江北行至今嫩江县墨尔根河或老莱河流域恰在600余里之间，由老莱河向北当为北室韦之地。其地应该是嫩江以东，黑龙江以西之地的小兴安岭地域内。这一地区现今属于黑龙江省黑河地区所辖的嫩江市、北安市、五大连池市、瑷珲区、孙吴县、逊克县及其周边地域。

根据上述文献记载可知，北室韦的9个部落环绕吐纥山周围而居，当必是各部落占有一条河谷，说明北室韦人的各部落与吐纥山周边的河谷水道有着密切关系。这是非常重要的地理信息，说明了北室韦人的九部落的居住的地理位置。此外，《隋书》还明确记述了北室韦人的居地气候特征与他们的生活习俗。"气候最寒，雪深没马。冬则入山，居土穴中，牛畜多冻死。"这段文字表明了北室韦人居住的吐纥山之地，气候异常寒冷，牛畜多被冻死，冬天入山穴居。"饶麋鹿，射猎为务，食肉衣皮。"吐纥山地区生产麋鹿，以射猎为业，具有森林狩猎民族的特征。冬季捕鱼则"凿冰，没水中而网射鱼鳖"。此地多雪，雪深没马，唯恐陷入雪坑之中，"地多积雪，惧陷坑穽，骑木而行"。因此利用滑雪工具，故所谓"骑木而行"。最具特色的则是北室韦人

---

① 张久和：《室韦地里再考辨》，《中国边疆史地研究》1988年第1期。

"俗皆捕貂为业。冠以狐狢，衣以鱼皮"。捕貂、用狐狢之冠、以鱼皮为衣。这段文字是了解和掌握北室韦人重要的地理环境与风俗习惯的可靠史料，从中可以严格区分南室韦与北室韦的不同气候特征与风俗习惯。

第二节　国内外学者有关北室韦吐纥山地理位置考证综述

北室韦的吐纥山究竟为今天的哪座山，国内外的学术观点一直说法不一。归纳起来大致有如下几种观点：

其一，晚清著名地理学家丁谦在《魏书·外国传地理考证》中针对吐纥山的位置进行了考证。他认为①，"吐纥山，即土库山，在诺敏河南"。丁氏关于吐纥山的考证的地理位置偏向嫩江左岸，所定室韦吐纥山的地理位置过于偏北。王颋在《室韦的族源和各部方位》一文中遵从丁谦观点，认为北室韦"吐纥山，当以丁谦所拟为是"，②他又从音韵学角度，依据《广韵》纥属没部韵，读"下没切"ghuat，"吐纥"一词的拼写当为toghor，该词可能与蒙古语词"toghosun"有关。并进一步认定，由商务印书馆印制的《大清帝国全图·分省图·黑龙江省》③标注的土库尔山为吐纥山。并且指出该山即

---

① 丁谦（1843—1919），字益甫，浙江仁和人。同治四年中举，精于历史地理考证，是晚清著名地理学家，所撰《蓬莱轩地理学丛书》，陈汉章序中称之为"以实事求是之学课士，多所成就"，"非诸儒所可及"。尚有《元马可博罗游记补注》《宋谢灵运山居赋补注》《寄鸥居诗》等多部著作传世。他在《魏书·外国传地理考证》中对北室韦的吐纥山进行了考证，见于《浙江省图书馆丛书》第一辑。

② 王颋：《室韦的族源和各部方位》，《中国蒙古史学会论文集》（1983），内蒙古人民出版社1987年9月版，第130、131页。

③ 商务印书馆出版的《大清帝国全图》初版时间为光绪三十一年（1905），整套为两册分装，一为《大清帝国全图》，一为《大清帝国分省图》，均为八开本。于光绪三十四年（1908）第三次重印，宁夏博物馆藏有一套，实属难得。到了民国三年（1914），《大清帝国全图》适应潮流更名为《中华民国新区域图》再次出版，以应社会需要。

今天内蒙古莫力达瓦达斡尔族自治旗西北，（东经123度、北纬48度40分）附近另标有"室韦山"即北室韦的吐纥山。此外，王德厚在《室韦地理补考》中认为："吐纥山当为今大兴安岭东侧的古利牙山（大吉鲁契那山）较为合理。"①王德厚先生考证的吐纥山，当与丁谦、王颋所考证的吐纥山不远，其地望属于同一个方位。丁谦、王颋、王德厚先生的观点显然是受到了南室韦在冬季时迁往"贷勃、欠对二山"的文献记载的影响，便极力在嫩江右岸地处南室韦之西北方向以及大兴安岭山地去寻找。

除上述观点外，还有孙进己先生认为："拟吐纥山为今讷河以西的萨起山，北室韦为讷河附近的嫩江流域地，"②意味着承认了吐纥山的位置应该在嫩江右岸的大兴安岭山脉中寻找。又范恩实在《从历史学、考古学、民族学的多重视角看室韦起源问题》，除重复了张久和先生与孙进己先生的观点外，最终也没有跳出大兴安岭的北段山地"绕吐纥山（今伊勒呼里山）而居的北室韦"范围，③并没有提出更新的观点。李德山在其博士论文《六至九世纪东北边疆民族与中央王朝关系研究》中认为吐纥山"今地失考，当今大兴安岭某山"。张久和认为吐纥山"应是今伊勒呼里山"。④主张此说的还有乌云达赉，他从语言学的角度，以《北史》记载的"北室韦分为九部落，绕吐纥山而居"的文献为依据，重点考证了"吐纥山"的地理方位，认定大兴安岭北端的"伊勒呼里山"，即《北史》中所称的"吐纥山"。伊勒呼里山即嫩江与呼玛河之间的分水岭，东西走向，主峰海拔高度1528米，位于今鄂伦春自治旗境内。"伊勒呼里山"是沃沮—通古斯语，"伊勒"的"伊"（ii）为"上"的意思；"呼里"（或称"库里"）是"松塔"（kulir）之意，其意表示山势陡如松塔。"吐纥"是tugur、tukur的译音，指伊勒呼里山；伊勒呼

① 王德厚：《室韦地理考补》，《北方文物》1989年第1期，第72页。
② 孙进己等主编：《东北历史地理》，黑龙江人民出版社2012年版，第411页。
③ 范恩实：《从历史学、考古学、民族学的多重视角看室韦起源问题》，《黑龙江民族丛刊》2017年第2期。
④ 张久和：《室韦地里再考辨》，《中国边疆史地研究》1998年第1期。

里山主峰如今仍叫tukur（吐库热）山。《金史》称吐纥山各部为"吐骨论"（tugur，意为"吐纥山人"）。吐纥山各部的通名叫ur（hur，"u"的发音相当于蒙文第六个元音字母）。蒙古起源于绕吐纥山而居的北室韦。[①]乌云达赉的观点也没有超出大兴安岭地区的山地，不过是将吐纥山的地理位置又向北移动。

其二，吴延燮在《室韦考略》中将室韦吐纥山推定在内兴安岭："窃意吐纥山为内兴安岭。"[②]显然，吴延燮对室韦吐纥山的推断过于宽泛，实际上内兴安岭所包含的范围十分广泛，当应对外兴安岭而言，包括今天的大、小兴安岭在内。此说不可取。

其三，日本学者白鸟库吉在其所著的《室韦考》中认为："那么在此文中所述的吐纥山是现在的什么山？目前还没有推知此山的确切依据。其在距离南室韦走11日路程之处，因此推断其中心是现在的墨尔根的附近应该没有太大的误差。"[③]白鸟库吉对室韦吐纥山的考证没有受到丁谦观点的影响，而是与丁谦先生得出相反的观点，墨尔根即今天的嫩江县所在地，行政区划属于黑河地区，属于嫩江之左岸的小兴安岭的山地。这是最早较为明确地提出室韦吐纥山在今黑河地区的学术观点，并对后来吐纥山的定位产生了重大的影响。

谭其骧先生主编的《中国历史地图集·释文汇编东北卷》，将吐纥山的地望推定在"由嫩江上游而东至黑龙江之间的小兴安岭北端，当即北室韦九部围绕而居的吐纥山。嫩江上游地区至今黑龙江东部俄罗斯境结雅河下游东岸地区，当即北室韦的分布区"。[④]《中国历史地图集·释文汇编东北卷》锁定吐纥山的地望是可信的。该书强调了《魏书·室韦传》所载的室韦在

---

① 乌云达赉：《达斡尔族的起源》，《内蒙古社会科学》（文史哲版）1990年第3期。

② 吴延燮：《室韦考略》，《四存月刊》1922年第14期，第5页。

③ [日]白鸟库吉：《室韦考》，原载《史学杂志》1919年，第30编1、2、4、6、7、8号，本文转自金昭、阿勒得尔图主编《蒙古民族发祥地考论》收录的白鸟库吉《室韦考》，文化艺术出版社2009年版，第6页。白鸟库吉（1865—1942），历史学家，日本东洋史学奠基人，日本中国学东京学派（文献学）领袖。

④ 谭其骧主编：《中国历史地图集·释文汇编东北卷》，中央民族学院出版社1988年版。

"勿吉北千里,去落六千里"。传中记载有和龙至室韦的道路,起点就是捺水。[1] "其国有大水从北而来,广四里余,名捺水。国土地下湿失韦国,在勿吉北千里,去洛六千里。路出和龙北千余里,入契丹国,又北行十日至啜水,又北行三日有盖水,又北行三日有犊了山,其山高大,周回三百余里,又北行三日有大水名屈利,又北行三日至刃水,又北行五日到其国。有大水从北而来,广四里余,名捺水。国土下湿。"[2] 因此,《中国历史地图集·释文汇编东北卷》确定北室韦地望的主要依据是:北室韦濒临捺水,围绕吐纥山而居。古之捺水无疑就是今天的嫩江,"捺水"又称"难河",有时写成"那河""纳水""讷河""嫩江",今之嫩江即古代捺水的音译或转写。这一观点被学术界所认可,已无异议。《魏书》中的上述记载有一个重要的细节一直被学术界忽视了,去室韦之路,路出和龙后过犊了山,到达室韦国的行程恰恰是11天路程,说明《魏书·室韦传》所记载的至室韦路程与《隋书·室韦传》记述的南室韦至北室韦的路程实际上是一致的。不同的是北魏时期尚没有分出南室韦与北室韦,而隋唐之后室韦已经有了明确的南北之分。另外,《魏书》中所记载的犊了山到达室韦国的里程是11日,一日行程为60里,那么总行程当为660里,这与《隋书·室韦传》记述的行程是一致的,犊了山应该在到达室韦王府的11日里程内求之。从地望上看,犊了山当在大兴安岭的东侧的较大的山峰中求之。此外,在《魏书·室韦传》的最后记述了室韦的居地"国土下湿"的地理环境特征。也就是说室韦人的居地除了具有山地特征外,还有湿地的特征。在松花江与嫩江的平原上,有三条重要的河流即乌裕尔河、讷莫尔河与洮儿河,这三条河流的附近拥有大量的湿地。从吉林的白城地区到大庆、齐齐哈尔附近都是大片的沼泽与湿地,这些地方都属于室韦人的居住区。也就是说,在嫩江的中下游地区、乌裕尔河以南,洮儿河以北及其松花江、嫩江三水汇合的地区都有着大片的湿地。张

① 谭其骧主编:《中国历史地图集·释文汇编东北卷》,中央民族学院出版社1988年版,第54页。
② (北齐)魏收:《魏书·室韦传》,中华书局1997年版。

博泉先生赞成此说："吐纥山即今小兴安岭。""北室韦当分散在今嫩江上游、小兴安岭及今瑷珲地方。"①

　　总之，谭其骧主编的《中国历史地图集·释文汇编东北卷》对北室韦吐纥山位置的这一推断具有充分的说服力，上述的这两个重要的依据是支撑这一推断的基础。较比丁谦、王颋、王德厚先生的观点更加接近历史的真实性。

　　此外，吴廷燮的《室韦考略》中所说的"北室韦当为嫩江、讷河、呼玛等地"，②魏嵩山在《中国历史地名大辞典》中所推断的室韦："吐纥山，即今黑龙江省嫩江县、黑河市间小兴安岭西北部"，③无疑这一推断与谭其骧所主张的吐纥山的观点不谋而合。但是，《中国历史地图集·释文汇编东北卷》将北室韦居住的吐纥山确定在嫩江上游以东，瑷珲黑龙江段以西与小兴安岭北端之间的山脉的结论则早于魏嵩山先生的观点。显然，魏嵩山先生在考证室韦吐纥山时参照了谭其骧等人的学术成果。而吴廷燮先生的观点则应该引起我们注意，因为是吴廷燮先生第一次提出了室韦吐纥山当在"嫩江、讷河、呼玛等地求之"，这实际上打破了自丁谦先生以来，吐纥山在大兴安岭东坡一带寻找的错误观点，提出在嫩江左岸的小兴安岭山脉寻找吐纥山的新观点。谭其骧先生等人的观点则是对吴廷燮先生推断吐纥山的地望进行新的诠释，吐纥山应该在嫩江上游以东，瑷珲黑龙江以西的小兴安岭之地内求证，则更加具体而缩小了地望范围。遗憾的是谭先生等人没有进一步对吐纥山进行实地考察，因此对于具体在这一区域的哪一座山尚没有被明确下来。赞成此说的还有贾原，他在《鄂伦春与东北古民族的族源关系》认为：吐

---

① 张博泉、苏金源、董玉英：《东北历史疆域沿革考》，吉林人民出版社1981年版。
② 吴廷燮：《室韦考略》，《四存月刊》1922年第14期，第5页。《四存月刊》秉承清初颜元"存性、存人、存学、存治"经事致用的"实学"办刊宗旨，积极倡导国学救国；1921年创刊于北京，月刊；至1923年，共发行20期；是北洋政府时期较重要的一份国学杂志；对研究、了解北洋时期学术思想、特点有一定的参考价值。
③ 魏嵩山：《中国历史地名大辞典》，广东教育出版社1995年版，第389页。

纥山"据《北史》记载，当时围绕吐纥山（今小兴安岭）一带居住着北室韦人"。[1]日本学者津田左右吉在《室韦考》中认为，"北室韦当系后魏以来之室韦本部，其住地则在嫩江流域之齐齐哈尔附近也"。[2]津田左右吉并没有遵从白鸟库吉的观点，而是把齐齐哈尔作为北室韦的核心位置。白鸟库吉则是把墨尔根（今嫩江县）作为北室韦的核心地域。然而，他们都主张北室韦的地望在嫩江左岸而并非是右岸则是有其合理因素。干志耿、孙进己在《室韦地理考述》中赞同津田左右吉的观点，把北室韦的核心位置确定在齐齐哈尔，并将《旧唐书·室韦传》中所记载的讷北室韦解释成"则讷北支室韦应在乌裕尔河北，今讷谟尔河流域"。[3]这是学术界从来没有过的对讷北支室韦的新解，值得学术界的注意和商榷。此外，赵展在《对蒙古族起源于"蒙兀室韦"说的质疑》一文中认为："北室韦在小兴安岭的沿黑龙江一带，他们的生活比嫩江流域室韦更为落后，基本上与鄂伦春人相同。"[4]赵展先生对北室韦地理位置的划定，虽然界定在小兴安岭的沿黑龙江一带，但是其划定的区域范围过大。因为小兴安岭的沿黑龙江一带的范围从今黑河地区与呼玛县交界的黑龙江上游，一直到鹤岗市萝北县的江岸古城的小兴安岭东端长达数百公里，北室韦的活动地域范围不可能如此之大。更何况今黑河地区的逊克县以下的黑龙江沿岸当属于黑水靺鞨的居地，赵展对北室韦地理位置的考证过于夸大。

邓国平先生[5]撰文《蒙兀室韦（蒙古族先世）的历史渊源探析》认为：北室韦的地理位置应该在"伊勒呼里山呼玛河南且近于瑷珲……北室韦应该在呼玛河南和瑷珲境内"。邓国平还进一步发挥："今额尔古纳河下游与黑

---

① 贾原：《鄂伦春与东北古民族的族源关系》，《前沿》2008年第3期。
② [日]津田左右吉：《室韦考》，本文转自金昭、阿勒得尔图主编《蒙古民族发祥地考论》收录的白鸟库吉《室韦考》，文化艺术出版社2009年版，第100页。
③ 干志耿、孙进己：《室韦地理考述》，《社会科学战线》1983年第3期。
④ 赵展：《对蒙古族起源于"蒙兀室韦"说的质疑》，《学习与探索》1982年第2期。
⑤ 邓国平：《蒙兀室韦（蒙古族先世）的历史渊源探析》，《吉林师范大学学报》（人文社会科学版）2009年12期。

龙江上游水大河宽，南岸土地肥沃，森林茂密，水草肥美，鱼类品种繁多，动植物资源丰富，北室韦部落应该选择优越的自然环境来进行自我生活与发展。"他还认为：北室韦实际上就是蒙兀室韦的直接源流，尤其是在许多习俗方面都趋于一致。因此，他认为蒙兀室韦就是来源于隋代的北室韦。这种观点基本上没有超出谭其骧先生主编的《中国历史地图集·释文汇编东北卷》的观点，不过是把嫩江源头的伊勒呼里山也划定在北室韦的范围内。但是，对吐纥山的考证以及对围绕吐纥山而居的九部室韦缺少考据。

其四，孙文政先生认为，《中国历史地图集·释文汇编东北卷》所说的北室韦环绕而居的吐纥山，在嫩江中游以东小兴安岭余脉某山还是较为合理的。该书明确了吐纥山在嫩江县、讷河县境内，这为寻找北室韦所居的吐纥山缩小了范围。那么在嫩江县境内，哪座山能是北室韦所居的吐纥山呢？查找地方文献，发现《黑龙江省志·地名录》记载："发源于嫩江县南部的东吐沫山的老莱河，自北向南，流经嫩江县境内的跃进农场、伊拉哈镇，而后进入讷河市境，经老莱镇南流至讷河镇东注入讷谟尔河。"[①]今天嫩江县境内的东吐沫山，是不是隋唐时期北室韦环绕而居的吐纥山呢？东吐沫山位于嫩江县南部尖山农场境内，老莱河是嫩江流域中游东侧的一个支流，其发源地东吐沫山的地理位置符合。东吐沫山的"东"字是相对嫩江或是此山西边的山而言，吐沫山与吐纥山相差一个字。我们先来考证"纥"与"沫"两个字存在什么关系，然后再看今天的吐沫山是不是历史上的吐纥山……吐纥山的"纥"字所读没（沫）音，既可以写成没，也可以写成沫，所以吐纥山与吐沫山，其实就是历史上不同时期同一座山的不同写法而已，这就说明今天嫩江县南部尖山农场内的东吐沫山，就是隋朝时期北室韦绕吐纥山而居的吐纥山。

"《北史》和《隋书》所记载的北室韦绕吐纥山而居的吐纥山，明确

---

① 耿煜：《黑龙江省志·地名录》，黑龙江人民出版社1998年版，第586页。

了为今嫩江县南部尖山农场境内的东吐沫山，也就明确了《魏书》所记载的室韦及《北史》和《隋书》所记载北室韦的确切地望了。前文已经论及唐朝所设置的室韦都督府，应设在与之关系较为密切的北室韦境内，现在北室韦居住的吐纥山找见了确切位置，在今嫩江县南部尖山农场境内的吐沫山，这样，我们就可以依据室韦都督府当在北室韦境内，在其附近寻找唐朝室韦都督府治所了。"①

孙文政先生考证北室韦吐纥山当为嫩江县南部尖山农场境内的东吐沫山，其主要依据是利用音韵学的音转关系对"沫"与"纥"音互转，将一字之差的吐纥山与吐沫山归为一体，而把"东"字省略脱落。这一结论虽过于牵强，但是他能够把室韦吐纥山的位置放在嫩江县附近的嫩江左岸的小兴安岭山脉中求证，则是正确的选择。

综上所述，国内外对于室韦吐纥山的考证主要分为两种观点：一种观点认为吐纥山应在大兴安岭西坡即嫩江右岸之地，另一种观点认为吐纥山应在嫩江上中游左岸小兴安岭山地内求之。经过100多年以来的探讨，学术界的观点逐渐倾向于北室韦的吐纥山地望当在嫩江上游左岸，至黑河市瑷珲区段的黑龙江右岸之间的小兴安岭山地内求证。这一区域正是今天黑河市所辖的行政区划地域。那么，在这一区域内究竟哪座山峰是北室韦吐纥山呢？找到了北室韦吐纥山的地理位置，就能够进一步寻求到北室韦的九部围绕吐纥山而居的大致方位，因此对于吐纥山的地理位置的确定是考证北室韦九部位置最重要的历史地理坐标。

---

① 孙文政：《辽代室韦国王府考》，未刊稿，第10页。

第三节　北室韦的吐纥山为小兴安岭北端的大黑山与九水山

笔者赞同谭其骧先生主编的《中国历史地图集·释文汇编东北卷》所考证的北室韦的吐纥山的地理位置，应该在嫩江上游左岸以东，至黑河市瑷珲镇所在地的黑龙江右岸以西的小兴安岭山地。在这万山群中究竟哪座山峰应该是吐纥山呢？经过笔者查证：黑河地区所属的小兴安岭山脉中，唯独坐落于嫩江上游至瑷珲之间的小兴安岭北麓有一座奇特高大的山峰——即大黑山。大黑山位于黑龙江省黑河市瑷珲区罕达气乡南部的小兴安岭北麓的山脊上，海拔867.4米。山顶浑圆、平坦，其平坦面积达15平方公里，这是非常罕见的山峰。边缘为兴安落叶松环抱，中间岩石裸露，树木稀少，地表被越桔、杜香、偃松、鹿蹄草覆盖。岩石表面生长泥苔藓类，植被属大兴安岭植物类型，土质瘠薄。大量的"鹿蹄草"的覆盖，说明了原来有大量的驼鹿的活动痕迹。

大黑山属于小兴安岭山脉，又称"东兴安岭""内兴安岭"，亦名"布伦山"。山脉走向为纵贯黑龙江省中北部，其西北以嫩江为界与大兴安岭相连，接大兴安岭支脉伊勒胡里山，东部连接三江平原，东南抵松花江畔，与张广才岭相接，西南与松嫩平原毗连。小兴安岭与黑龙江以北俄罗斯境内的北东走向的山脉属于一个整体，北段在俄罗斯境内，称为布列亚山脉；南段在黑龙江省境内，称为小兴安岭山脉。南北长约450公里，东西宽约210公里，面积77725平方公里。山脉呈西北—东南走向，海拔500—1000米。山势平缓，北低南高，伊春附近的大管山海拔1203米。地貌相比差异显著，南坡山势浑圆平缓，水系绵长；北坡陡峭，成阶梯状，水系短促。北部多丘陵台地，地表以砂砾岩、玄武岩为主，河谷多宽谷，大黑山属于小兴安岭的北麓地区。

其周边分布着众多的河流，大、小约九条重要的河流。大黑山的西北与伊勒呼里山的东北麓相接壤，这就是大小兴安岭的接合部，也是嫩江源流的山谷之地。大黑山东接瑷珲盆地与北流段的黑龙江与精奇里江（俄罗斯称之为结雅河）对冲的河流的直角处。大黑山的北端也是黑龙江，其西端则是嫩江上游的发源地。由小兴安岭的大黑山与大兴安岭的伊勒呼里山形成的峡谷就是大、小兴安岭的诸水形成的嫩江之源。大黑山上顶部的浑圆的山体为这一地区所特产的一种大型高山动物——驼鹿提供了最重要的地理环境，这是兴安岭森林里体态最大的动物，据《生物学词典》中解释："学名驼鹿，亦称'罕''堪达罕'。哺乳纲，偶蹄目、鹿科。是最大型的鹿。体长二米余，尾短；雄的有角，角横生成板状，分叉很多。颈下面有鬃。体色棕、黄、灰混合；四肢下部白色。栖息在森林的湖沼附近；善游泳；不喜成群。这种被称为'堪达罕'的野生鹿，又叫'汗达罕''犴大罕'。"犴达罕是大兴安岭森林里体态最大的动物，威武，敏感，分布广泛，主要活动于大、小兴安岭的山地的顶部。这种动物是北室韦人和现在居住在这里的世居民族——鄂伦春族主要驯养的大型动物。今黑河市瑷珲区大黑山附近有"罕达气"镇，此罕达气之地名可能就与这种大型鹿科动物有关，从族源上追溯鄂伦春当与北室韦族有关。在罕达气镇南部北大河南有一条嫩江的支流门鲁河的上游，地图上标为"北师河"。"北师河"的"北师"二字也可能与历史上的北室韦人的称谓有关，因为北师与北室韦之间脱落一个"韦"字，可能是历史地名的演变与1000多年的标音文字的不同，使地名发生了标音文字变异的结果。[①]在大黑山附近，实际上还有许多历史地名都需要进行系统而缜密的考证。例如，在大黑山的南部还有一个地名，至今被标写为"九水山"。

---

① 作者注：因本文是主要考证北室韦的吐纥山，对于黑河地区的历史地名将有专文讨论，故不展开论述。

如果我们从更广义的角度观察小兴安岭的北部地区的群山，大黑山南部可以延伸到五大连池市与讷河市地域的纳谟尔河右岸。因为在历史文献中有"讷北室韦"的记载。笔者赞成干志耿、孙秀仁先生的观点，所谓的讷北室韦就是今天讷谟尔河以北的意思。①笔者认为，讷谟尔河发源于五大连池的湖泊，由东向西流经由五大连池市与齐齐哈尔市的讷河市一直向西注入嫩江。这条河流十分重要，是区分南室韦与北室韦的分界线。由此向北则称之为北室韦，故有讷北室韦之称。无独有偶，在五大连池市东侧，发源于北安市东南部小兴安岭山区有一条河流称之为"南北河"，这是完全用两个不同方位而命名的地名，如果从字面上理解就是一条由南向北流淌的河流。其实不然，如果我们从历史文献中的"讷北室韦"的视角去理解这条南北河的来历，或与历史上的南北室韦有关联性。值得注意的是，在小兴安岭北麓即今日黑河地区的大黑山的范围内审视"九水山"的地名则是更加有趣的现象。《隋书·卷八十四》明确记载："南室韦北行十一日至北室韦，分为九部落，绕吐纥山而居。"这就说明，在北室韦居住地的吐纥山的周围有9条相对独立的河流，并分为9个部落环绕吐纥山而居。也就是说，如果今天的黑河市的大黑山是《隋书》中所记载的吐纥山的话，那么在大黑山或黑河市所属的小兴安岭北部地区有9条水环绕此山。我们不能简单地将吐纥山看成是一座孤零零的山峰，大家知道无论是大、小兴安岭，其山脉的走向与长白山、燕山和其他山脉有着本质的不同。其山岭之间的山峰很难严格区分成独立的山峰，而是相对于河流的走向而区别某一处山岭。吐纥山实际上应该是由众多的山岭组成的相对较大的山岭，吐纥山应该是属于小兴安岭北部的山岭。而今天的大黑山则是吐纥山岭间的较大的山峰。实际上，"大黑"与"吐纥"之间的谐音关系是非常明显的，"大黑"又读如"大贺"或"达赫""大赫""突赫"。今山东人与辽东半岛的人在称呼"大黑山"时仍读如"大贺山""达

---

① 干志耿、孙秀仁：《黑龙江古代民族丛刊》，黑龙江人民出版社1987年版。

赫山"，可能当时隋朝对北室韦所居住的地方标音时尽量对北室韦的原始发音保留了母体发音。今日之所以没有写成吐纥山是因为年代久远，不断变换迁徙的族群利用汉字表音时多采用了中原的汉字，这种地名的汉字只标音而不表意。无论是对音、谐音，还是从同音异写的角度，都说明了今日的大黑山的地名与北室韦的吐纥山地名之间，存在着千丝万缕的联系，证明大黑山当是北室韦吐纥山地名的延续。九水山的地名则是更为直接地说明了历史上的北室韦的九水之民居住在吐纥山的事实。因此，九水山则是对隋书中记载的北室韦人居住在吐纥山的9个部落的历史本源的地名。从地名语源学角度可以充分看出，北室韦分为九部绕吐纥山而居的确是以9条水为分布的规律。以水为部、以水为姓、以水来划分部落之间的分界，在东北古代民族的社会习俗与结构中有许多先例，如女真人、达斡尔人都是如此。

由此可见，无论是大黑山还是九水山，这些现存的地名都是从不同的角度说明了北室韦的居住地就是今天的小兴安岭的北部地区，其地域范围则是根据九条水的分布范围而决定的。根据刘忠堂先生在地形图上厘定，九水山属于现在发源于黑河地区小兴安岭山地，公必拉河支流库纳尔和上游以及公必拉河上游洪湖吐河的发源地小兴安岭山脉。在行政区划上九水山属于瑗珲区二站乡管辖，其山峰海拔为700米，山顶距离北面的大黑山顶直线距离仅有43公里，九水山西南距离塔溪乡直线距离47公里，西侧直线距离大罕公路3.2公里。大罕公路是瑗珲区和嫩江县的分界线，九水山呈南北走向。大罕公路就在山脊上蜿蜒。九水山东距西沟古城41公里，东南距二站乡直线距离41公里。[1]在对上述九水山与大黑山的厘定过程中，我们在实地踏察和校雠地图发现，围绕着大黑山与九水山附近的确存在着9条重要的河流。它们分别是：宽河（北流入黑龙江）、卧都河（西流入嫩江上游）、法别拉河（东流入黑龙江）、门鲁河（西流入嫩江）、科洛河（西流入嫩江）、公必拉河（东流入

---

① 刘忠堂：《九水山与大黑山的地理分布与坐标》，《黑河自然与文明千里行考察报告》，未刊稿。

黑龙江）、逊必拉河（东流入黑龙江）、讷谟尔河（西流入嫩江）、什锦河又称石金河（东北流入黑龙江）。上述9条河流有5条河流入黑龙江上、中游右岸，4条河流入嫩江上游的左岸。有趣的是，上述这9条河流都属于黑河市所辖的行政区划内。北室韦作为古代民族的活动范围基本上与黑河市所辖地区相当，这一地域的历史文化面貌和文明形态的神秘面纱正在渐渐被揭开，因此加强对该区的文明遗迹遗存的调查工作则是今后的重要任务。黑河市政府与黑河学院所开展的"自然与文明千里行"活动，则具有非凡的意义。

2017年，黑河学院组织的黑河地区自然与文明科考队在瑷珲区西岗子镇西沟村公必拉河左岸之地发现两座山城，形制特点极为特殊。其中，西沟南城依山势而筑，只有在北侧修建一道长300余米的城垣，其他三面均依地势濒临公必拉河左岸的陡峭的山崖而简单修筑。城垣上有马面和瓮门结构，显然其修筑年代的下限应该属于辽金时期，城内有大量的穴居坑，临公必拉河的高耸的崖壁上修筑有瞭望台遗址。另一座山城则修筑在此山城的北侧，我们称之为西沟村北城。这好似一座消失了近40年的山城，经过考察队员吴边疆、刘忠堂二人反复核对史料调查采访，才使得这座山城重见天日。西沟北城也是坐落于公必拉河下游的左岸，地势险要，城垣依山势而筑。城垣主要修筑在山脊通往山梁的必经之路上。西墙与南墙保存较好，有护城壕，未见马面瓮门，古城内有大量的穴居坑，穴居坑的数量多于西沟南城，从古城垣的建筑特征与结构上观察，山城的年代显然与南城不属于同一年代，可能早于西沟南城。因公必拉河地处九水山之地的范围，尤其是北城的年代可能属于北魏或隋唐所建，当属于室韦人修筑的古城。而南城因为有马面、瓮门结构的存在或建于北魏隋唐，辽金沿用。根据公必拉河流域所发现的古城，在九部室韦所居住的九条河流附近当有同一时期的山城或古城的存在。除公必拉河外，我们已经在逊必拉河流域也已经发现了较为密集的古城或山城。关于九水山和北室韦的九部落的历史地理的考证尚待深入，有人过早的确定公必拉河流域所发现的西沟南城、北城为室韦王城的观点未免过于草率。历史研究最基本的常识是论从史出，在毫无根据的条件下仅凭自己的主观臆断而拿不出任何根据的猜想是不足取的。①②

综上所述，今黑河市附近的小兴安岭的北麓，即今天的大黑山与九水山之间的小兴安岭山脉，当为《隋书》所记载的北室韦的吐纥山。谭其骧先生主编的《中国历史地图集》以及中央民族学院研究室编的《中国历史地图集·东北地区说明书》将北室韦的吐纥山的地望所在，均确定在瑷珲镇以西的小兴安岭北部，尤其是《中国历史地图集·隋唐》部分的北室韦吐纥山的位置就标注在这一地区。我非常钦佩已故的谭其骧先生与王钟翰先生，他们均没有亲自来到黑河地区进行实地考察，但是他们却能够依据历史文献利用历史地理学的考据方法，将北室韦的吐纥山以及北室韦的分布范围大致不误地推断于此，与我们今天经过实地踏察和发现的重要的室韦文化的分布圈基本吻合。由此，不仅更加验证了谭其骧先生、王钟翰等先生的观点的正确性，更加充分说明了黑河地区的小兴安岭北麓山地就是北室韦的吐纥山。大黑山与九水山正是北室韦所留下的地名化石，具有十分重要的历史地名的传承意义。九水山、北师河、大黑山、讷谟尔河的地名的存在，证明了古代民族的历史地名遗存的延续性，是毋庸置疑的。开展东北地区地名的语源学、语境学、语音学以及对应的历史文献学与历史地理学研究是非常必要的。这种多学科的交叉研究必将能够推动该地区的历史学与民族学的发展与进步。北室韦的吐纥山就是今天的黑河市的大黑山与九水山之间的小兴安岭山脉。从而使我们对于北室韦的分布范围也会产生新的认识，根据目前大黑山与九水山的发现与北室韦吐纥山地理位置的确定，大致可以划分出北室韦的九部

① 刘城：《黑河老羌城为室韦国王城初探》，《黑河学刊》2017年第3期。
② 笔者注：该文，对黑河市瑷珲区西岗子镇西沟村老羌城的年代进行了主观臆断，而没有遵从"论从史出"的基本常识，云里雾里，语焉不详，逻辑颠倒、无凭无据，且文中无任何注释，所列引文均抄自于他人论述而不加注。其次，该文在描述西沟村南城与北城（即老羌城与小羌城）时，地理位置与方位、结构都是错误的，可见作者的文中信息多数属于张冠李戴和没有实地踏察的，这种如此不严肃的文章出现的硬伤比比皆是。况且《黑河学刊》本期刘城一文又缺页少篇，丢三落四。

分布范围，大致东至逊河及库尔滨河注入黑龙江流域，西至嫩江上游右岸伊勒呼里山至东麓，北至黑龙江左岸，南至讷谟尔河右岸。在这一地域内的考古学文化遗存遗迹则是应该充分研究的重要地区，自北魏、隋唐、辽金时期的遗迹遗物都是值得系统梳理和研究的遗存。尤其是对该地区的古代民族的筑城、出土文物、历史地名、交通驿站都是我们的研究范围和认真思考的问题。

第十二章　俄罗斯结雅河（精奇里江）下游古代民族筑城调查与研究

2018年5月，黑河学院远东研究院与俄罗斯阿穆尔国立大学宗教学与历史教研室两国学者，首次合作对俄罗斯黑龙江上中游左岸结雅河（精奇里江）下游古代城址进行了田野考古调查，获得新的重大发现。结雅河下游是黑龙江流域古代城址的集中分布区之一，其族属与文化涉及北室韦、黑水靺鞨、女真、达斡尔等中世纪黑龙江流域世居古族。因此，对俄罗斯阿穆尔地区结雅河下游古城的考察具有重要的学术意义。本次考察也实现了中俄学术与文化交流合作的新突破。

借助于俄罗斯阿穆尔国立大学宗教学与历史教研室、文学与世界艺术文化教研室主办的第十三次"在远东地区的俄罗斯与中国：民族与民族文化"国际学术研讨会之机，2018年5月20—23日，中国黑河学院远东研究院名誉院长王禹浪教授、院长谢春河教授，黑龙江流域历史与文化研究所所长邹继伟副教授，与俄罗斯阿穆尔国立大学宗教学与历史教研室主任扎比亚科·安德烈·帕夫洛维奇教授、考古学家扎伊采夫·尼古拉·尼古拉耶维奇研究员、博士研究生兼翻译王俊铮、硕士研究生阿列克谢等一行数人组成"中俄阿穆尔河左岸古代文明遗迹联合考察组"，[1]针对黑龙江左岸最大支流结雅河（精奇里江）下游古代民族筑城进行了田野考古调查。本文兹将田野考古调查收获阐述如下。

---

① 俄方考察学者下文均简称为安德烈、尼古拉、阿列克谢。特此注明。

第一节 "少先队营地"古城
（Городище Пионерский лагерь）

"少先队营地"古城是目前所知黑龙江左岸阿穆尔地区距离结雅河口最近的古代城址。古城本身并无名称，因古城所在地建有阿穆尔州少先队营地（пионерский лагерь）而得名。该古城位于阿穆尔州布拉戈维申斯克市区东北，东起于柴可夫斯基大街，西止于结雅河右岸河岸断崖，南抵奇格里河（р. Чигири）注入结雅河的江湾河汊，北紧挨阿穆尔州残疾人技术服务中心。古城内现为阿穆尔州少先队营地，编号为柴科夫斯基大街239号、247号，距离布拉戈维申斯克市市中心列宁大街与柴科夫斯基大街路口直线距离约5.1公里。紧邻柴科夫斯基大街西侧，为布拉戈维申斯克至别洛戈尔斯克支线铁路。

结雅河右岸支流奇格里河在城南注入结雅河。奇格里河是结雅河下游最靠近与黑龙江汇合口的重要支流。距离古城西北约4公里处为奇格里镇，附近有奇格里水库。因水库截留的缘故，古城附近奇格里河水量很小。据安德烈教授介绍，奇格里地区早在20世纪初即有满族人在此定居，"奇格里"可能为满语"绵羊"之意。尼古拉研究员则认为，当时不仅有满族人，亦有日本人、朝鲜人、蒙古人等在今布市及城郊一带定居活动，恐已难以辨明"奇格里"究竟为何种语言。

古城发现时间较早，约半个世纪前，阿穆尔州地志学家Г.С.诺维科夫-达翰尔斯基在书中所绘考察草图中就标注了该城。但当时因阿穆尔地区缺少考古力量，并未有考古学家对其进行考察发掘。1955年，Г.С.诺维科夫-达翰尔斯基在《阿穆尔州考古图资料》首次著录了该城，称"奇格里斯克城址": "离布拉戈维申斯克三公里处，有一座奇格里斯克公园。这里过去曾经是一座古城。古城的北、西北、西三面环以土墙，墙外有一条草木丛生的壕沟。东面是结雅河岸，南面是奇格里河岸。在此地野生和栽培的林木中间有几个坑口直径为二至五米的'盘形'小坑。在偶然挖掘时，曾在坑里发现过一个陶器和蒙古式耳环。这些东西都没有送到博物馆。作者于1928年曾在奇格里河的岸坡上发现几块古法焙烧的陶器碎片——用黏土掺和着大粒砂烧的欠火候的薄陶器壁（外面是红黄色，里面是灰色，碎片中间是黑色，没有图案）。后来又进行了调查，没有任何新发现。"① 这里的"红黄色"应该是类似于陶片被施以红褐色或红色陶衣，素面，中为夹砂质地，火候较低。大约30年前，Е.И.杰烈维扬科对其进行了调查。但古城始终未能采集到遗物。据安德烈教授介绍，他在大约6岁时，学校组织科学考察学习地方历史时就参观过古城，但当时古城附近尽为树林，房屋稀少，后逐渐形成屯落，并不断扩建少先队营地。

古城南北长600—700米，东西宽300米，为一座大型古城。古城仅存北墙，无马面，东北角楼、东南角楼尚有遗迹可寻。东北角楼基址残高约30厘米，为古城残存东墙最高点，距离河滩地高度5—6米。东墙因紧邻结雅河，墙土不断向下滑落，遗迹已十分难辨。北墙残高1—2米，墙基宽2—3米，中段有两处较大豁口，但系当代人类活动所致。城墙系堆土筑城，没有夯土层。北墙西段紧挨阿穆尔州残疾人技术服务中心，东段为河岸二级台地冲沟形成的现代土路，伸向河滩地。因古城保存较差，城门目前尚无法确定。

2018年5月14日，安德烈、尼古拉、阿列克谢、王俊铮对古城进行了考察和测绘。但仅限于古城北墙及河滩断崖。2018年5月21日，安德烈、王禹浪、

---

① Г.С. Новиков-Даурский. Материалы к археологической карте Амурской области // Записки Амурского областного музея краеведения и общества краеведения, Т.3, Изд-во: Амурское книжное издательство, 1955; 译文见 [苏] Г.С.诺维科夫 – 达斡尔斯基：《阿穆尔州考古图资料》，载于黑龙江省哲学社会科学研究所研究室译《阿穆尔州地志博物馆与方志学论丛（选辑）》，黑龙江人民出版社1978年版，第77—78页。

谢春河、王俊铮一行四人又对古城进行了实地考察并环城一周。古城南部亦为断崖，南墙无迹可寻。其下为奇格里河口，江湾水域上停泊着快艇。在古城靠近西南角，有一处疑似伸向外的城门遗迹。该遗迹有两道南北向土墙伸向城外，形成了狭长的门道，酷似一处瓮门址。该疑似狭长瓮门与黑河西沟古城城门亦有所相似。这一凸出痕迹很有可能为城门遗迹，亦是全城最有可能作为城门所在。瓮门并通过漫坡联通奇格里河口，天然港湾极有可能为城址附属之古代港口所在。西墙现已完全无存，应为柴科夫斯基大街公路所叠压。

综合来看，该古城规模较大，城墙堆筑，无马面遗存，残存角楼，年代应早于女真，且与目前已知鞨靺筑城亦有所区别，初步判断，可能为室韦某部筑城。因古城以下至结雅河口地势低洼，是否还有古城存在已无法确知。

"少先队营地"古城东北角与东墙（王禹浪 摄）

"少先队营地"古城疑似城门处（王禹浪 摄）

该古城显然是作为阿穆尔地区扼守结雅河口的军事要塞性质的大型城邑。

第二节　布利亚奇诺古城及墓葬
（Прядчинское городище）

布利亚奇诺古城位于阿穆尔州布拉戈维申斯克区布利亚奇诺村（с. Прядчино）东北约3公里处的结雅河右岸二级台地上，距离布拉戈维申斯克市区约77公里。从布市市区沿Р-468号公路向斯沃博德内市（г. Свободный，中文名"自由城"）方向行驶约74公里，右转经布利亚奇诺村向东北方向行驶约3公里，跨过布利亚奇诺湖（оз. Прядчинское）注入结雅河的小支流，抵达古城。古城方位偏东北—西南朝向，沿河岸走势而建，古城对岸为一座较大的江心岛屿，以结雅河江汊相隔。古城北部则有一巨大的环形耳状江汊，谓之克里沃江汊（прот. Кривая）。

古城规模较小，平面基本呈正方形，边长约30米。古城有城垣三道，环壕三道，沿环壕与外围城垣沿内城城垣走势而修筑。这类古城俗称"梅花城"。城门仅一处，位于古城东墙中央，有门道从环壕上通过，在内城城垣与第二道城垣、第二道城垣与最外围城垣门道有约半米的错位，这即是说，通过入城门道在第二道城垣有一个曲折。古城城壕深0.5—1米，宽2—3米。

因古城规模较小，城墙没有马面，存在四个较高角楼。角楼高2—3米。古城内无房址遗存。古城中部偏南靠近南墙处，有一条长约10米的南北向探沟。据尼古拉研究员介绍，探沟内未发现房址遗存，文化层厚约0.27米，距地表约0.25米。

古城外围东侧河岸处向南延伸，转而向西，并与西南角楼相接，存在一条外围城垣，形成了古城外城。外城城垣与东南角楼相距30—50米。外城城垣特别是东部河岸城垣可能与防止水患有关。由此可见，古城除内城外，在其东部和南部还有一个环护的外城区域。

古城南部为弗拉基米洛夫卡考古学文化墓地，族属应为达斡尔人。弗拉基米洛夫卡考古学文化是对女真以后，黑龙江上游与中游、结雅河下游地区达斡尔、久切尔人考古学遗存的泛称。其年代在13—17世纪。其文化特征为土圹墓和土圹木椁墓，随葬品有铁质箭镞、铁质矛头、铁农具、绿松石或红玛瑙串珠、装饰品以及豆青色的青花瓷碗、杯、盏、瓶等。根据青花瓷器特征，推测其年代主要为明代。[1]该墓葬群曾发现一座一男两女三人合葬墓，出土耳环、戒指、带扣等陪葬品。[2]古城附近沿河地带曾有现代村落，后遭废弃。

2018年5月14日，安德烈、尼古拉、阿列克谢、王俊铮、亚历山大对古城进行了考察、测绘和航拍。古城附近约1公里处还有一处新石器时代至早期铁器时代遗址，因被土壤所覆盖，仅采集到夹砂陶器叠唇口沿一枚。尼古拉研究员判断可能属于乌里尔文化。2018年5月22日，安德烈、尼古拉、王禹浪、谢春河、王俊铮、阿列克谢一行又对古城进行了实地考察。王禹浪教授在灰坑遗址内采集到泥质陶片一枚，应为女真陶片。在古城南部，谢春河教授发现了带有明显打磨痕迹的花岗岩，经王禹浪教授鉴定，该石器为青铜时代或早期铁器时代古人类使用的花岗岩磨砺石，用以打磨箭镞、矛头或箭杆取直。该石器可能与古城附近遗址同属于一个时期。

由于布利亚奇诺古城规模较小，缺少房址等人类居址遗迹，学者们对其性质有较多争论。王禹浪教授认为，该古城为一座守卫结雅河的军属戍堡，

---

① 冯恩学：《俄罗斯东西伯利亚与远东考古》，吉林大学出版社2002年版，第564—565页。

② Д. П. Болотин, С. П. Нестеров, Б. С. Сапунов, Н. Н. Зайцев, И. Б. Сапунов. Результаты исследований городища и могильника у с. Прядчино Амурской области// Проблемы археологии, этнографии, антропологии Сибири и сопредельных территорий. -Новосибирск: Изд-во ИАЭТ СО РАН, 1998. С. 201-206. ([俄]Д.П. Болотин 等：《阿穆尔州布里亚奇诺村古城与墓葬研究成果》，《西伯利亚及邻近地区的考古学、民族学、人类学问题》，新西伯利亚，1998 年，第 201—206 页。)

常驻人数较少，城垣上立以木栅，是典型的鞨鞨古城。安德烈教授也倾向于古城具有哨所一类功能，但如若立以木栅或居于毡帐之中，为何城垣顶部与古城内未能发现柱洞、灶坑等相关遗存。尼古拉研究员则认为，该古城可能为区域性宗教祭祀中心，用于部落族群举行宗教礼仪活动，平时无人居住，逢重大节日或事件方才使用，故而缺少生活类遗存。其南部墓葬与古城大致同时期建造。

一些俄罗斯学者将其定义为"达斡尔型"古城。这些古城面积普遍不大，基本是规整的长方形或方形，边长20—60米，有2—4道数量不等的城墙和壕沟，构成防御体系，一般为一个门址。[1]这类古城在阿穆尔州地区多有发现。下文的别洛戈尔斯克区大公爵村古城同属于此类古城。这类古城军事防御性较弱，缺少生活类遗存。其用途值得进一步深入探究。

谢春河教授采集花岗岩磨砺石（王俊铮 摄）

第三节　七湖古城（Семиозерское городище）

七湖古城位于布拉戈维申斯克市东北方向的伊万诺夫卡区七湖村（c. Семиозерска）北，结雅河左岸，距离布市车程约75公里。其行车路

---

① История Амурской области с древнейших времён до начала XX века // Под. ред. А.П.Деревянко, А.П.Забияко. Благовещенск, 2008. С. （[俄]А.П. 杰烈维扬科、А.П. 扎比亚科主编：《从古代到20世纪初的阿穆尔州历史》，布拉戈维申斯克，2008年，第129页。）

线为：从布拉戈维申斯克市出发向东，经过结雅大桥，向别洛戈尔斯克
（г. Белогорск，中文名"白山"）方向行驶约30公里至伊万诺夫卡（с.
Ивановка），转而向北，在别列佐夫卡（с. Березовка）附近穿过布拉
戈维申斯克至别洛戈尔斯克支线铁路，行驶42公里后到达七湖村。穿过七湖
村，沿结雅河左岸支流小白河（р. Малая Белая）左岸上溯约3公里，到达
结雅河和小白河沿河湿地古城湖（о. Городище）东岸的七湖古城。

古城西墙沿湖岸修筑，湖岸高度6—7米。古城沿湖区域文化层裸露，陶
片全部采集于这一区域。采集有年代较早的泥质灰陶罐陶片，口沿处饰以附
加堆纹，为典型的"靺鞨罐"特征，其族属应为靺鞨。俄罗斯学者将其认定
为中世纪早期靺鞨文化特洛伊茨基类型的陶片。年代较晚的泥质红褐陶或灰
陶，口沿平整，为女真文化器物。因此，从采集陶片来看，七湖古城至少存
在着靺鞨、女真两种文化。

七湖古城与布利亚奇诺古城同属于"梅花城"类型，只是七湖古城规模
远大于布利亚奇诺古城，其结构也更加复杂。古城平面基本呈直角方形，东
西长110米，南北宽85米。古城西墙沿湖岸修筑，仅有一道城垣，并塌落严
重。其余三面均有四道围垣、四道环壕，除南墙最外围城垣被现代道路叠压
破坏外，其余墙体整体保存完整。城墙为挖壕堆筑，没有夯土层。角楼、马
面一应俱全。四座角楼基址遗迹明显，高于城墙顶部0.15—0.8米。平面呈近
似三角形，圆角。塔楼角形基址窄长，长度7—10米，宽度达3米。在角楼墙
体之间，分布着共计10座马面（不含城门墩台），相互距离在15—30米之间
不等。其中，南墙5座、东墙3座、北墙2座，西墙不明。马面略高于墙体顶
部，马面基址有大、小之分，小型马面形制3×2.5米，大型马面6×2.5米，南
部防御性马面高处北部高度0.5米。塔楼基址表面分布着不大的坑穴，直径约1
米，深度0.2米。它们可能是作为塔楼防御工事的遗存。古城城垣最高处高于
城内地表0.9—1.5米、高于第一重环壕底部1.7—2米。墙基平均宽度5米，墙脊
宽度约1米。外围城垣普遍低于城墙墙基，其高度在0.9—1.2米之间，墙基宽

度4.5—5米，墙脊宽度则不超过1米。城壕宽度2—3米，深度达1.4米。附属城垣与壕沟主要环绕主墙，带有向外突出的塔楼基址，呈波浪状。[1]

城门一，位于北墙西段，靠近西北城角处。自内向外，在第一道城墙和第二道城墙之间形成一狭窄门道，宽1米。门道水平面略高于古城地表，可能为墙土滑落所致。第四道城墙及其向外延伸的墙体形成最外围的一条门道，宽约1.5米。两条门道之间，即第二道城墙与第四道城墙之间形成一个长方形空间，东西宽约6米，南北长8—10米。这一空间处于两道门址之间，跨越城壕，为古城瓮城。

在主城墙北墙中段有一较大豁口，豁口处遍及坑穴。其年代显然应晚于古城年代。形成原因尚无定论，该处向阳，外侧又有壕沟相隔，可能于晚期人群活动时为防野兽而临时搭建。

房址为圆形半地下式穴居坑，分布于城内靠近城墙内侧。紧靠城墙而居，有利于防风保暖。古城中部则未见房址，其用途应与举行集会和仪式有关。

2018年5月15日，安德烈、尼古拉、阿列克谢、王俊铮对古城进行了考察、测量和航拍，并采集到大量陶片，以口沿、器身为主。2018年5月21日，安德烈、王禹浪、谢春河、王俊铮、阿列克谢一行又对古城进行了实地考察。在古城东南角环壕外围，谢春河教授在古城东南外侧采集到辽金时期瓷片一枚。该瓷片表层镀牙黄釉，并有用毛笔所绘一道棕黑色纹饰。经考察队中方首席专家王禹浪教授认定，这枚瓷器残片，为我国北方窑系烧制的磁州窑系"清酒肥羊四系瓶"残片。这一发现，意义十分重大。该瓷片不仅是目前已知在最北方出土的辽金时期磁州窑系瓷片，同时，也为古城断代提供了可靠的实物证据。我们据此判断，该古城年代下限为辽金时期是可以肯定的。

---

[1] История Амурской области с древнейших времён до начала XX века // Под. ред. А.П.Деревянко, А.П.Забияко. Благовещенск, 2008. С. （[俄] А.П. 杰烈维扬科、А.П. 扎比亚科主编：《从古代到20世纪初的阿穆尔州历史》，布拉戈维申斯克，2008年，第133—134页。）

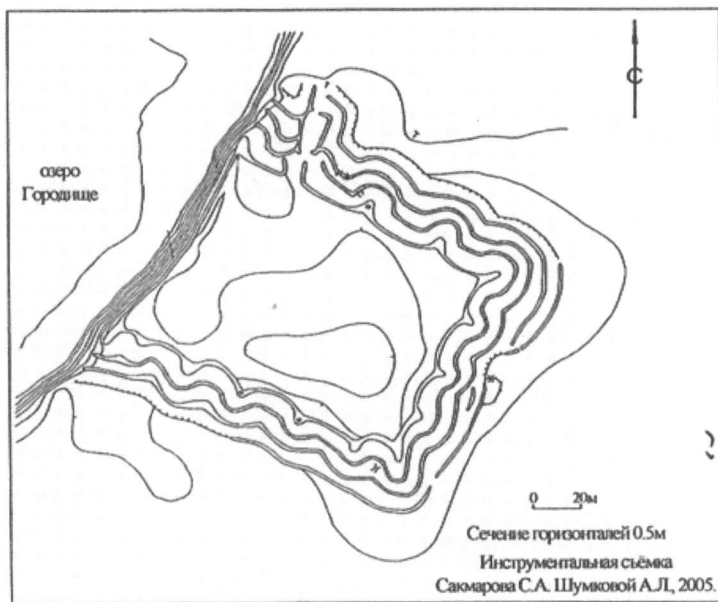

七湖古城平面图（А.П.杰烈维扬科、А.П.扎比亚科，第134页）

七湖古城临河西墙、南墙（А.П.扎比亚科 摄）

古城采集辽金磁州窑瓷片（王俊铮 摄）

第四节　大公爵村古城
（Великокнязевское городище）

　　大公爵村古城因位于阿穆尔州别洛戈尔斯克区大公爵村（с. Великокнязева）内而得名，距离布拉戈维申斯克市140公里。从布拉戈维申斯克向东沿P-461公路行驶，经伊万诺夫卡（с. Ивановка）至别列佐夫卡（с. Березовка），沿P-469公路在托米奇（с. Томич）附近西向行驶到达大公爵村。古城即位于村内南部。

　　大公爵村古城共计3座，笔者编号为1号、2号、3号古城，沿结雅河左岸排列分布，是结雅河下游一处重要的古城群落。大公爵村北部约8公里，为托米河（р. Томь）注入结雅河口。大公爵村古城南距七湖古城20余公里。

　　大公爵村1号古城位于村屯南部，结雅河江汊"宽汉子"（прот. Широкая）东岸二级台地之上，距河岸100米。古城仅残存东北部，约占全城1/4。古城有四道城垣、四条壕沟。城墙为挖土堆筑。从残存遗迹来看，古城平面大致呈直角方形，古城形制大约为60×70米。根据俄罗斯有关资料，城垣高度如下：第一层（内城）：0.5—1.5米；第二层：0.5—1.1米；第三层：0.3—0.7米；第四层：0.3—0.6米。墙基宽度在0.2—9米之间。壕沟宽度：第一层：0.3—6米；第二层：2—3米；第三层：2—7米；第四层：0.2—0.4米。城壕深度在0.3—1.5米之间。角楼遗迹清晰，均能明显看出向外凸出6—8米。城垣地表有坑穴遗存，其形制在1.2×1.5米至1.8×2米之间，可能是某种防御性建筑基址。[1]

---

[1] История Амурской области с древнейших времён до начала XX века // Под. ред. А.П.Деревянко, А.П.Забияко. Благовещенск, 2008. С. （[俄]А.П.杰烈维扬科、А.П.扎比亚科主编：《从古代到20世纪初的阿穆尔州历史》，布拉戈维申斯克，2008年，第130页。）

古城残墙向西延伸与村落民房相接，南止于空地。由于古城破坏严重，城门已无法判断，可能位于东墙。今残墙东段消失处可能为城门豁口。

大公爵村2号古城位于其南不远处，平面呈不规则形，规模很小，拥有两道城垣、三道环壕。城壕深0.3—0.5米。城址之所以呈不规则形，是因为古城中心为一座不规则形小台地，高1.5—2米，环壕与城垣依台地走势而建。该城址从结构来看更似祭台或军事哨卡。大公爵村3号古城毗邻而坐，濒临结雅河江汊，平面略呈方形，其结构与大公爵村2号古城几乎完全一致，均是城垣与环壕护守一座高台。

大公爵村古城东南250米处分布有一处中世纪晚期的土圹墓葬群。古城西北50米处河湾沿岸分布有一处同时期村落遗址，但被结雅河水和人类活动严重破坏。根据对考古学材料的分析，土圹墓和村落遗址初步断代为中世纪晚期。

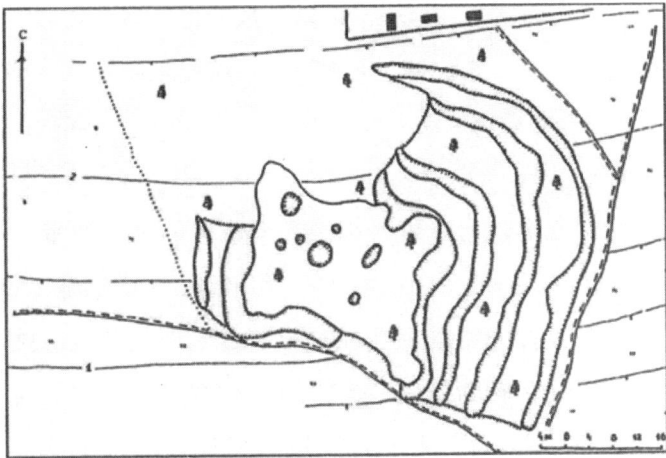

大公爵村古城平面图（А.П.杰烈维扬科、А.П.扎比亚科，第130页）

第五节 陡崖古城（Утёсное городище）

"陡崖古城"位于溯结雅河而上15公里处，结雅河右岸10余米高的陡崖之上。距离布拉戈维申斯克市约30公里。北出布市，沿通向斯沃博德内（г. Свободный）的Р-468号公路，行至新特洛伊茨基村（с. Новотроицкое）附近时转而向东南，经别列戈里耶（с. Белогорье）到达"陡崖古城"山下，之后转而徒步前往。

陡崖古城是继布拉戈维申斯克市附近少先队营地古城，又一座靠近结雅河口的大型古城。古城距结雅河500米，扼守河道要冲，在古城上可以清楚地看到结雅河道。古城方位大致为西北—东南朝向，古城平面呈梯形，东北—西南距离较小，西北—东南距离较大，东北部临河，城垣遗迹难觅，其余三面均被高大城垣环绕。城垣依陡崖山岭而建，总长1560米。城墙外侧高至4米，墙体内侧高至2米。山岭上城垣残高0.1—0.5米。古城东南墙中部设城门二，宽3—4米，其分别距筑城东南角约100米和250米。门址无外防设施，没有瓮门。城垣上有马面遗迹，但不甚清晰，数量也不多。在城门切面处可清晰看到夯土层遗迹，遂知该城为夯土版筑。在城墙东南方，在墙体上建有大型角楼。城墙外侧修有壕沟。现今壕沟深度为0.2—0.5米，宽至1.2米。古城内尚未发现房址遗迹。[①]

该古城地处结雅河下游丘陵浅山区向平原区的过渡地带，周围为低矮山丘和冲沟。古城占据一座负山面河、视野开阔的平缓坡地，无疑是防守结雅河交通大动脉的重要战略据点。同时，该古城规模较大，城墙均系夯土版筑，有马面、角楼，较为坚固，当为黑龙江左岸一座重要的女真城邑，"（蒲峪路）南至上京六百七十里，东南至胡里改一千四百里，北至边界火鲁火疃谋克三千里"。[②]蒲峪又作蒲与，是金代上京所辖诸路之一，初置万户府，海陵王时设节度使，路之正式设治或在此时。改路管辖范围甚为辽阔，南邻上京会宁府辖地，西界嫩江与乌古迪烈部（后改东北路）相邻，向北

---

① История Амурской области с древнейших времён до начала XX века // Под. ред. А.П.Деревянко, А.П.Забияко. Благовещенск, 2008. С. （[俄]А.П. 杰烈维扬科、А.П. 扎比亚科主编：《从古代到20世纪初的阿穆尔州历史》，布拉戈维申斯克，2008年，第142页。）

② （元）脱脱：《金史·地理志》，中华书局1975年版。

3000里至火鲁火疃谋克之地。"火鲁火疃谋克"据考证在今外兴安岭南麓、结雅河上游。[①]结雅河口正处于蒲峪路北行至火鲁火疃谋克的节点部位，因此，陡崖古城显然系作为该交通孔道上的重要枢纽、军政重镇和区域性中心城邑。

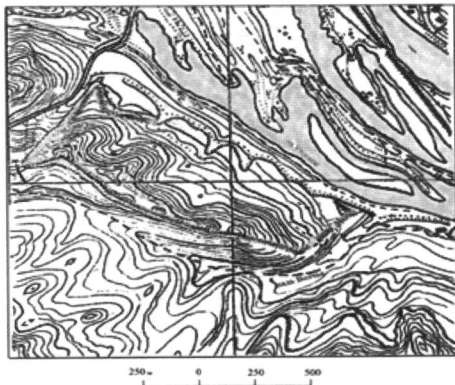

陡崖古城平面图（А.П.杰烈维扬科、А.П.扎比亚科，第142页）

从陡崖古城鸟瞰结雅河河道（王俊铮 摄）

第六节 结语

在结雅河与黑龙江汇流形成的以结雅河口为中心水路大"丁"字路口，

---

① 孙进己、冯永谦：《东北历史地理：下卷》，黑龙江人民出版社2013年版，第318页。

中俄两国接壤的黑河地区与阿穆尔州均分布有密集的古代城邑，特别是俄罗斯阿穆尔州黑龙江、结雅河下游沿岸形成了规模很大的城邑、要塞、军事戍堡、祭祀址集群。该地区亦是俄罗斯境内除滨海边疆区南部之外又一片密集的中世纪古城群。其族属与文化涉及北室韦、黑水靺鞨、女真、达斡尔等中世纪黑龙江流域世居古族遗存。如是，说明了该地区作为北室韦核心区、黑水靺鞨重要分布区以及自金上京、蒲峪路至外兴安岭南麓火鲁火疃谋克这一交通大动脉"地理枢纽"的重要地位，是黑龙江流域民族交错、融合与交往的重要地区，特别是沟通了黑龙江左右两岸，尤其是松花江、嫩江流域与结雅河、谢列姆贾河流域，黑龙江上游与中游的族群往来和文化传播。

需要说明的是，上述结雅河流域的古城遗址，苏联学者Г.С.诺维科夫-达斡尔斯基在其撰著的《阿穆尔州考古图资料》中就多已著录。值得注意的是，苏联一些学者将结雅河流域及黑龙江沿岸所发现的古城遗址都认定为达斡尔人所修筑，该观点值得商榷。根据近年来中俄学者对这些古城遗址进行复查时所发现的陶器及对城垣形态、城址形制等进行判定，这些所谓的达斡尔古城年代远比达斡尔人出现的时间要早得多，其年代当在室韦、黑水靺鞨时期。因此，本文的目的，即通过中俄学者的联合考古调查，揭示这些古城的真正年代，以便对黑河瑷珲平原与俄罗斯结雅平原的古代历史文化有一个清醒的认识。

中俄两国科考成员通力合作，获得新的重大发现，圆满完成了本次考察任务。本次田野考古调查是中俄两国学者首次联合系统考察结雅河流域的古代民族筑城遗迹和墓葬遗址，进一步加深了对以黑河地区为中心的区域古代文明的认识。同时，本次考察为中国黑河市与俄罗斯布拉戈维申斯克市"两国一城"的战略互动与协作以及"龙江丝路带"建设注入了新的内涵，实现了中俄学术与文化交流合作的新突破。

第十三章　兴安盟扎赉特旗础伦浩特——神山遗址考察报告与研究

　　长期以来，人们一直把础伦浩特——神山作为两个不同的文化遗存加以认识、考证或介绍。其实，这是人为地割裂了二者一体的关联性；实际上，神山（即博格达山）与础伦浩特石城遗址是同为一体的文化遗址群。经过扎赉特旗文体广电局的特别邀请组成了专项调研组，于2018年11月16日至22日，针对神山——础伦浩特遗址进行了全面的实地考察。我们认为：神山、础伦浩特、大石叮北魏石刻均属于同一文化遗址群，今后可以更名为"神山——础伦浩特文化遗址群"，神山——础伦浩特文化遗址群实际上就是契丹人为祭祀祖先奇首可汗所建立的"神祇"场所。大石城是为了保护神圣的大敖包区域而修筑的禁苑或封禁区，它本身没有军事防御和戍守功能。小石城则是祭拜、敬天礼地祭祖的享殿，大敖包与小石城地理坐标形成了西北至东南的对角线，这符合契丹人崇东拜日面向东南的习俗。神山与础伦浩特石城遗址，均不具备元明以来的卫所城池的防御功能和行政功能，而是纯粹的礼仪、封禁、祭祀、陵园、宗教专用场所。神山——础伦浩特文化遗址群的特征（大石叮石刻）完全符合宗教、陵园、祭祀场所的各项条件。博格达山就是朵颜山、朵云山或可以追溯到辽代的"都俺山"的推断具有合理性，但是由此推断朵颜卫所的地理位置就是博格达山则显得唐突。特木勒教授所考证的"朵颜卫应该在博格达山附近"的观点则具有说服力，因此寻找朵颜卫的卫所应该在朵颜山即博格达山附近靠近河流的地方寻找。需要说明的是，本文对元明清以降的博格达山的祭祀礼仪以及博格达山周边蒙古族的风俗等记载翔实、出处明确、成果丰富，此不一一赘述。

第一节　础伦浩特——神山的地理位置、地名演变与地理环境

础伦浩特——神山遗址，位于内蒙古自治区兴安盟扎赉特旗巴彦乌兰苏木哈拉改吐嘎查西南方向博格达山（汉译为神山）南部的山坡之间。础伦浩特，汉译为"石城"，础伦即蒙古语汉译为"石"，浩特亦即蒙古语汉译为"城"。神山则为汉译之名，蒙古语称之为"博格达"，亦即神山之义。石城与博格达山实为同一山地，石城在神山之南侧山坡，而神山则在石城之北端，海拔为858.8米，山峰顶部有一硕大的石块堆砌的敖包，其上布满当地蒙古族的祭祀之物，也是周围方圆里的祭祀圣地。

博格达山山地属于大兴安岭中部偏南的起伏山地，周围多起伏的山峦。山峰顶部基岩裸露，怪石嶙峋，千奇百怪的山峰耸峙，沟壑万千。其地属于兴安盟扎赉特旗的部，嫩江下游右岸的大兴安岭山脉向松嫩平原的过渡地带。东临黑龙江省泰来县，为嫩江下游与绰尔河下游、雅鲁河下游、洮尔河下游的冲击性平原和广袤的湿地，并与嫩江左岸的大庆地区、杜尔珀特地域的湿地连成一片。其南部与西南部则是兴安岭的余脉及其起伏的丘陵和绰尔河上、中游的左岸。其西部则是大兴安岭的连绵不断的山岭，山峦起伏、地势渐高，沿着河谷可直通呼伦贝尔大草原与扎兰屯市接壤。其北部则是大兴安岭山地由北向南的延伸，并流出达汗河、乌尔其根河的支流东流与雅鲁河汇合后注入嫩江右岸。乌尔其根河实际上成为内蒙古扎赉特旗与黑龙江省龙江县的分界线，整个地势是西高东低，西部是大兴安岭的崇山峻岭，逐渐向东部成为过渡性的浅山区、丘陵区以及大片的平原湿地。

础伦浩特——博格达山（以下简称为神山）因地近绰尔河流域，故有绰尔河流域山川地貌的特征。这一地域山泉溪水特别充沛，河流纵横、山峦叠翠、突兀的山峰众多。绰尔河的河床中布满各种鹅卵石，由于河水落差较大，多转弯曲折，加之石块堆满河床，河水流动湍急，往往发出河水撞击石块的巨大响声，隔河数里便可以听到绰尔河水的响声，寻声便知河近。故当地的汉族人对绰尔河又直呼为响水河。绰尔河中、下游地区的河谷宽阔，山影远遁，适于放牧、游猎、渔捞。绰尔河又是嫩江流域右岸下游地区最大的一条河流，因发源于大兴安岭的中部横贯大兴安岭，纳入大兴安岭中部南北的众多河流。按照地质特性划分，"绰尔河属于嫩江右岸一级河流，源于内蒙古牙克石市境内博林线63公里处，流经呼伦贝尔盟扎兰屯市林区，从西北斜贯东南，折而东北，在扎赉特旗东北努文木仁乡靠山屯北流入嫩江。全长573公里，流域面积达17092.4平方公里"[1]。

础伦浩特——神山遗址，实际上是由两个不同含义的地名组成的一个复合型的历史地名文化的统一体。为了区别同一山地的两种不同的文化遗存，当地的人们往往只关注"博格达山——即神山"，而长期忽视了"础伦浩特——即石城"的存在。久而久之，础伦浩特就淡出了人们的视野。其实，础伦浩特是一个重要的历史地名，遗憾的是在扎赉特旗的地名志中却不见对其语源含义的任何解释。[2]虽然人们知道"础伦"是蒙古语的"石头"或"石块"，但是其语源、语境究竟如何则无人问津。如果从语音学角度看待"础伦"一词的发音chulun，则与历史上的绰尔河的"绰尔"一词的发音相近（chuo er或chuo lu），在中原音韵转译阿尔泰语系中的颤音"R"音的表音时，往往在不同的历史时期或不同的人，利用多种不同的汉字进行标音，这就造成了同音不同义的多种汉字的标音现象。因此，绰尔河的"绰尔"，有

---

① 《扎赉特旗志》编纂委员会：《扎赉特旗志》，内蒙古人民出版社1993年第一版，第73页。
② 中共扎赉特旗委员会，扎赉特旗人民政府：《扎赉特历史文化丛书·扎赉特地名》，内蒙古人民出版社2010年版，第150—151页。

时被写成"啜水"^①"屈利水"^②"楚里河"^③"搠木涟"^④"础伦"^⑤。特木勒先生在其《南迁前兀良哈蒙古人的游牧补考》一文中引用了日本学者和田清的考证：和田清认为《元史》中有时写成"曲列儿河"、《大明实录》则写成"屈烈""屈列儿河"，并认为都是指的今天的归流河。我们认为，这里的"曲列儿河、屈列儿河、屈烈河"都是绰尔河的一种同音异写的关系，而与"归流河"无关。《元史》《明史》中的龟剌河、鬼力儿河、贵列、贵列儿实际就是归流河，所以应该从绰尔河系统的地名剥离出来。^⑥

其中值得注意的是，关于"水"与"河"的转换，这种转换无疑是一种对北方少数民族所居住的江河地名的汉译过程中，利用汉字表述时的习惯称谓。此外，上述的这些对绰尔河的不同称谓的不同汉字的标音说明了在"绰尔、啜水、屈利、楚里、搠木涟、础伦"之间存在着同音异写的关系。其中的"搠木涟"直译成汉语就是"搠河"，因为"木涟"就是蒙古语直译汉语为"河"。由此可见，础伦浩特虽然直译成汉语就是石城或石头城的意思，显然上述的汉字都是对绰尔河称谓的一种音译的汉字标音，只表音而不表意。其深刻的含义则是揭示了绰尔河的真正含义与"石块"或"石头"有关，根据础伦的含义可以推测绰尔河的真正的含义当为"石头河"，或在汉

---

① （北齐）魏收：《魏书·卷100》，中华书局1975年版。"室韦国在勿吉北千里，去洛六千里，路出和龙北千里入契丹国，又北行十日至啜水。"

② （唐）李延寿：《北史·卷94室韦传》，中华书局2003年版。"又北行三日有大水，名屈利。"

③ （元）脱脱，《辽史·太祖本纪》，中华书局1975年版。"上还至大岭，时大军久出，辎重不相属，士卒煮马驹，野菜以为食，孳畜道毙者十七八，物价十倍，器服资货委弃楚里河……上登都俺山，扶其先奇首可汗遗迹，徘徊顾瞻而兴叹焉。"

④ 特木勒：《南迁前兀良哈蒙古人的游牧补考》，未刊稿，大连民族大学黑龙教授提供。《华夷译语》所载《脱儿豁察儿书》说的大体意思是："俺（每）兀良罕百姓林木中百姓，自国主洪福成吉思皇帝时分以来，（住牧于）额客多延温都儿、丁搠木涟，至今不曾分离。更累朝皇帝时分（里），历来献纳的窝鹰土豹等皮货，每年（无论）多少，竭力献纳于大都"云。

⑤ 乌力吉主编：《扎赉特旗历史与文化》，内蒙古教育出版社2007年版，第268页。

⑥ 特木勒：《南迁前兀良哈蒙古人的游牧补考》，未刊稿，引自日本学者和田清：《东亚史研究（蒙古篇）》，东洋文库1959年版，第132页；潘世宪译：《明代蒙古史论集》，商务印书馆1984年版，第112页。归勒里（Güiler）河，散见于《元史》中，作贵烈、贵列、贵列儿、龟剌儿、曲列儿河等。后来的《大明实录》《明史》等也作屈烈、鬼力儿或屈列儿河等，它就是洮儿河的南源。

人的眼里可引申为水击石块而产生的巨大声音被俗称为"响水河"。础伦浩特，无疑就是石城或石头城，不能称之为响水城。因为从语源学角度看，绰尔河或啜水的名称来源较早，要早于"础伦"一词，所以础伦浩特的础伦可能借助了啜水或绰尔的词汇。础伦这一地名与绰尔的称谓相互印证则是具有可能性。这对探索础伦浩特遗址及其地名的形成与博格达神山的关系以及探索绰尔河的称谓含义确定础伦浩特——神山的产生年代均具有重要的意义。

第二节　础伦浩特与神山及博格达乌拉石刻调查与研究的经纬

需要说明的是，关于扎赉特旗石头城（础伦浩特城）、神山、博格达乌拉石刻的记录、调查与研究的经纬，目前我们只是根据扎赉特旗文化局提供的资料进行梳理，即《扎赉特旗志》内蒙古人民出版社1993年版，《扎赉特旗历史与文化》内蒙古教育出版社2007年版，《扎赉特旗历史文化丛书·古今扎赉特》内蒙古人民出版社2010年版；《扎赉特旗历史文化丛书·扎赉特地名》内蒙古人民出版社2010年版；《神山础伦浩特遗址》内蒙古自治区兴安盟扎赉特旗文体广电局编，"第五批全国重点文物保护单位推荐材料"，2013年打字复印版；陈志贵等主编：《内蒙古文化遗产丛书·兴安盟文化遗产》文物出版社2014年版。

由于缺乏对地方志、文物志等档案资料、史料的深入挖掘与扩充整理工作，特别是针对清代黑龙江将军衙门档案、吉林将军衙门档案、内蒙古清代档案的查阅尚没有开展；尤其是对《魏书》《北史》《辽史》《金史》《元史》《明史》等元典史料的挖掘尚待时日。特别是《中国文物地图集·内蒙古卷》文物出版社，理藩院蒙务官员叶大匡、春德奉朝廷之命编写的《调查扎赉特旗报告书》1910年（清宣统二年）；《扎赉特旗事情》伪满扎赉特旗公署参事官主持编写，1935年；以及相关的地方文献与档案史料都有待补充与完善。

一、关于础伦浩特的记录与研究

值得注意的是，在1993年版的《扎赉特旗志》中我们没有检索到扎赉特旗的础伦浩特遗址的记录，这不能不说是个遗憾。时隔七年后，由王旺盛主编的《扎赉特旗历史文化丛书·扎赉特旗地名》一书中收录了础伦浩特遗址的信息。说明编辑此书该条目的作者已经重视础伦浩特古城遗址，并进行了初步调查与了解，不然作者不会有如此详细的数据和描述。为了保持作者的原作的真实性，现将条目的原文记录如下。

参见该书第二章第九节：础伦浩特额真。其原文如下：

础伦浩特额真，系蒙古语，意为'石头城主人'位于神山'亦和伊孙苏博'（山名）南坡深山老林中。础伦浩特今存遗址由内外组成，内城是东西南北各0.5公里的四方城。城内有南北约100米、东西约200米的房屋建筑遗迹，城内青红砖瓦片随处可见，城内东侧还有一口井（现已堵死）；外城墙南北长约1.5公里，周长约6000米，城墙高度有1米至1.5米不等，宽为1.5米，有南北二个城门，内外城墙均用大条石砌成。从城内外建筑设施规模上看，这座古城遗址是在兴安盟境内发现的最大的古城遗址。有些专家认为是元代兀良哈千户所所驻的额客朵颜温都尔（博格达山）的军事基地（此城的历史专家学者说法不一）。①

该书作者将遗址命名为"础伦浩特额真"的根据不知从何而来，或许

---

① 王旺盛主编：《扎赉特旗历史文化丛书·扎赉特旗地名》，内蒙古人民出版社2010年版，第150页。

是当地的俗称，或许是蒙古族的称谓。然而，作者没有说明命名的来历，显然是对遗址命名的规范化缺乏了解。此外，关于础伦浩特古城遗址的周长、布局有较为明确的数据，但是这个数据究竟是采用了怎样的技术手段，作者也没有交代清楚，因此作者提供的数据方面缺乏科学技术的含量，而不能够最终确信这一公开出版的数据。最后，作者针对础伦浩特城的遗址年代与性质做了不确定的推论："有些专家认为是元代兀良哈千户所所驻的额客朵颜温都尔（博格达山）的军事基地（此城的历史专家学者说法不一）。"很明显，作者采用了众多专家中之一的观点，即元代兀良哈千户所所在地的"额客朵颜温都尔的军事基地"。同样，这一结论还是缺乏实证与历史依据。

2007年，乌力吉主编的《扎赉特历史与文化》一书由内蒙古教育出版社正式出版，书中第二篇"扎赉特文化"一节介绍了础伦浩特古城遗址：

础伦浩特，汉译'石头城'，是今扎赉特旗博格达乌拉（神山）五大神祇之一军臣神祇的象征。在《大蒙古地区神主神祇尊贵的乌力吉朝克图及伊力楚岱之洁净的供品自成附》中把础伦浩特神描写为'东边的黑脸军臣达日巴鲁'……该古城位于扎赉特旗所在地音德尔镇北部70公里处的大神山依和依孙苏博山南坡的深山老林中。

础伦浩特今存遗址，由内、外城组成。内城是南北1华里的四方城。城内有南北约100米、东西约200米的房屋建筑遗迹。进城一看，盗窃坑中出土的条石（规格为40厘米x160厘米、40厘米x200厘米）、青红砖（规格为20厘米x40厘米）和瓦片随处可见。内城南门东侧有一口深井，已被盗贼破坏。这口井完好无损时在井口的石柱上拴着一根铁链，人们一直没有把它从井中拽出过。所以，不知道这口井有多深。后期，井被破坏，铁链也不翼而飞。内外城墙均用大条石砌成。外城墙南北长约3华里，东西长约3华里，周长6000米。城墙高度有1米至1.5米不等，宽度为1.5米，有南北2个城门。从城墙及城内建筑设施遗址的规模上看，这座古城遗址，在兴安盟境内发现的古城遗址中是最大的。

有些学者认为础伦浩特古城就是当时（明代）朵颜卫的军事基地。从军事学角度看，础伦浩特正是符合一切军事条件的最佳之地。础伦浩特古城，既能通行车辆（勒勒车），又是水源充沛的生活区。这里能驻兵五千，伏兵上万，是冲杀自如的战略要地。

出土文物也对考证础伦浩特古城提供了有力证据。据知情者透露，前几年有人（巴彦乌兰苏木巴格新仓村民）在础伦浩特古城内发现两件文物，即一顶钢盔和一把蒙古刀（弯刀）。'钢盔'是古代武将必备之物，因此，这件文物应是推断础伦浩特古城年代的实物佐证。'弯刀'乃是蒙古族等北方少数民族常用兵器，所以，它便是推断础伦浩特古城主人及其身份族别的完好旁证。经有关考古专家鉴定，出土的青红砖和瓦片也都是金、元、明三朝代的建筑材料。尤其是周围12华里的古城墙和不知道有多深的井，足以说明这座古城为非凡之地。

该书的记述基本上是沿用了王旺盛主编的《扎赍特旗历史文化丛书·扎赍特旗地名》一书的内容，不过是增加了古城中出土瓦片的尺寸和条石的尺寸以及古城的南北各有一城门的记述。此外，还增添了民间传说或口述的内容，如古城内的井口有铁链子的传说以及关于具有宗教神秘色彩的神主、神祇的口述史料，并将古城的面积确认为兴安盟境内最大的古城。在确定础伦浩特古城性质的问题上，依然没有跳出前述的确定在金、元、明之际的军事基地束缚。并用不知何年何月何人在何地采集或征集的钢盔、弯刀作为佐证古城是军事基地的依据。尤其是文中提到的对这些文物鉴定的考古学家究竟是何方人员，甚至连采集文物的村民和鉴定专家的姓名都没有说明，不能不令人怀疑这是一桩孤证。

关于础伦浩特遗址的较为详细的记述则反映在内蒙古自治区兴安盟扎赍特旗文体广电局申报第五批全国重点文物保护单位推荐材料《神山础伦浩特

遗址》的申报书中，申报时间为2013年1月。现将专家评估意见与兴安盟文化局的批复原文附录如下：

关于推荐神山础伦浩特遗址为第五批全国重点文物保护单位
专家评估意见

神山础伦浩特遗址，位于内蒙古自治区兴安盟扎赉特旗巴彦乌兰苏木哈拉改吐嘎查西南方向大神山和依孙苏博山南坡的深山老林中。北纬46度55分17.9秒，东经122度09分03秒。为申报自治区重点文物保护单位，我局组织有关专家对该遗址价值进行了评估，现将评估意见综合如下：

时代定为元代。断代标准我们是以在遗址内发现的瓷片、青砖、条石和遗址的形状特点确定的。

神山础伦浩特遗址现状保存良好。这座遗址是元代规模较大的遗址，并且墙体保存较好，遗址内遗存丰富，在调查中发现遗址平面略呈英文大写字母Y字形。遗址内地势北高南低，东西两侧南部均为悬崖峭壁，南部为缓坡，下山坡后地势开阔。主体主要由东侧、西侧、北侧三段部分组成。三段墙体交叉点东北处，有二十余处建筑基址，散见板瓦、青砖、条石和体积较大的长方形石块。制高点附近尤为明显，个别有人工打造痕迹。该遗址的时代可定为元代。

有较高的历史价值。神山础伦浩特遗址在元代边防城中地理位置十分重要，它位于蒙古高原与松嫩平原接合部，东与黑龙江省龙江县接壤，南与泰来县相连，西与科右前旗交界。神山础伦浩特遗址面积较大，边防城设施完备，地理位置重要，是元代防御体系中重要环节。

我们认为，这座遗址的完整布局，是我们研究元代时期的兵制、边防、民族关系、生产生活的宝贵资料。①

---

① 扎赉特旗文体广电局：2013年申报第五批全国重点文物保护单位申报书《神山础伦浩特遗址》（复印装订本），第2页。

在报告的后面有一份附件：《扎赉特旗第三批重点文物保护单位名单》，在这份名单中提到了两处与础伦浩特遗址相关的重要遗存。

石头城古城遗址：遗址位于阿本格乐巴彦扎拉嘎工作部，石头城子村南600米山丘处，南为自然小溪，东为缓坡，遗址在缓坡中心处。遗址的墙体已经被开地，地表上散落有大小不一的石块，大小口沿陶片，瓦片，遗址面积为320米，此遗址距巴彦扎拉嘎工作部东南12公里，遗址北700米处是音德尔至杏山公路。

神山础伦浩特遗址：位于内巴彦乌兰苏木哈拉改吐嘎查西南方向大神山和依孙苏博山南坡的深山老林中。哈力改吐屯正南方向有绰尔河流过，其境内为丘陵草原地带，水草肥美大神山元代至清代被称其为朵云温都尔，在清代乾隆年间被尊为乌力吉朝格图敖拉，藏语称其为拉喜扎力布，意即吉祥的神，因忌讳直呼其名，人们称其为'博格多敖拉'。属于大兴安岭余脉，是一座独立的山峰，主峰海拔858.8米，是以大自然的断裂而强烈风化剥蚀和流水切割形成的奇峰……地面组成物质以花岗岩、石英粗面岩为主，植被类型以黑桦为主，林下灌木层发达，林间空地有团块状分布的榛灌丛，草木层茂密种类丰富。

遗址内地势北高南低，东西两侧均为悬崖峭壁，南部为缓坡，下缓坡后是地势开阔的平川。遗址平面略呈英文大写字母Y字形，墙体主要由东侧、西侧、北侧三段部分组成。从南侧缓坡向北直上是遗址墙体的两个分叉，东墙分叉墙体总长度约115米，垒砌现象明显，墙体中部有长约2米的缺口。西侧分墙体总长约139.4米，大部分墙体主要借助山体，只有小段部分垒砌现象明显。北侧墙体较长，也是保存相对较好，垒砌现象最为明显的部分，总长度306.9米。此墙体的前段部分有长9.9米的豁口，作用不得而知，尾端部分有长约2米的排水口。三段墙体交叉点东北处，经初步统计有20余处建筑基址，因多数已经被盗，现呈坑状，附近散见板瓦、青砖等建筑构件。在遗址的地表上大范围分布着数目众多的、体积较大的长方形石块，制高点附近尤为明显，个别的有人工打制痕迹，是建筑用石，元代特点。①

　　我们从上述的《神山础伦浩特遗址报告》与该报告的《附件》中可以清晰地看到，有关础伦浩特遗址的命名已经逐渐规范，"额真"的字样已经剔除，增加了"神山"二字，并把神山（即博格达山）与石城（础伦浩特）捆绑在一起进行大遗址重点保护的角度进行申报，这个思路十分正确。尤其是对础伦浩特石城的描述有了极大的进步，古城的数据与走向布局更加规范化。一改上述所说的础伦浩特古城遗址周长为6000米的规模。这是该报告中对前面成果最重要的修订。

　　可以看出，申请报告的数据主要来自附录。该报告与附件中的描述所不尽人意的地方是：一是语言文字不规范处很多，主要是没有避免口语化。二是对础伦浩特遗址的主体墙体的轮廓描述较为清楚，但是对小石城的记述则十分模糊。三是将神山础伦浩特遗址定位在元代边防城的性质，则是非常错误的；同时，对其地理位置的描述也存在商榷之处。"神山础伦浩特遗址在元代边防城中地理位置十分重要，它位于蒙古高原与松嫩平原接合部……神山础伦浩特遗址面积较大，边防城设施完备，地理位置重要，是元代防御体系中重要环节。"元代的疆域十分辽阔，整个黑龙江流域都在元朝的掌控之中。绰尔河流域属于元代的内陆地区，并非属于边防城性质，因此，武断地确定神山础伦浩特遗址为元代边防城的观点以及由此推测古城具有元代边防设施完备、是防御体系中重要一环也是不科学的臆断。此外，认为神山础伦浩特遗址位于"蒙古高原与松嫩平原接合部"也是不够严密的，应该是大兴安岭向松嫩平原的过渡带。值得注意的是，该报告的最后还附有《神山础伦浩特遗址登记表》显然是由专业部门指导填写，其中对石城遗址城墙数据的

---

① 扎赉特旗文体广电局：2013年申报第五批全国重点文物保护单位申报书《神山础伦浩特遗址》（复印装订本），第6页。

测量是使用了较为先进的GBS技术系统。较之王旺盛主编的《扎赉特旗历史文化丛书·扎赉特旗地名》一书对础伦浩特遗址的记述，有了很大的进步，数据接近真实，更加规范化和具有一定可参考价值的科学性。特别是把神山与础伦浩特遗址作为一个整体予以考虑，则是一个重要的进步。神山祭祀与础伦浩特（石城）的文化属性与修筑年代，可能为同时代遗址。然而，起草报告的专家依然没有脱离或跳出元代的局限性，并进一步认定础伦浩特遗址属于元代的边防城，其不知这是失之毫厘、谬以千里。

2014年，陈永志主编的《内蒙古文化遗产丛书·兴安盟卷》由文物出版社出版发行。书中第15节："扎赉特旗础伦浩特遗址：位于扎赉特旗所在地音德尔镇北部70公里处哈力改吐屯西南方向大神山依和依孙苏博山南坡的深山老林中。2012年5月，兴安盟博物馆曾会同扎赉特旗文物管理所踏查过该遗址。"有关础伦浩特遗址的描述大致与上述的扎赉特旗申报第五批全国重点文物报告内容相同。该书在础伦浩特遗址最后的结论中说："关于此遗址的年代归属问题，现存在两种观点。一种是遗址的墙体没有实际的防御性，所以墓域的可能性较大，而且所属时代大致应该在辽金时期。另一种观点认为，有作为明代泰宁卫卫所的可能性。由于没有采集到能明确辨别年代的器物标本，础伦浩特遗址到底属于哪个历史时期的问题，还没有明确的定论，初步判定为辽金时期遗址。"①该书针对础伦浩特遗址结论观点是可取的，一是对础伦浩特遗址的墙体判定为没有实际防御性质，为墓域的可能性较大。二是确定础伦浩特遗址的年代大致为辽金时期。上述两点是该书对础伦浩特遗址推断具有重要的参考价值。

二、博格达乌拉——神山及石刻考证的记录、调查与研究

关于博格达乌拉（神山）的祭祀活动，无论是地方文献、乡土教材以及扎赉特旗历史上的扎萨克所作出的封山规定，喇嘛教中的一些资料都有较为

---

① 陈永志主编：《内蒙古文化遗产丛书·兴安盟卷》，文物出版社2014年版，第62—64页。

详尽和系统的记述。人们对博格达山的祭祀活动从元朝开始就没有间断过，特别是当地的蒙古族对博格达山的崇拜更是绵延不断，虔诚无比。近年来，有关博格达山的祭祀崇拜活动更是高潮迭起，不仅吸引了周边蒙古族的祭祀活动，而且也影响着整个内蒙古东部地区的众多民族前来瞻仰和祭拜。博格达山上的大敖包已经成为周边地区人们崇拜神山、祭祀活动的象征。然而，博格达山的神山祭祀活动究竟起源于何时？博格达山——神山与础伦浩特遗址（石头城）有何关系，它们之间有何种内在联系，础伦浩特遗址与神山是否同属一个时代？这一系列的问题则成为当地的地方学者与内蒙古大学的蒙古学学者们研究和热议的焦点。为此，扎赉特旗文体广电局责成文物管理部门以及兴安盟所属的文物部门组织专家学者与地方学者，共同对神山础伦浩特遗址进行了多次考察。根据扎赉特旗文化体育广播电视局上报的《第五批全国重点文物保护单位申报登记表》中内文可知：从2002年开始，2008年、2010年、2012年都做过专门的调查与复查。2013年，文化体育广播电视局还特意邀请了内蒙古大学宝音教授针对神山进行了调查与研究。目前，较为系统地梳理神山祭祀活动的资料主要有如下几部书籍。乌力吉主编的《扎赉特旗历史与文化》，内蒙古教育出版社2007年版，该书在第五章"祭祀文化"中详细记述和梳理了有关博格达山的祭祀活动以及祭祀所必须遵守的规则和礼仪等。2010年王旺盛主编的《扎赉特旗历史文化丛书·扎赉特旗地名》，由内蒙古人民出版社2010年出版，书中第三章"扎赉特旗名山名水"，详细记述了博格达乌拉即神山的由来以及山神的由来等问题。此外，在王旺盛主编的《扎赉特旗历史与文化丛书·古今扎赉特》卷中，也有关于博格达乌拉山即神山的概括的记录。除此之外，新闻媒体对博格达乌拉——神山的宣传品以及报纸等刊登的宣传文章也为数不少。其中，陈拴柱在2017年5月2日，发表在《中国文物报》第7版《博格达乌拉石刻考证》一文最值得我们关注的。① 由

---

① 陈拴柱：《博格达乌拉石刻考证》，《中国文物报》2017年5月2日第7版。

陈永志主编《内蒙古文化遗产丛书·兴安文化遗产卷》一书中也有相关的记述。

特别值得一提的是，南京大学历史学院特木勒教授在《南迁前兀良哈蒙古人的游牧补考》一文中，指出经过重新梳理张穆《蒙古游牧记》和《华夷译语》所载《脱儿忽察儿书》中的"俺（每）兀良罕百姓林木中百姓，自国主洪福成吉思皇帝时分以来，（往牧于）额客多延温都儿、搠木涟，至今不曾分离。更累朝皇帝时分（里），历来献纳的窝鹰土豹等皮货，每年（无论）多少，竭力献纳于大都"云。[1]特木勒针对日本学者和田清的考证进行了入情入理的分析，并从语音学的角度仔细辨析了"绰尔河"与"搠河"发音的区别。指出"和田清先生对搠河的撰写一定是错误的"。[2]特木勒在文章的最后得出了较为可信的结论："《蒙古游牧记》记录朵云山应该就是朵颜山，这个应该没有问题。旁边的搠沐涟，应该是今天内蒙古扎赉特旗境内的绰尔河。元代的多因颜温都儿兀良哈千户所的游牧应该就是今天内蒙古自治区扎赉特旗的绰尔河流域、博格达山一带。"[3]特木勒教授的观点非常谨慎，他把元代多颜温都儿兀良哈千户所的游牧地推定在绰尔河流域和博格达山一带是较为科学的，而不是就确定在博格达山。

内蒙古大学宝音教授撰写的《扎赉特旗博格达山与月伦太后祭祀的历史文化论证》一文，已经提交给扎赉特旗文化体育广播电视旅游局。该文在考证搠木涟河与绰尔河、朵颜山的成果中，显然是参考了特木勒教授的上述观点。然而，宝音将博格达山的古称追溯到《辽史·太祖本纪》中的"都俺山"，就是元代或北元时期的"朵颜山"，亦即清代的"朵云山"。并从语音学的角度入手对"都俺山、多延温都尔，即朵颜山、朵云山"进行了语音比对和研究，说明了它们之间的同音异写的关系。然而，无论是都俺山，还

---

① 特木勒：《南迁前兀良哈蒙古人的游牧补考》，未刊稿，第3页。
② 特木勒：《南迁前兀良哈蒙古人的游牧补考》，未刊稿，第5页。
③ 特木勒：《南迁前兀良哈蒙古人的游牧补考》，未刊稿，第5页。

是朵颜山、朵云山，多延温都尔都与后来的"博格达山"之间称谓的关联性缺乏重要的依据。探索都俺山、朵颜山、朵云山与博格达山之间称谓变化的关系，不仅仅应该从语音学角度去探索，还应该从地名语言学的语境角度去探求。也就是说，应该从都俺山、朵颜山、朵云山产生的语境中，即地名语言学的语境背景中求证。假如都俺山、朵云山、朵颜山的地名语源来自辽朝，那么就不能不考虑到辽朝的佛教的发展历史，都俺山这个地名是否与佛教有关？目前尚不可知。因为，如果都俺山与博格达山之间是按照宝音先生所考证的结果发展起来的话，那么博格达山这个地名的语境至少经历了辽、金、元、明、清五个朝代，在1000多年的历史长河中该地的宗教文化也经历了佛教、藏传佛教、蒙古的喇嘛教的融合发展过程。不同的宗教理念与教规教义及其信仰与祭祀都会发生一系列的变化，而作为神山的地名也可能会发生语音、语义的变化。更何况在博格达山周边地区的民族迁移与历史文化的变迁，与之相关的地名的演变更会错综复杂。

2017年5月2日，《中国文物报》上发表了陈拴柱的文章《博格达乌拉石刻考证》的文章，使我们对博格达——神山的年代与性质的推断具有更新的认识。应该说这是一件非常重要的发现："博格达乌拉（神山）位于内蒙古兴安盟扎赉特旗巴彦乌兰苏木、阿尔本格勒镇、巴达尔胡镇交接处。北纬46度58分，东经122度99分，南北长20公里，东西宽13公里，总面积为260平方公里，海拔高度1158.8米。博格达乌拉是大兴安岭东南段顶巅之西麓，属绰尔河中下游。此山中两块天然大石叮形成小石洞，左右贯通。天然大石叮四周围森林茂密，野草茂盛。进入大石叮下面的小石洞，可遮挡风雨寒冷，又可防御人和野兽的侵袭。是拓跋鲜卑人用来做佛事的天然好场地。"2016年，清明节期间陈拴柱在回乡为亲人扫墓时，从扎赉特旗原政协主席乌力吉处得知在博格达乌拉（神山）发现了一处石刻。"2016年6月3日，经乌力吉同意，我带着设备与博格达乌拉祭祀会会长白双虎、特格喜、王传竟等人进入博格达乌拉（神山）开展石刻调查研究工作。经过六天的考察，我们找到了北魏王朝太安四年（458年戊戌年）的石刻祭文；并在大石叮石刻祭文之前一米左右处地面上发现了一个残缺铁具。"①"祭文是直接刻在大石叮上，不是先书丹而后刻……石刻祭文为大石叮石刻，刻在大石叮阳面石壁下半部位置。石刻祭文离地高96厘米处，从上往下刻到离地高50厘米……共计18个字，残缺一个字。博格达乌拉大石叮上的石刻祭文为汉字魏书，石刻文字很接近楷书，属隶转楷的过渡时期字体。"②"王升太安四（年？），打观立（音七），③石叮表祖，冲（冲）惟亮。四"陈拴柱先生还将博格达乌拉发现的石刻与1980年在哈尔滨师范大学游寿教授指导下，由原呼伦贝尔盟文物管理站站长米文平所发现的大兴安岭加格达奇阿里河附近发现的嘎仙洞北魏太平真君四年的石刻祝文进行了认真的对比，发现博格达乌拉的北魏太安四年石刻祭文与嘎仙洞发现的北魏太平真君四年的石刻祝文有6个字的凿刻笔画具有相同之处，即"太、四、祖、惟、王、冲"。因此，陈拴柱先生推断博格达乌拉发现的石刻祭文的刻字工匠与嘎仙洞的北魏祝文刻字者为同一人。虽然此说尚缺少证据，但是经过比对二者刻字的相似之处，可以推测博格达乌拉的大石叮刻字出自北魏时期是极有可能的。

无疑，陈拴柱的这一发现、考证与解读为博格达乌拉（神山）的祭祀年代产生的历史背景与断代，都提供了最为珍贵的新材料与佐证。如果陈拴柱考证的时代无误，那么博格达乌拉早在北魏时期已经成为佛教道场的专属

---

① 陈拴柱：《博格达乌拉石刻考证》，《中国文物报》2017年5月2日第7版。

② 陈拴柱：《博格达乌拉石刻考证》，《中国文物报》2017年5月2日第7版。

③ 作者注："打七"是佛门中精进修行的一种仪规，随着修行方法的差异，而有不同的名称与内涵。如：用禅宗的参禅方法打七就叫作"禅七"；用净土宗念佛法门打七叫作"佛七"；其他像专念观世音菩萨圣号的"观音七"；专持楞严咒、大悲咒的"楞严七""大悲七"等等，都是随修行法门而得名。所以顾名思义，"禅七"当然是指"用禅宗的方法打七"啰！禅宗的方法也有很多，最普遍的是"参话头"；其进行方式是在禅堂内，以静坐和跑香调和身心来运转方法，达到开发觉性的目的。为什么是"打七"？不"打六""打八"呢？有两种说法：一、"打七"是要打我们的第七识末那识。第七末那识是轮回的祸首，因为它执着现前虚妄的身心为自我，安于此三界牢宅而不思脱离，所以修行即要破除此第七识达到解脱。因此"打七"又称为"打七识"。二、"打七"一般以七天为期，"七"这个数字是佛门中，也是中国人常用的数量单位。当然，可以不只打一个七，古时多是连续打七个七、十个七的。

地。"打观音七"实际上就是在这里设立佛教道场以七天为一周期来做佛事，念观世音菩萨，则专指称打观音七。佛教在北魏太安四年（458）[①]已经正式传入扎赉特旗的都俺山，即博格达乌拉。契丹人崇佛、信佛，是继北魏时期大力弘扬佛法的时代。在距离博格达山不远的辽金泰州，即今天黑龙江省齐齐哈尔市所属的泰来县附近有辽金泰州古城旧址，其旁有佛塔一幢。据《辽史》记载，泰州之民崇信佛教之徒已达数千人之多，说明辽代在绰尔河流域及嫩江流域的佛教徒甚多，崇佛、信佛之事已经深入绰尔河流域的大兴安岭地区。

　　总之，上述针对础伦浩特古城遗址与博格达山的年代、规模、关系等结论都比较模糊，可谓众说纷纭，莫衷一是。为了彻底解决础伦浩特遗址的年代、性质，大、小石城的关系与规模，建筑特点，以及与博格达山即神山的关系等问题，扎赉特旗特意组织了础伦浩特古城遗址专家考察组，主要成员有：东北古代民族筑城研究专家、黑河学院远东研究院名誉院长、历史学博士、博士生导师、二级教授王禹浪，东北民族学专家、大连民族大学东北少数民族研究所所长、历史学博士、博士生导师黑龙教授，会同扎赉特旗地方史学者及地方行政主管部门的主要负责人等，择机对上述遗址展开调查。

第三节　础伦浩特遗址实地调查的经过与主要收获

　　为了弄清扎赉特旗础伦浩特遗址与博格达山的关系，特别是针对础伦浩特遗址的年代问题需要实地踏察，并根据实地踏察的数据与第一手资料，对该遗址进行族属考古与甄别，最终对该遗址的大致年代进行判断。为此，在

---

① 北魏太安年间（455 年 6 月至 459 年 12 月）是北魏文成帝拓跋濬的第三个年号，共计 4 年余。

扎赉特旗文体广电局的组织下，于2018年11月16日至21日，对础伦浩特遗址及神山和神山周边地区进行了实地踏察。从严格意义上说，本次考察实际上是针对础伦浩特遗址的族属问题进行一次民族考古学或历史地理学的调查，以便达到地方行政部门与学术之间的历史文化与现实需要的认同，或者是当地的民族认同。因为历史上的民族性与族属特征并没有留下清晰的文字记录，此次踏察只是在民族文化的物质性方面寻找它们的真实的民族属性，因此踏察之前我们便考虑到调查的意义与价值所在，找到了民族属性就能够对础伦浩特遗址的年代有一个科学合理的认识。为了能够真实地反映考察的经历与内容，现将踏察的时间、路线、经过、范围、内容、结果等概要如下。

踏察的路线与经过：2018年11月16日，王禹浪和刘忠堂从已经是积雪覆盖的黑河市出发，乘坐一辆别克商务一路向西南600公里的齐齐哈尔方向奔驶，傍晚到达齐齐哈尔市的嫩江宾馆入住。黑龙教授则从东北最南部的温暖的大连，乘飞机于11月17日到达齐齐哈尔市。17日下午2点，扎赉特旗文体广电局派来的白色越野吉普接到黑龙教授后来到嫩江宾馆与王禹浪和刘忠堂合流，一起向着扎赉特旗音德尔镇方向疾驶，过嫩江大桥至泰来县江桥抗战博物馆与前来接应我们的扎赉特旗文体广电局鲍局长会合。参观江桥抗战博物馆，在抗日英雄马占山将军铜像前合影留念。这里是黑龙江省与内蒙古的交界处，山川草木虽然已经凄冷和秋黄，但是落日的余晖撒落在去往扎赉特旗的公路上；晚霞落日沿着古老的绰尔河左岸向西。一抹夕阳泛出五彩奇光，横亘在前进方向的天边。

途经扎赉特旗好力宝镇永兴村农耕文化博物馆。镇长在漆黑的夜色中等候我们，在进入博物馆的墙壁上刻有"应时取宜，守则和谐。"大厅摆放着一具巨大的犁杖，是农耕文化的象征。已经是夜幕降临了，镇长与博物馆长等待我们，一起参观博物馆。博物馆的橱窗内摆放了许多文物标本，其中有大量辽金时期的铁器、铁农具、炊器、生产工具、生活用具、瓷器、陶器、骨器、铜器、铁权、铜权、铜镜、玉器、北宋铜钱、石臼、石杵等。这些文物标本具有鲜明的地域文化的民族属性，即辽金时期的契丹人、女真人文化深受汉民族农耕文化的影响，可以看得出来在绰尔河下游流域与嫩江下游流域这种游牧、狩猎、渔捞、农耕文化的复合现象的典型特征。30分钟后，在漆黑的夜色中与两位女性镇长、馆长告别，车队继续向泰来县塔子城博物馆疾驶，没有月光，天空繁星点点，全靠汽车灯光的照耀前行。晚上7点，到达黑龙江省所属的泰来县塔子城博物馆，馆长站在博物馆门前等待我们的到来。内蒙古扎赉特旗文体广电局与泰来县文体广电局有着十分友好的关系，因此馆长才能够在夜里专门为我们三人打开博物馆，这是完全打破常规的特殊安排。虽然感到十分疲倦，我们依然怀揣着感恩之心看完了塔子城博物馆的展览。

泰来县塔子城博物馆紧邻辽金泰州古城，泰州是辽金北方的军事重镇，主要防御北部的乌古迪烈部对辽金北部边防重地的侵扰而专门设置的军镇。博物馆内的文物十分丰富，大量的建筑饰件，布纹板瓦、筒瓦、瓦当、瓦头、铁镰刀、铁铡刀、铁犁、铁铧、铁权、定白瓷、龙泉瓷、影青瓷、钧窑瓷、仿定瓷、铜镜、铜钱、官印、佛造像，佛塔地宫中出土文物，塔子城是因原来存有一幢辽代的密檐砖塔，解放初期倒塌而得名。旁边的古城为夯土版筑，有马面、瓮门、角楼，古城内的建筑结构清晰可辨。由于已经是晚上，高大雄浑的泰州城与重修的古塔都隐映在夜幕中。7点30分，返回扎旗，20分钟后到达扎赉特旗所在地的音德尔镇。音德尔镇灯光通明，万家灯火一片繁荣景象。音德尔为蒙古语"台阶"之意，这里是嫩江平原最西端与大兴安岭东麓的接合部，宛如阶梯，故名"音德尔"。车至城内安达宴会厅，一连串的蒙古包都以蒙古英雄命名，哲别、忽必烈、木华黎等。这是扎赉特旗文广新局局长按照蒙古人待客的习惯款待我们。席间演奏了令人陶醉的乌兰牧骑歌舞；悠远深情的马头琴把我们带入辽阔的草原，使我们忘却了疲劳。

2018年11月18日，周日，晴，晨6点起床，7点30分在额尔汗餐厅用蒙古特色早餐，奶茶、冻羊肉、奶皮子、各种小菜、馅饼、花卷等，副旗长徐卫奇礼节到场。8点40分考察队出发，沿国道111东北而偏北，路经绰勒镇，绰勒实际上就是绰尔的同音异写。这是内蒙古东部地区的一条大河，全长570公里。左右两岸分布着66座古代民族筑城，说明绰尔河流域古代城市与人口较为稠密。过绰尔河大桥，左侧有水库。11月的绰尔河尚没有封冻。因修筑公路不能走直线穿过，只好从绰勒水库直行奔阿尔本格勒，黑龙教授解释"阿尔本格勒"为蒙古语"十个"的意思。又路经希勒图（即有庙宇的地方）。由音德尔镇出发向西北方向100公里内几乎都是丘陵潜山区，在距离阿尔本格勒镇2公里地方，我们的车队左拐进入矿山水泥路，土道难行颠簸，车速减缓，又经旦巴屯，于9：40分到达神山林场，现神山周围已经成为国家级自然保护区。沿途村落多黑牛、黑猪家畜。10点到达神山脚下的停车场，神山祭祀学会会长白双虎等人已经在这里等候。神山的主峰就在我们的眼前，在崇山峻岭中神山的雄浑的气势，使人顿生敬畏之感。神山的周边是起伏的丘陵草原，深秋与初冬之间的大地上已经看不到绿色，神山给我的第一感觉是每一块石头都具有佛的身姿，我们仰望神山上的怪石嶙峋模样，心中油然升起顶礼膜拜之情。

在停车场换乘北京吉普改造的专用森林防火车，满载一行7人沿着神山的西南，绕过南、东南折而东北，从神山的东北方向开始爬山。吉普车开始沿着凹凸不平的崎岖的山路向神山制高点的敖包行进，这哪里是路，只是山上常年流淌的一条冲沟，吉普车就骑着冲沟向山上攀爬。巨石、深坑、陡坡、倒树、荆棘都被碾压在前进的车轮下。驾驶员是一位蒙古人，也是神山祭祀学会的会员，或许是我们敬拜神山的虔诚感动了神山，给我们无限的力量终于爬上了海拔858米的大敖包脚下。回首上山的路，最陡的地方接近45度角，惊险迭出，令人后怕。真是不敢相信这辆貌不惊人的北京吉普竟然有如此强大的推动力。在神山祭祀学会白双虎会长的引领下，我们首先祭拜了敖包，献上蓝色哈达、叩首、围绕敖包由右向左绕三圈，这是一个巨大的敖包，敖包的周围系满了白、蓝、黄三色的哈达，敖包上面放满大小不一的各种石块，那是象征着蒙古人敬神的虔诚的灵石。祭拜了敖包后白会长又带我们爬上北面的幸运石岩壁，站在幸运石上，极目远眺，神山的北面、西面是连绵起伏的山峦，南面的绰尔河犹如一条玉带蜿蜒曲折由西向东飘然而去，东侧的余脉逐渐降低消失在极目的视野中。

　　幸运石的脚下数十米便是神山顶部巨石的底部，其下方有两块巨大的"石叮"形成的山洞，洞中有最新发现的北魏石刻（亦如上述）。可能是北魏太安四年，佛教徒在此处做道场之处（打观音七）。这是一个晴朗的天空，能见度极好，站在神山的顶端真正体会到了"会当凌绝顶，一览众山小"的感受。虽然在瑟瑟的寒风中有些冷意，但是早被这万千气象、重岩叠嶂所带来的神清气爽所覆盖。刘忠堂用无人机，我们用照相机一一拍摄下了这一令人难忘的情景。依依不舍地离开了观景台，跟随白双虎会长返回神山敖包后，继续向南开始考察此行的目的地——础伦浩特遗址。"础伦浩特"有时也写成"楚鲁浩特"，虽然是不同的汉字，但是所表达的则是同一个蒙古语词汇，在汉语中可谓同音异写的现象。础伦浩特遗址就在敖包的南侧的山坡上，础伦浩特遗址的北部几乎与敖包紧邻。我们从最北部的石城墙的起点沿着城墙向南延伸进行仔细考察，漫步在古老的城垣，看到这些断壁残墙的一块块青色的城墙石都是来自就地取材的花岗岩，寻找城墙上所暴露出来的各种线索。在坍塌的墙体内外裸露着楔形石、长条石、碎石、块石、不规则石块，大小不一，横躺竖卧在山脊上。这是一条从神山顶部敖包的东南侧一直延伸到神山脚下的沟壑底部的山脊。城墙沿着山脊修筑，由北向南墙体的左侧较为陡峭，右侧的墙体则与山体之间的地表略有高差，由此可以分辨出墙体左侧是城墙的外部，而右侧则是城墙的内侧。在城墙起始点的北端有一个盗掘的深坑，坑中与地表分布有青砖和布纹瓦残片。根据刘忠堂现场定位，坐标为东经122度9分27秒，北纬46度55分19.8秒，海拔高度为793米（定位时间2018年11月18日12点20分22秒）。

从神山敖包开始，城墙随着山体向南倾斜，其海拔高度一直在随山势降低，由北向南城墙至310米处开始分岔，主体城墙沿着山脊继续向南一直延伸到山脚下，在陡峭的山崖与平缓的山坡接合部止，长度约120米。主墙体的总长度为430米。在城墙分岔的310米处，从主墙体向右（即向西）分离出一段城墙，直奔西部的大石板平台，城墙长度约50米。此后分离出来的城墙由大石板平台沿着山脊继续向南到达南部的悬崖止，此为分岔的西墙长度140米。实际上，由东侧主体城墙的分岔城墙应为古城的腰墙，长度约50米。由北向南墙体分布的平面，略呈大写的英文字母Y字的形容是恰当的。[①]如果把东墙墙体加上腰墙墙体，再加上西墙墙体，总长度为620米。

值得注意的是，城墙的砌筑主要是利用了取材于山中的石块垒砌筑城，从分岔城墙的腰墙西部巨大方形石块平台向北均是悬崖峭壁，如同刀削斧劈，形成对神山敖包的天然屏障。由大石块向南则是利用山脊的陡峭处填以石块连接垒砌成石墙，随山脊分布逶迤向南。东西两翼的分岔墙体恰好封闭了从南部缓坡进入山谷的道路，阻挡拦截由南部攀登神山敖包的唯一山口。总体上观察，筑墙者在西部利用了神山的悬崖峭壁的地形，在东部的较缓的山脊上铲平地基垒砌城墙。腰墙则是堵住了南部由缓坡登山的谷口形成隘口。

经测量可知，城墙南部坐标为：东经122度9分31.66秒、北纬46度55分4.66秒，海拔高度为709米。由北向南的城墙落差在80米左右。

城墙垒砌的方法是铲平山脊后用较大的不规则的石块砌筑墙基，在墙基之上利用不规则的条石、楔形石垒砌城墙，较大的缝隙则用碎石填充。由于墙体砌筑在斜坡较大的山脊上，在城墙的内侧利用较宽的石板作为挡壁石立于城墙底部以防止城墙向内坍塌。楔形石则是砌筑在城墙顶部错开压缝以

---

① 陈永志主编：《内蒙古文化遗产丛书·兴安盟卷》，文物出版社2014年版，第3页。

稳固城墙。城墙上无马面设施，根据现存的墙体与两侧坍塌的城墙石观察，墙体的高度在3米左右，而墙体厚度也不超过3米，这一高度与厚度都不足以起到军事防御的作用。东部城墙的南北两侧都发现有缺口，怀疑是城门的所在，如果是城门所在，那么就排除了瓮门的可能性，而是毫无军事防御能力的券门结构。城墙底部还发现有排水的水门。垒砌城墙的石块除了花岗岩石、砂岩石外，还有少量的火成岩，即玄武岩及火山喷发后凝固形成的石块。础伦浩特（石城）城墙的另一个特点是借助陡峭的山体环绕在神山顶部的巨大敖包周围，形成一个自然天成与人工垒砌城墙相结合的封闭式墙体。东城墙的南北两个券门直通东侧山坳中的一座小石城。

小石城位于础伦浩特遗址主体城墙东侧124米的山坳处，从等高线上可以清晰地看到小城恰恰处在两条等高线之间，这是一处相对平缓的山坳。在地表上看不清楚小石城东北角的分布状况，后来刘忠堂用无人机航拍后才发现山坳中有一座平面呈刀型、用较大石块垒砌的石城。特别是东北角只能借助这种航拍，才看清楚了小石城的平面分布状况。由于小石城周长在航拍测量为280米，如果将突出的东北角城墙计算在内的话，小石城的周长当在338米。在小石城东南角88米处有一个较大的深坑，当地俗称水井，原来井中有水，并有山泉从井口流出，传说中的铁链子就在这口井中。我们测量了井口的直径当为8—10米，怀疑这不是一口普通的水井，而应该是一个借助泉眼而修筑的蓄水池。在蓄水池附近也发现了青砖、石块；想必原来也有建筑，蓄水池的周边也有用石块垒砌的可能性。在小石城内到处是被盗掘的深坑，在盗掘深坑附近大量的青砖、铺地砖、墙壁砖以及布纹板瓦、筒瓦、大型连体板瓦、大型花岗岩石块、长条石、方形石，人工加工痕迹十分明显。经图上测量，城墙南端距离西南方向最近的绰尔河直线12.5公里，距离南偏西方向的巴根新仓直线4公里。

神山古城分为东、西两座石城，大城为西城，西城东墙下（东面、外面）有小石城，小石城内遍地散落布纹瓦、青砖（铺地的地面砖和墙砖等），瓦多为浅灰色和深灰色，还有半红半灰色火候不均的瓦，瓦有厚有薄，以板瓦为主，也有筒瓦，在盗掘的深坑内的地层中还可以清晰地看到布纹瓦堆积的文化层和人工扰动的碎石堆积以及横躺竖卧的花岗岩石石块。从这些盗掘的土坑面积上看，小石城内有着丰富的文化层堆积，遍布城内的布纹瓦俯拾可得。小石城的墙体主要使用花岗岩、石英粗面岩的石块砌成，石块均为不规则形状，稍微加工后形成基础石，在其上错缝砌筑，砌筑的方法几乎与础伦浩特遗址的主体大城墙体相一致。

小石城几乎紧邻西侧围绕神山敖包的较大的石城墙体，亦即大石城的东侧墙体，二者的文化属性当为一体，由此反映出的族属文化也属于一种文

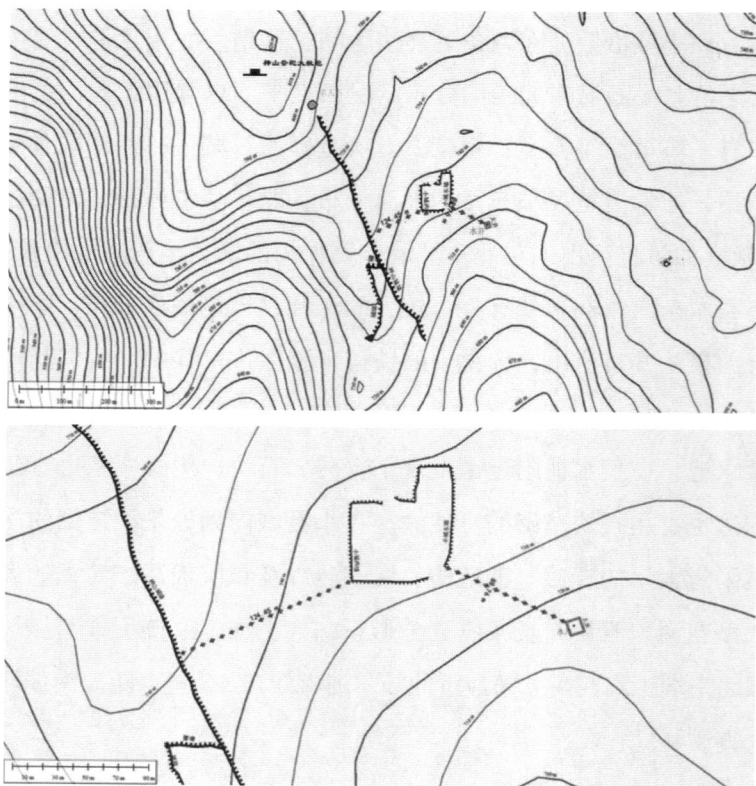

础伦浩特遗址与神山位置精准位置图
（根据刘忠堂卫星定位，无人机航拍及等高线图相互校雠确定）

化。因为，大、小石城的砌筑方法相同，并且使用的岩石均为就地取材，更何况无论是大石城还是小石城均发现布纹瓦与青砖。因此，本次调查我们基本弄清了础伦浩特遗址的基本情况应该包括：神山的大敖包、大石城、小石城以及小石城东南88米的蓄水池等。所以，我们将其定为础伦浩特遗址文化群。然而，础伦浩特遗址文化群的年代、族属、性质到底如何，则是我们应该弄清楚的重要问题。

下午4点40分，我们又乘坐森林防火车回到了神山停车场，神山础伦浩特遗址在灿烂的夕阳下显得更加神秘。在白会长的带领下，我们一行7人整整考察了6个半小时，在础伦浩特遗址上徒步行程达十余公里。

神山古城城墙中心距离西南方向的绰尔河12.5公里，距离西偏北巴彦哈达4公里，距离西南方向巴根心仓4.7公里。

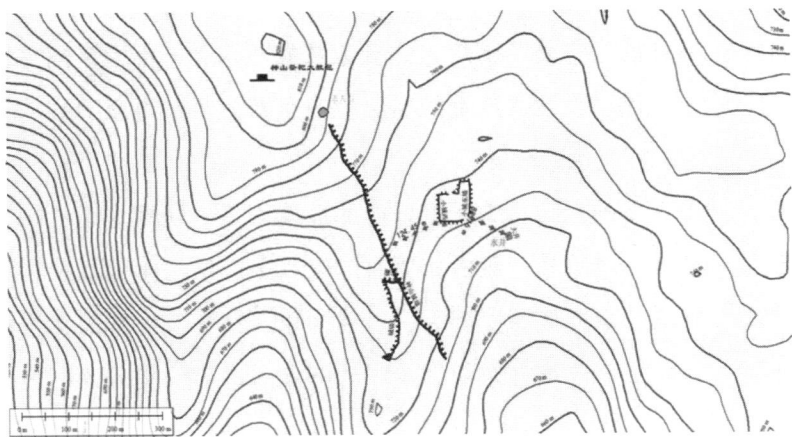

础伦浩特遗址小石城、蓄水池等高线位置平面结构图

第四节　神山础伦浩特遗址年代与文化族属的认定

神山础伦浩特遗址的年代与文化族属问题一直存在着争议。如有人认为

神山是从元代蒙古族祭祀开始，也有人从历史地理地名语言学的角度将元代的多延温都尔、朵颜千户所、明代的朵颜山、清代的朵云山与辽代的都俺山联系到一起，认为博格达山（即神山）的地名就是起源于辽代的都俺山。这种观点虽然照顾到了历史地名之间的相互关系，但是对语音相近的地名之语源、语义、语境的关系研究得尚不清晰。特别是将神山祭祀与础伦浩特遗址整合为一体的研究，以求证这一遗址群的民族属性的综合研究尚没有有效开展起来。因此，上述研究虽然有一定道理，但是很难厘清神山础伦浩特遗址群民族文化属性的问题。本节结合前人的研究成果与实地调查的资料重新梳理文献，提出我们对神山础伦浩特遗址的年代与文化族属的初步结论，仅供学术界参考。

第一，神山顶部的敖包与山下的"大石叮"石刻、础伦浩特大石城、小石城、蓄水池以及这座突兀的神山都属于一个重要的文化族属群。因为，它们同处在一个遗址群的空间范围内，并且地域紧密相连，不应该把它们割裂成相互孤立的单元体。因此，遗址的名称应该重新命名，可以明确地称之为"神山——础伦浩特文化遗址群"。

第二，神山——础伦浩特文化遗址群的性质，是一处极为高贵的某北方民族集宗教（佛教、喇嘛教、蒙古族固有的宗教）、祭祀（敬天、礼地、祭祖）、陵园、神祇的重要场所。因为，目前为止，这一遗址群的文化性质几乎都与上述内容相关。应该在东胡系统中的鲜卑、室韦、契丹的历史文化的线索中去寻找。

第三，神山——础伦浩特文化遗址群的佛教道场起始年代可能与北魏太安四年或辽代大安四年有关。根据实地考察与已经在神山——础伦浩特文化遗址群中发现的"大石叮石刻"文字的考证，都能够证明北魏或辽朝所刻。因为，石刻文字中的"太安"还是"大安"字形尚有争议。太安与大安年号的时代相差甚远，北魏太安年是拓跋浚的年号（455—459），而辽大安年间为辽道宗耶律洪基在任的年号（1085—1094）。这两个朝代都是北方佛教兴盛时期，前者为鲜卑族，后者为契丹族建立的王朝政权。因此，无论是北魏的太安年间还是辽朝的大安年间，二者都早于元朝的朵颜山的记载。

第四，础伦浩特遗址的大、小石城与蓄水池的年代可能为辽朝契丹人留下的文化遗存。其中较大的石城与神山上的敖包具有一定的联系，因为从大石城的分布状况来看，基本上是围绕着敖包而封闭起来的专属区。城墙的修筑结合特殊的悬崖峭壁依山势而建，充分利用自然天成的岩石结构，紧紧地簇拥和拱卫着神山顶部的敖包位置。可以肯定地说，大石城并不是一座军事堡垒，从古城墙修筑的特点上看，城墙低矮、不牢固、不设马面、不设角楼、不设瓮门，更不具备军事防御的功能。大石城遗址是为了维护神祇而修筑的专属封闭区的围墙，神祇的中心位置可能就是神山上的大敖包。在大敖包侧面可以窥见里面有夯土的痕迹。

第五，础伦浩特中的小石城遗址地表散落的大量素面布纹瓦、板瓦筒瓦、超大型板瓦、方形铺地砖、墙壁砖、青砖以及大型条石、柱础石等，都说明了小石城内曾经有大型高等级的建筑群。从这些布纹瓦和青砖的烧制特点上看，与辽代皇家大型专用建筑饰件关联性极大。特别是大量的布纹瓦薄厚不一，色彩有红、灰、青、深灰、深青色，这是因为不同时代烧制的窑口和火候的不同所导致的，说明遗址上的大型建筑延续的时间较长。从小石城的规模（周长338米）上看，古城既不是屯兵之所，也不是官衙之地，更不是一般的民宅或城市。从神山——础伦浩特文化遗存的整体上分析，小石城可能是皇族或贵族行神祇（敬天礼地祭祖）遥拜之礼的专用场所。小石城东南方向88米的蓄水池，当为山泉的蓄水场所，其建筑年代当与础伦浩特遗址相同。按查北方民族以绰尔河流域为中心的古代民族中，建立过帝国王朝的只有鲜卑建立的北魏、契丹建立的大辽、蒙古族建立的大元。鲜卑、契丹、蒙古均为一脉相承的关系，这是一个非常有趣的话题。小石城和大石城可能修筑于辽朝，如果神山可以定位辽朝都俺山的话，那么小石城就是辽朝皇帝经常来祭祀"奇首可汗"的享殿之所。所谓的享殿即供奉灵位，祭祀先祖灵位的大殿，也泛指陵墓的地上建筑群。位于陵寝中轴线上的供奉饮食起居的"寝"宫前，是陵宫内最为重要的祭享殿堂。

"奇首可汗"是契丹人公认的先祖之首，不仅在《辽史·太祖本纪》中已经有明确记载，更为重要的是出土的耶律羽之的墓志铭中也有明确的第一手资料为证。耶律羽之的墓葬发现于1992年7月，地点在赤峰市阿鲁科尔沁旗罕庙苏木古勒布胡硕嘎查。这是一座被盗掘的墓地。[1]墓志写道："公讳羽之，姓耶律氏，其先宗分佶首，泒出石槐，历汉、魏、隋、唐以来世为君长。"墓志中的"佶首"即《辽史》中的奇首可汗的"奇首"或"奚首"，均为同音异写字。可证，契丹人的始祖奇首可汗应该确有其人。[2]奇首可汗的事迹已经不可考，但是《辽史·太祖纪赞》中出现的"都俺山"的地名却是一个重要线索。"辽之先，出自炎帝，世为沈吉国，其可知者盖自奇首云。奇首生都俺山，徙潢河之滨。"[3]又《辽史·太祖本纪》中"上登都俺山，抚其先奇首可汗遗迹，徘徊顾瞻而兴叹焉"。[4]这两段记述主要说明了契丹之先祖奇首可汗出生于都俺山，这与1992年出土于赤峰市的辽朝初期的重臣耶律羽之墓志铭所记述的契丹先祖之首的"佶首"是一致的，所不同的是《辽史·太祖纪赞》中明确了奇首可汗的出生地，就是都俺山。912年（辽太祖七年），耶律阿保机在追击反叛的剌葛等人时曾登上都俺山，"抚其先奇首可汗遗迹"，说明在都俺山上应该有奇首可汗的遗迹可寻。然而，奇首可汗在都俺山上究竟留下了怎样的遗迹则是值得探究的问题。是出生地的纪念物？或居住的遗迹？是奇首可汗死后的埋葬地，还是为纪念奇首可汗的祭祀的场所？总之，辽史中对阿保机描述的寥寥数语，已经充分表达出他的复杂心境以及对祖先奇首可汗的那种创业之艰辛，兴叹于今非昔比的无限崇敬与追思

---

① 盖之庸：《内蒙古辽代石刻文研究》，内蒙古大学出版社2002年版，第3页。
② 盖之庸：《内蒙古辽代石刻文研究》，内蒙古大学出版社2002年版，第4页。
③ 陈述等编：《辽会要》，上海古籍出版社2009年版，第1页。
④ （元）脱脱：《辽史·太祖本纪》，中华书局1975年版。

感慨之中。太祖的这种心境必然也会引起对奇首可汗遗迹需要大兴土木而修缮之的想法。总之，都俺山不仅仅在语音学上与朵颜山、多云山可以互转，更为重要的是博格达山上的础伦浩特遗址，均符合辽代为祭祀奇首可汗修筑的具有封禁、祭奠祖先与神祇的建筑特点。

第六，神山——础伦浩特文化遗存的整体具备古代坛、庙、冢国家意识形态礼仪空间的地位。作为蒙古族先民的鲜卑、契丹、室韦都有崇东拜日，祭神山的习俗和礼仪。祭祀祖先、祭拜神山与天地在契丹族的国家意识与民族意识中早已形成，行拜山仪、祭祖、敬天之礼俗一般多选择朝向东南，础伦浩特遗址中的小石城恰恰坐落于神山大敖包之东南方向，最值得注意的是小石城本身的城门遗址也是开设在东南角与西北角的对角线上，这是按照契丹族的礼仪方式而精心设计的。

第七，神山——础伦浩特遗址文化群所显示的宗教特征，是具有多元宗教文化源流与不同的时代特征。神山脚下的大石叮所显示的"打观音七"则是佛教的道场，所谓打观音七或举行观音七，也叫"打七"，即克期取证。在七天之内，外缘放下，一念不生，专心致志，持念观世音菩萨名号。念观世音菩萨，能离开邪知邪见，能增长正知正见。神山上的大型敖包所显示的宗教特征，则实际上又是蒙古族的原始宗教萨满教与元代传入蒙古的喇嘛教，亦即藏传佛教的文化特点。

第八，本次组织的对神山——础伦浩特文化遗址群的考察，最为重要的是纠正了过去的对础伦浩特遗址中大、小石城规模与城墙走向、形制、城墙结构等数据。能够清晰完整地看清楚础伦浩特遗址中大、小石城之间的联系以及方位布局中所显示出来的族属特性。彻底纠正了"础伦浩特遗址为兴安盟境内最大型古城"的错误认识[1]以及所谓"内城外城"的错误概念，特别是纠正了古城周长为6000米的臆断。

---

① 王旺盛：《扎赉特旗历史文化丛书·扎赉特旗地名》，内蒙古人民出版社2010年版，第150页。

第九，神山——础伦浩特文化遗迹群是多源文化的综合体，其崇山拜日之俗来自北方民族的原始萨满教，后来北魏时期是否有佛教传入该地，可以神山大石叮刻石佛教道场为证。当然，更不排除辽代佛教对博格达山的影响，因为博格达山距离辽代泰州较近，直线距离数十公里。辽代泰州地区是佛教圣地，并存有泰来塔子城辽塔这个佛教兴盛的标志性建筑。辽代佛教传播到博格达山的可能性是存在的，在未来的考古发掘或调查中一定会有更多的发现。无论是原始的萨满教还是佛教，抑或喇嘛教，虽然是从不同的时代传入博格达山地区，能够融为一体，则是与民族认同及文化共同体意识具有一定的联系。

第十，都俺山、多延温都尔、朵颜山、朵云山与博格达山在地名关系方面，虽然没有直接的语音联系，但是，博格达山直译为"神山"的含义可能蕴含了从都俺山到多延温都尔、朵颜山、朵云山延续下来的内涵——神山之意。也就说，之所以从辽朝开始的都俺山，至元明清的朵颜、多云、多延温都尔等称谓，恐怕就是因蒙古一系的民族对此山有着特殊的神秘的崇拜内容，故有博格达乌拉——即神山的称谓。需要说明的是，朵颜山与元朵颜千户所、朵颜卫并非一回事。也就是说，朵颜千户所或朵颜卫不一定设置在多云山上或朵颜山间，明代的朵颜卫已经是一个偌大的区域概念，管辖范围很大。朵颜卫之名称无疑与朵颜山有关，但是其设置地点不一定就是朵颜山。当然，朵颜山的治所很可能属于朵颜山的范畴，其设置地点可能在距离朵云山或朵颜山较近的地方。因此，在朵颜山或今天的博格达山所发现的石城并非朵颜千户所或朵颜卫的所在地。朵颜千户所或朵颜卫的位置应该在距离博格达山较近的河流附近的古城中寻找。在绰尔河流域分布着60余座辽金元时期的古城，许多明代的卫所都是沿用金元时期的城池，靠近博格达山的河流侧畔很可能就是朵颜千户所与朵颜卫的治所。[①]1901年，在内蒙古莫力达瓦旗

---

① 黑龙江省文物考古工作队编：《黑龙江古代官印集》，黑龙江人民出版社 1981 年版；又见，黑龙江省博物馆，陈列解说。

乌尔科发现的"朵颜卫左千户所百户印"，其治所就不在朵颜山，而是在距离很远的朵颜山东北靠近嫩江右岸的莫力达瓦旗附近出土。我们认为，莫力达瓦旗的乌尔科很可能就是朵颜山左千户所的管辖范围，也就是说朵颜卫的地域范围应该在嫩江右岸的中下游地区包括绰尔河、洮儿河、库勒河、雅鲁河等流域。

1901年莫力达瓦旗乌尔科出土的明代"朵颜卫左千户所百户印"
现藏黑龙江省博物馆

清嘉庆五年（1800），黑龙江布特哈总管驻地伊倭齐地方（即今内蒙古自治区莫力达瓦达斡尔族自治旗）出土了一方明代官印，印文为九叠篆书"朵颜卫左千户所百户印"，现收藏于黑龙江省博物馆。该印呈方形，边长7.2厘米，有椭圆形柱状钮，印背阴刻汉字"朵颜卫左千户所百户印""礼部造""洪武二十二年五月日"，侧刻"颜字二号"。根据印文所知明代朵颜卫下设左千户所，左千户所之下又设百户，按照明朝的规定："卫所是明朝在全国各地设立的一种军事机构，一般5600人为一'卫'。而卫下设所，所则有千户所和百户所之别，1120人为一'千户所'，为重要府州驻军；112人为一'百户所',隶属于千户所。"①今天内蒙古地区的莫力达瓦旗所在地濒临嫩江右岸,很可能就是明代朵颜卫左千户所之下设治的百户所,与左千户所相对应的则是右千户所,左右之别主要是面南而分左右。由此可知,朵颜卫及其管辖的机构并非一定就在博格达山,博格达山上的础伦浩特城遗址更不可能是明代的朵颜卫所在地。

第十一,2019年5月,为了继续弄清博格达山的历史问题,王禹浪与黑龙教授、刘忠堂在扎赉特旗文化部门的陪同下,对博格达山靠向西北的周边山地又进行了补查。在博格达山祭祀学会白会长的陪同下,对博格达山石城遗址、大石叮遗址以及博格达山主峰西北部的山谷进行了考察。除博格达山石城和大石叮外,又在西北山谷中发现了石城墙遗址。石城墙横断山谷一直延伸到博格达山主峰的西侧,说明博格达山围绕着主峰还有更多的尚没有被发现的遗存,这个发现增加了博格达山石城遗址的断代难度。但是,却为确认博格达山石城的建筑起始于辽朝初期增加了信心。当然,对于博格达山的最终结论尚有待于考古的发掘。

综上,博格达山即神山的来历与蒙古一系的鲜卑、室韦、契丹、蒙古等族长期活跃于绰尔河流域有着千丝万缕的关系。在多元文化与宗教的作用下,蒙古族的先民将博格达山作为神山来敬拜祭祀祈愿,神山已经成为蒙古族心中敬畏的神祇所在。在对神山祭祀的礼仪中加入了各种宗教的色彩与崇拜对象,无论是祖先崇拜、英雄崇拜、民族意识、族群意识甚至包括国家意识等等都能够囊括其中。神山在很早的时候便成为蒙古族先民契丹族的神圣之山,并将此山作为契丹祖先奇首可汗的兴盛之地加以崇拜和祭奠,神山就自然成为契丹民族的神祇的禁苑。一山一水,一草一木,一石一土都是神圣不可冒犯,因此辽朝在这里修筑了禁苑封地的围墙,并在神山大敖包东南,遵照契丹人崇东拜日之俗,修筑了享殿和祈愿供奉的专门享殿。

---

① 见黑龙江省博物馆《每日一星·专栏》。

在神山中发现的北魏"大石叮打观音七"的佛教道场专门用语的石刻，说明了博格达山最早进入佛教视野则是始于北魏，恐怕这是目前发现北魏最北部的佛教道场的文化遗存。当然，在鲜卑到达绰尔河前后，对于博格达山是否已经存在着萨满教对神山的祭祀活动，还难以断定。萨满教是蒙古族及其先民从远古至今，一直信奉的原始宗教，祭拜敖包则与萨满教最为密切。元朝开始的蒙古族转信喇嘛教则把佛教、萨满教与藏传佛教逐渐融为一体，这一点在博格达山的祭神山礼仪中已经不足为奇。

博格达山可能是朵云山、朵颜山或辽代都俺山的所在地，但是神山上的础伦浩特石城遗址并非朵颜卫或朵颜千户所的城池。因为朵颜卫、朵颜千户所必须具有军事防御能力，而行政管辖特征以及反映军民居住生活情景的遗址、遗物都不见于此石城中。总之，础伦浩特石城遗址无论从形制、规模、建筑特点、使用的筑城材料、出土文物、功能、性质等方面都没有明代卫所筑城的特征，因此可以断定博格达山可能被称为朵颜山或朵云山，但是博格达山的础伦浩特遗址与朵颜卫、朵颜千户所没有任何关系。

（本文参与调查者有大连民族大学黑龙教授，黑河学院兼职研究人员刘忠堂同志）

参考文献

古籍类

[1]（北齐）魏收. 魏书[M]. 北京：中华书局，1974.

[2]（唐）李延寿. 北史[M]. 北京：中华书局，1974.

[3]（后晋）刘昫，等. 旧唐书[M]. 北京：中华书局，1976.

[4]（宋）欧阳修，等. 新唐书[M]. 北京：中华书局，1976.

[5]（宋）宇文懋昭. 大金国志[M]. 北京：中华书局，1986.

[6]（元）脱脱. 辽史[M]. 北京：中华书局，1974.

[7]（元）脱脱. 金史[M]. 北京：中华书局，1976.

[8]（明）宋濂，等. 元史[M]. 北京：中华书局，1976.

[9]（宋）薛居正. 旧五代史[M]. 北京：中华书局，1976.

[10]（宋）欧阳修. 新五代史[M]. 北京：中华书局，1976.

[11]（唐）魏徵，等. 隋书[M]. 北京：中华书局，1973.

[12]（唐）王钦若，等. 册府元龟[M]. 上海：上海古籍出版社，1986.

[13]（宋）叶隆礼. 契丹国志[M]. 上海：上海古籍出版社，1985.

[14]（宋）王溥. 五代会要[M]. 上海：上海古籍出版社，1985.

[15]（宋）马端临. 文献通考[M]. 杭州：浙江古籍出版社，1988.

[16]（明）李贤，等. 大明一统志[M]. 西安：三秦出版社，1990.

[17]（清）穆彰阿. 嘉庆重修大清一统志[M]. 上海：上海古籍出版社，2008.

[18]（宋）洪迈. 松漠纪闻[M].《全宋笔记》第三编. 郑州：大象出版社，2008.

[19]（宋）徐梦莘. 三朝北盟汇编·许亢宗奉使行程录[M]. 上海：上海古籍出版社，2008.

[20]（宋）马端临. 文献通考[M]. 北京：中华书局，2011.

[21]（清）李有棠. 金史纪事本末[M]. 北京：中华书局，1980.

地方志类

[1]（元）孛兰肹，等. 赵万里校辑. 元一统志[M]. 北京：中华书局，1966.

[2] 东北文史丛书编辑委员会. 奉天通志. 东北文史丛书编撰委员会标点，沈阳古旧书店，1983.

[3]（清）阿桂，董诰. 盛京通志[M]. 沈阳：辽海出版社，1779.

[4]（清）阿桂. 满洲源流考[M]. 沈阳：辽宁民族出版社，1988.

[5]（清）长顺修，李桂林纂. 吉林通志[M]. 长春：吉林文史出版社，1986.

[6]（清）屠寄. 黑龙江舆图说[M]. 台北：广文书局出版，1968.

[7]（清）顾祖禹. 读史方舆纪要[M]. 北京：中华书局，2019.

[8] 刘天成. 辑安县志[M]. 台北：成文出版社，1931.

[9] 嫩江县地方志办公室. 嫩江县志[M]. 海口：三环出版社，1992.

[10] 克山县地方志办公室. 克山县志[M]. 北京：中国经济出版社，1992.

[11] 北安市地方志编纂委员会. 北安县志. 北安市方志办，1993.

[12] 集安县地方志编撰委员会. 集安县志[M]. 北京：中国标准出版社，1987.

[13] 金毓黻. 渤海国志长编[M]. 汉城太学社和台北文海出版社，1977.

[14] 吉林省地方志编纂委员会. 吉林省志·文物志，1991.

[15] 吉林省地方志编纂委员会. 敦化市文物志. 1985.

[16] 吉林省地方志编纂委员会. 延吉市文物志. 1985.

[17] 吉林省地方志编纂委员会. 龙井县文物志. 1984.

[18] 吉林省地方志编纂委员会. 和龙县文物志. 1984.

[19] 扎赉特旗志（1986—2002）编纂委员会. 扎赉特旗志[M]. 呼和浩特：内蒙古

人民出版社，1993.

[20] 辽阳市志编纂委员会办公室.辽阳市志[M].沈阳：辽宁人民出版社，2003.

[21] 耿煜.黑龙江省志·地名录[M].哈尔滨：黑龙江人民出版社，1998.

专著类

[1] 顾次英.吉林地理纪要[M].北京：华文书局出版，1918.

[2] 曹廷杰.东三省舆地图说[M].沈阳：辽海丛书编印社，1933.

[3] 张穆.蒙古游牧记[M].北京：商务印书馆，1938.

[4] 刘节.古史考存[M].北京：人民出版社，1958.

[5] 王国维.观堂集林[M].北京：中华书局，1959.

[6] 罗福颐.满洲金石志[M].台北：台北艺文印书馆，1976.

[7] 黑龙江省哲学社会科学研究所研究室.阿穆尔州地志博物馆与方志学论丛（选辑）[M].哈尔滨：黑龙江人民出版社，1978.

[8] 谭其骧.中国历史地图集·东北地区资料汇编[M].北京：中国地图出版社，1979.

[9] 谭其骧.中国历史地图集释文汇编.东北卷[M].北京：中央民族学院出版社，1998.

[10] 关成和.哈尔滨地名考[M].哈尔滨：哈尔滨图书馆，1979.

[11] 张博泉.东北历代疆域史[M].长春：吉林人民出版社，1981.

[12] 金毓黻.东北通史[M].北京：五十年代出版社，1981.

[13] 黑龙江省文物考古工作队.黑龙江古代官印集[M].哈尔滨：黑龙江人民出版社，1981.

[14] 杨旸，袁闾琨，傅朗云.明代奴儿干都司及其卫所研究[M].郑州：中州书画出版社，1982.

[15] 傅朗云，杨旸.东北民族史略[M].长春：吉林人民出版社，1983.

[16] 王承礼.渤海简史[M].哈尔滨：黑龙江人民出版社，1984.

[17] 潘世宪. 明代蒙古史论集[M]. 北京：商务印书馆，1984.

[18] 吉林省文物志编委会. 延吉市文物志（内部）[M]. 1985.

[19] 孙秀仁，干志耿. 室韦史研究[M]. 哈尔滨：北方文物杂志社，1985.

[20] 张博泉. 东北地方史稿[M]. 长春：吉林大学出版社，1985.

[21] 李健才. 东北史地考略[M]. 长春：吉林文史出版社，1986.

[22] 李健才. 明代东北[M]. 沈阳：辽宁人民出版社，1986.

[23] 苏日巴达拉哈. 蒙古族族源新考[M]. 北京：民族出版社，1986.

[24] 李东源. 渤海史译文集[M]. 哈尔滨：黑龙江省社会科学院历史所，1986.

[25] 董万仑. 东北史纲要[M]. 哈尔滨：黑龙江人民出版社，1987.

[26] 干志耿，孙秀仁. 黑龙江古代民族史纲[M]. 哈尔滨：黑龙江人民出版社，
1987.

[27] 吉林省文物考古研究所. 榆树老河深[M]. 北京：文物出版社，1987.

[28] 李澍田，薛虹. 中国东北通史[M]. 长春：吉林文史出版社，1987.

[29] 延边博物馆《延边文物简编》编写组. 延边文物简编[M]. 延吉：延边人民
出版社，1988.

[30] 杨保隆. 肃慎挹娄合考[M]. 北京：中国社会科学出版社，1989.

[31] 东郭士，等. 东北古史资料丛编[M]. 沈阳：辽沈书社，1989.

[32] 王绵厚，李健才. 东北古代交通[M]. 沈阳：沈阳出版社，1990.

[33] 朱国忱. 金源古都[M]. 哈尔滨：北方文物杂志社，1991.

[34] 王承礼，刘振华. 渤海国的历史与文化[M]. 延吉：延边人民出版社，1991.

[35] 谭英杰，孙秀仁，等. 黑龙江区域考古学[M]. 北京：中国社会科学出版
社，1991.

[36] 张志立，王宏刚. 东北亚历史与文化——纪念孙进己先生六十华诞纪念文
集[M]. 沈阳：辽沈书社，1991.

[37] 王承礼. 渤海的历史与文化[M]. 延吉：延边人民出版社，1991.

[38] 任万举，乔钊. 九十年东北地方史研究资料索引大全[M]. 长春：长春出版

社，1992.

[39] 程荣. 汉魏丛书[M]. 长春：吉林大学出版社，1992.

[40] 孙玉良. 渤海史料全编[M]. 长春：吉林文史出版社，1992.

[41] 唐晏，黄维翰，金毓黻. 渤海国志三种[M]. 天津：天津古籍出版社，1992.

[42] 蒋秀松，朱在宪. 东北民族史纲[M]. 沈阳：辽宁教育出版社，1993.

[43] 杨旸. 明代东北史纲[M]. 台北：台湾学生书局，1993.

[44] 杨宾，等. 吉林纪略[M]. 长春：吉林文史出版社，1993.

[45] 国家文物局. 中国文物地图集[M]. 北京：中国地图出版社，1993.

[46] 李澍田，罗节文，衣兴国. 东北文献辞典[M]. 长春：吉林文史出版社，
1994.

[47] 王钟翰. 中国民族史[M]. 北京：中国社会科学出版社，1994.

[48] 陈连开. 中华民族研究初探[M]. 北京：知识出版社，1994.

[49] 王绵厚. 秦汉东北史[M]. 沈阳：辽宁人民出版社，1994.

[50] 耿铁华. 好太王碑新考[M]. 长春：吉林人民出版社，1994.

[51] 赵永春. 奉使辽金行程录[M]. 长春：吉林文史出版社，1995.

[52] 范秀传. 中国边疆古籍题解[M]. 乌鲁木齐：新疆人民出版社，1995.

[53] 魏嵩山. 中国历史地名大辞典[M]. 广州：广东教育出版社，1995.

[54] 纪凤辉. 哈尔滨寻根[M]. 哈尔滨：哈尔滨出版社，1996.

[55] 李德山. 东北古民族与东夷渊源关系考论[M]. 长春：东北师范大学出版
社，1996.

[56] 崔艳茹，冯永谦，崔德文. 营口市文物志[M]. 沈阳：辽宁民族出版社，
1996.

[57] 中国社会科学院考古研究所. 六顶山与渤海镇[M]. 北京：中国大百科全书
出版社，1997.

[58] 张久和. 原蒙古人的历史：室韦、达怛研究[M]. 北京：高等教育出版社，
1997.

[59] 杨志军. 东北亚考古资料译文集：渤海专号[M]. 哈尔滨：北方文物杂志社，1998.

[60] 刘统. 唐代羁縻府州研究[M]. 西安：西北大学出版社，1998.

[61] 高延青. 北方民族文化新论[M]. 哈尔滨：哈尔滨出版社，2001.

[62] 杨旸. 明清东北亚水陆丝绸之路与虾夷锦研究[M]. 沈阳：辽海出版社，2001.

[63] 王禹浪. 金代黑龙江述略[M]. 哈尔滨：哈尔滨出版社，1993.

[64] 王禹浪，王宏北. 高句丽渤海古城址汇编[M]. 哈尔滨：哈尔滨出版社，1994.

[65] 王禹浪. 哈尔滨地名含义揭秘[M]. 哈尔滨：哈尔滨出版社，2001.

[66] 王禹浪，王宏北. 东北史地论稿[M]. 哈尔滨：哈尔滨出版社，2004.

[67] 王禹浪，魏国忠. 渤海史新考[M]. 哈尔滨：哈尔滨人民出版社，2008.

[68] 王禹浪，等. 东北辽代古城研究汇编[M]. 哈尔滨：哈尔滨出版社，2008.

[69] 王禹浪，王文轶. 辽东半岛地区的高句丽山城[M]. 哈尔滨：哈尔滨出版社，2008.

[70] 王禹浪. 神秘的东北历史与文化[M]. 哈尔滨：黑龙江人民出版社，2011.

[71] 王禹浪，都永浩. 文明碎片——中国东北地区辽、金、契丹、女真历史遗迹与遗物考[M]. 哈尔滨：黑龙江教育出版社，2013.

[72] 王禹浪，王文轶. 东北古代史研究[M]. 哈尔滨：黑龙江人民出版社，2014.

[73] 王禹浪，王文轶. 金源文化研究[M]. 哈尔滨：黑龙江人民出版社，2014.

[74] 王禹浪，夏振泉. 东北古代筑城分布与研究[M]. 哈尔滨：黑龙江人民出版社，2015.

[75] 王禹浪，王文轶. 东北的历史与空间[M]. 哈尔滨：黑龙江人民出版社，2016.

[76] 王禹浪. 东北流域文明研究[M]. 北京：社会科学文献出版社，2016.

[77] 王禹浪，等. 黑龙江流域古代民族筑城研究[M]. 北京：中国社会科学出版

社，2019.

[78] 金毓绂. 辽海丛书[M]. 沈阳：辽沈书社，1988.

[79] 张碧波. 东北古族古国古文化研究（上）[M]. 哈尔滨：黑龙江教育出版
社，2000.

[80] 王绵厚. 东北古族古国古文化研究（中）[M]. 哈尔滨：黑龙江教育出版
社，2000.

[81] 王禹浪. 东北古族古国古文化研究（下）[M]. 哈尔滨：黑龙江教育出版
社，2000.

[82] 李健才. 东北史地考略[M]. 长春：吉林文史出版社，2001.

[83] 中央民族大学历史系. 民族研究[M]. 北京：民族出版社，2001.

[84] 盖之庸. 内蒙古辽代石刻文研究[M]. 呼和浩特：内蒙古大学出版社，2002.

[85] 王晶辰. 辽宁碑志[M]. 沈阳：辽宁人民出版社，2002.

[86] 唐新伟. 话说哈尔滨[M]. 哈尔滨：黑龙江人民出版社，2002.

[87] 冯恩学. 俄国东西伯利亚与远东考古[M]. 长春：吉林大学出版社，2002.

[88] 李治亭. 东北通史[M]. 郑州：中州古籍出版社，2003.

[89] 刘俊勇. 大连考古研究[M]. 哈尔滨：哈尔滨出版社，2003.

[90] 黑龙江省文物考古研究所. 七星河：三江平原古代遗址调查与勘测报告
[M]. 北京：科学出版社，2004.

[91] 赵振新. 锦州市文物志[M]. 北京：学苑出版社，2005.

[92] 佟冬. 中国东北史[M]. 长春：吉林文史出版社，2006.

[93] 魏国忠，朱国忱，等. 渤海国史[M]. 哈尔滨：黑龙江人民出版社，2006.

[94] 耿铁华. 高句丽史简编[M]. 长春：吉林文史出版社，2006.

[95] 潘春良，艾书琴. 多维视野中的黑龙江流域文明[M]. 哈尔滨：黑龙江人民
出版社，2006.

[96] 乌力吉. 扎赉特旗历史与文化[M]. 呼和浩特：内蒙古教育出版社，2007.

[97] 徐梦莘. 三朝北盟会编[M]. 上海：上海古籍出版社，2008.

[98] 王学良. 黑龙江省双鸭山市文物资料汇编[M]. 双鸭山市文物考古资料汇编编委会，2008.

[99] 魏存成. 渤海考古[M]. 北京：文物出版社，2008.

[100] 金昭，阿勒得尔图. 蒙古民族发祥地考论[M]. 北京：文化艺术出版社，2009.

[101] 陈述，等. 辽会要[M]. 上海：上海古籍出版社，2009.

[102] 辽宁省辽金契丹女真史研究会. 辽金历史与考古 第二辑[M]. 沈阳：辽宁教育出版社，2010.

[103] 程妮娜. 古代中国东北民族地区建置史[M]. 北京：中华书局，2010.

[104] 王旺盛. 扎赉特历史文化丛书·扎赉特地名. 呼和浩特：内蒙古人民出版社[M]. 2010.

[105] 阎海. 营口历史与文物论稿[M]. 长春：吉林大学出版社，2011.

[106] 郑永振，李东辉，尹铉哲. 渤海史论[M]. 长春：吉林文史出版社，2011.

[107] 李东. 夫余国研究[M]. 长春：吉林人民出版社，2011.

[108] 马一虹. 靺鞨、渤海与周边国家、部族关系史研究[M]. 北京：中国社会科学出版社，2011.

[109] 抚顺市政协文史委员会，抚顺市文化广播电影电视局. 抚顺文物[M]. 沈阳：辽宁人民出版社，2011.

[110] 陈鹏. 路途漫漫丝貂情：明清东北亚丝绸之路研究[M]. 兰州：兰州大学出版社，2011.

[111] 黑龙江省文物考古研究所. 考古黑龙江[M]. 北京：文物出版社，2011.

[112] 范恩实. 靺鞨兴嬗史研究[M]. 哈尔滨：黑龙江教育出版社，2012.

[113] 周振鹤. 中国行政区划通史·辽金卷[M]. 上海：复旦大学出版社，2012.

[114] 傅斯年. 东北史纲[M]. 上海：上海古籍出版社，2012.

[115] 孙进己，冯永谦. 东北历史地理[M]. 哈尔滨：黑龙江人民出版社，2013.

[116] 范恩实. 夫余兴亡史[M]. 北京：社会科学文献出版社，2013.

[117] 陈永志. 内蒙古文化遗产丛书·兴安盟卷[M]. 北京：文物出版社，2014.

[118] 曹保明. 东北亚丝绸之路[M]. 长春：吉林大学出版社，2016.

[119] 王绵厚，朴文英. 中国东北与东北亚古代交通史[M]. 沈阳：辽宁人民出版社，2016.

[120] 王绵厚. 东北亚走廊考古民族与文化八讲[M]. 哈尔滨：黑龙江人民出版社，2017.

[121] 刘晓东，郝庆云. 渤海国历史与文化研究[M]. 哈尔滨：黑龙江人民出版社，2017.

[122] 李强，等. 吉林省图们市磨盘村山城2013—2015年发掘简报[M]. 北京：科学出版社，2018.

[123] 崔向东. 义县通史[M]. 哈尔滨：黑龙江人民出版社，2019.

[124] 魏国忠，杨雨舒. 渤海史[M]. 北京：中国社会科学出版社，2019.

[125] 陕西省考古研究所. 远望集——陕西省考古研究所华诞四十周年纪念文集（下）[M]. 西安：陕西人民美术出版社，1998.

[126] 魏坚，吕学明. 东北亚古代聚落与城市考古国际学术研讨会论文集[M]. 北京：科学出版社，2014.

[127] 郑春颖. 东北亚研究论丛[M]. 北京：商务印书馆，2018.

[128] [日]津田左右吉. 室韦考[M]. 满鲜历史地理研究报告，东京：东京帝国大学文学部，1915.

[129] [日]南满洲铁道株式会社总务部资料课编. 满洲金石志稿[M]. 南满洲铁道总务部调查课，1936.

[130] [日]和田清. 东亚史研究（蒙古篇）[M]. 东京：东洋文库，1959.

[131] [日]鸟山喜一. 渤海史上の諸問題[M]. 东京：風間書房，1968.

[132] [日]间宫林藏. 东鞑纪行[M]. 北京：商务印书馆，1974.

[133] [日]三上次男. 金代女真研究[M]. 哈尔滨：黑龙江人民出版社，1984.

[134] [日]三上次男. 高句丽和渤海[M]. 东京：吉川弘文馆，1990.

[135] [日]渡边三三. 抚顺史话[M]. 沈阳：辽宁教育出版社，1992.

[136] [日]黑崎裕康. 哈尔滨地名考[M]. 东京：地久馆，1995.

[137] [日]鸟山喜一，藤田亮策. 间岛省的古迹[M]. 伪满洲国文教部编，1942.

[138] [日]東潮，田中俊明. 高句丽的历史遗迹[M]. 东京：中央公论社出版，
    1995.

[139] [日]菊地俊彦. 东北亚古代文化研究（《北東アジア古代文化の研究》）
    [M]. 札幌：北海道大学出版会，1999.

[140] [日]井上秀雄. 古代朝鲜[M]. 东京：講談社，2004.

[141] [日]白鸟库吉. 东胡民族考[M]. 太原：山西人民出版社，2015.

[142] [日]鸟居龙藏. 东北亚洲搜访记[M]. 汤尔和，译. 北京：商务印书馆，1926

[143] [日]鸟居龙藏. 满蒙的探查[M]. 呼和浩特：内蒙古人民出版社，2019.

[144] [俄]P. 马克. 黑龙江旅行记[M]. 北京：商务印书馆，1977.

[145] [俄]E. N. 杰烈维扬科. 黑龙江沿岸的部落[M]. 长春：吉林文史出版社，
    1987.

[146] [俄]A. E. 奥克拉德尼科夫. 滨海遥远的过去[M]. 北京：商务印书馆，1997.

[147] [俄]А．П．杰烈维扬科，А．П．扎比亚科. 从古代到20世纪初的阿穆尔州
    历史[M]. 布拉戈维申斯克，2008.

[148] [俄]А．П．扎比亚科. 阿尔穆地区的民族与宗教[M]. 布拉戈维申斯克，
    2017.

期刊类

[1] 于倬云. 辽宁省义县奉国寺勘察简况[J]. 文物参考资料，1953（3）.

[2] 杜仙洲. 义县奉国寺大雄殿调查报告[J]. 文物，1961（2）.

[3] 刘振华. 永吉杨屯遗址试掘简报[J]. 文物，1973（8）.

[4] 孙秀仁. 黑龙江肇东八里城为元代肇州故城考[J]. 北方论丛，1980（3）.

[5] 谭其骧. 元代的水达达路和开元路[J]. 历史地理创刊号，1981.

[6] 金太顺. 元代 "管水达达民户达鲁花赤之印" [J]. 求是学刊，1981（3）.

[7] 朱国忱，魏国忠. "鞑靼" 究竟应该怎样称呼[J]. 学习与探索，1981（2）.

[8] 孙进己. 松花江沿革考[J]. 北方论丛，1982（1）.

[9] 郝思德. 浅谈 "胡里改路之印" [J]. 北方文物，1982（1）.

[10] 费孝通. 谈深入开展民族调查问题[J]. 中南民族学院学报（哲学社会科学版），1982（2）.

[11] 郑英德，刘光胜. 室韦部落新探[J]. 中央民族学院学报，1982（2）.

[12] 赵展. 对蒙古族起源于 "蒙兀室韦" 说的质疑[J]. 学习与探索，1982（2）.

[13] 绍维. 鸭子河考[J]. 博物馆研究，1983（1）.

[14] 景爱. 辽代的鹰路与五国部[J]. 延边大学学报（社会科学版），1983（1）.

[15] 张维绍，李莲. 东夏年号的研究[J]. 史学集刊，1983（3）.

[16] 干志耿，孙进己. 室韦地理考述[J]. 社会科学战线，1983（3）.

[17] 吉林省文物工作队. 吉林舒兰黄鱼圈珠山遗址清理简报[J]. 考古，1985（4）.

[18] 刘景文，庞志国. 吉林榆树老河深墓葬群族属探讨[J]. 北方文物，1986（1）.

[19] 李健才. 桦甸苏密城[J]. 黑龙江文物丛刊，1983（2）.

[20] 李健才. 金元肇州考[J]. 北方文物，1986（2）.

[21] 李健才. 关于金代泰州、肇州地理位置的再探讨[J]. 北方文物，1996（1）.

[22] 刘晓东，罗葆森，陶刚. 渤海国渤州考[J]. 北方文物，1987（1）.

[23] 辽宁省文物考古研究所，抚顺市博物馆. 辽宁抚顺高尔山山城发掘简报[J]. 辽海文物学刊，1987（2）.

[24] 黑龙江省文物考古研究所. 黑龙江克东县金代蒲峪路故城发掘[J]. 考古，1987（2）.

[25] 张柏忠. 金代泰州肇州考[J]. 社会科学战线，1987（4）.

[26] 张久和. 室韦地理再考辨[J]. 中国边疆史地研究，1988（1）.

[27] 那海州，胡龙滨. 塔虎城为金肇州旧址考[J]. 北方文物，1988（2）.

[28] 刘晓东，祖延苓. 南城子古城、牡丹江边墙与渤海的黑水道[J]. 北方文物，1988（3）.

[29] 王德厚. 室韦地理考补[J]. 北方文物，1989（1）.

[30] 黑龙江省文物考古研究所. 黑龙江阿城巨源金代齐国王墓发掘简报[J]. 文物，1989（10）.

[31] 乌云达赍. 达斡尔族的起源[J]. 内蒙古社会科学（文史哲版），1990（3）.

[32] 傅朗云. 东北亚丝绸之路初探[J]. 东北师大学报，1991（4）.

[33] 傅朗云. 关于古代东北亚丝绸之路的探索[J]. 北方论丛，1995（4）.

[34] 杨中华. 金代肇州考[J]. 黑龙江民族丛刊，1992（3）.

[35] 张英. 出河店与鸭子河北[J]. 北方文物，1992（1）.

[36] 王景义. 略论金代肇州[J]. 北方文物，1992（1）.

[37] 杨旸. 明代东北亚丝绸之路与"虾夷锦"文化现象[J]. 社会科学战线，1993（1）.

[38] 唐国文，史景源，王光来. 大庆地区金代的城堡交通[J]. 大庆高等专科学校学报，1994（3）.

[39] 吉林省文物考古研究所. 吉林永吉查里巴靺鞨墓地[J]. 文物，1995（9）.

[40] 李玲，东青. 也谈"靺鞨"名称之始见[J]. 北方文物，1997（2）.

[41] 陈士平. 望海屯——金肇州[J]. 北方文物，1998（1）.

[42] 张久和. 室韦地理再考辨[J]. 中国边疆史地研究，1998（1）.

[43] 张久和. 北朝至唐末五代室韦部落的构成和演替[J]. 内蒙古社会科学，1997（5）.

[44] 樊恒发. 关于金代肇州地理位置的探讨[J]. 博物馆研究，2006（2）.

[45] 唐国文. 大庆地区金代的城堡与道路交通[J]. 大庆社会科学，2006（3）.

[46] 那海洲，胡龙滨. 塔虎城为金肇州旧址考[J]. 北方文物，1998（2）.

[47] 王志国. 金宜春故城考辨[J]. 北方文物，1998（3）.

[48] 李桂芹，赵静敏. 黑龙江省克山县发现一枚金代官印[J]. 北方文物，

2000（1）.

[49] 孙进己. 沈阳石台子高句丽山城城名及建立时间考[J]. 北方文物，2000（1）.

[50] 侯江波，林杰. 试论古代"东北亚丝绸之路"的特点及其现实意义[J]. 辽宁丝绸，2000（4）.

[51] 张晖宇，王禹浪. 金代黑龙江地区的行政建制述略[J]. 哈尔滨师专学报，2000（4）.

[52] 陈陶然，赵可. 靺鞨族名来源新考[J]. 北华大学学报，2003（3）.

[53] 程尼娜. 元朝对黑龙江下游女真水达达地区统辖研究[J]. 中国边疆史地研究，2005（2）.

[54] 张连义. 辽朝宜州奉国寺清慧大师其人[J]. 东北史研究，2006（2）.

[55] 孙丽萍. 黑龙江鸡东发现的两方金代官印[J]. 收藏，2007（6）.

[56] 贾原. 鄂伦春与东北古民族的族源关系[J]. 前沿，2008（3）.

[57] 宋德辉. 城四家子古城为辽代长春州金代新泰州[J]. 北方文物，2009（2）.

[58] 李强. 吉林和龙市龙海渤海王室墓葬发掘简报[J]. 考古，2009（6）.

[59] 邓国平. 蒙兀室韦（蒙古族先世）的历史渊源探析[J]. 吉林师范大学学报（人文社会科学版），2009（12）.

[60] 姜念思. 金代宜州大奉国寺续装两洞贤圣题名记的撰者张邵[J]. 辽金历史与考古，2010（00）.

[61] 朱立春. 清朝北方民族赏乌绫与东北亚丝绸之路[J]. 广东技术师范学院学报，2010（10）.

[62] 邓树平. 黑水靺鞨地域范围与黑水府治初探[J]. 满族研究，2011（1）.

[63] 崔向东. 辽西走廊变迁与民族迁徙和文化交流[J]. 广西民族大学学报（哲学社会科学版），2012（4）.

[64] 姜振波. 简论八里城遗址历史沿革及价值[J]. 黑龙江史志，2013（11）.

[65] 王培新. 渤海早期王城研究中的几个问题[J]. 中国边疆史地研究，

2013（6）.

[66] 李强，白淼.西古城性质研究——以考古资料获取的城址形制和功能为切入点[J].北方文物，2014（11）.

[67] 陈永亮."东北亚陆海丝绸之路"：基于历史和现实的探讨[J].满族研究，2015（4）.

[68] 栾凡.明代女真商人与东北亚丝绸之路[J].东北史地，2015（6）.

[69] 佟大群.清代东北亚丝绸之路研究中的几个重要问题[J].东北史地，2015（6）.

[70] 彭善国.吉林前郭塔虎城为金代肇州新证[J].社会科学战线，2015（10）.

[71] 王禹浪.黑龙江省通河县太平屯古城考[J].北方文物，1985（2）.

[72] 王禹浪.哈尔滨城史纪元初步研究[J].北方文物，1993（3）.

[73] 王禹浪.靺鞨黑水部地理分布初探[J].北方文物，1997（1）.

[74] 王禹浪，寇博文.金代猛安谋克官印研究述评[J].黑龙江民族丛刊，2005（5）.

[75] 王禹浪，王俊铮.中日关于旅顺唐鸿胪井刻石研究综述[J].黑龙江民族丛刊，2015（3）.

[76] 王禹浪，王俊铮.黑水靺鞨地理分布研究综述[J].哈尔滨学院学报，2015（4）.

[77] 王禹浪，王俊铮.唐黑水都督府研究概述[J].东北史地，2015（4）.

[78] 王禹浪，王俊铮.牡丹江、延边地区渤海国历史遗迹考察纪行[J].黑河学院学报，2015（6）.

[79] 王禹浪，王俊铮.我国历史文献中所见黑水靺鞨概述[J].哈尔滨学院学报，2015（8）.

[80] （俄）C.П.涅斯捷罗夫，等.俄罗斯黑龙江中游左岸的帽子山古城[J].黑河学院学报，2016（1）.

[81] 王禹浪，王俊铮.辽东半岛汉墓的类型、文化特征及影响[J].大连大学学报，2016（4）.

[82] 王禹浪，王俊铮，王天姿.黑龙江流域古代民族筑城研究综述（一）[J].黑

河学院学报，2016年6期．

[83] 王禹浪，王俊铮.汉代辽东郡沓氏县、东沓县、沓津合考[J].黑龙江民族丛刊，2016（6）．

[84] 王禹浪，谢春河，王俊铮.黑龙江流域黑河地区古代民族筑城初步研究[J].哈尔滨学院学报，2017（12）．

[85] 王禹浪，都永浩.渤海国东牟山考辨[J].黑龙江民族丛刊，2000（2）．

[86] 吉林省文物考古研究所，俄罗斯科学院远东分院远东民族历史·考古·民族研究所.2011年俄罗斯滨海边疆区克拉斯基诺城址考古勘探报告[J].北方考古，2016（2）．

[87] 吴树国.辽代鹰路起点考辨[J].北方文物，2016（3）．

[88] 刘冠缨.金上京城历史沿革及形制特点[J].学问，2016（5）．

[89] 魏国忠.黑水靺鞨人的再度勃兴与勃利州、黑水府的相继建立[J].黑河学院学报，2016（6）．

[90] 颜祥林.关于金代肇州海西西陆路部分驿站的考证[J].大庆社会科学，2016（4）．

[91] 佟大群.东北亚丝绸之路发展历程考察[J].学问，2017（1）．

[92] 霍川，霍巍.汉晋时期藏西"高原丝绸之路"的开通及其历史意义[J].西藏大学学报（社会科学版），2017（1）．

[93] 范恩实.从历史学、考古学、民族学的多重视角看室韦起源问题[J].黑龙江民族丛刊，2017（2）．

[94] 刘城.黑河老羌城为室韦国王城初探[J].黑河学刊2017（3）．

[95] 穆鑫臣，潘彩虹."驿路"与"国家化"——论明代"海西东水陆城站"丝绸古道[J].广西民族大学学报（哲学社会科学版），2017（5）．

[96] 崔向东.东北亚走廊与丝绸之路研究论纲[J].广西民族大学学报（哲学社会科学版），2017（5）．

[97] 王勇，秦利.东北亚丝绸之路的历史演变与柞蚕产业发展的思考[J].蚕业科

学，2017（7）.

[98] 霍巍. "高原丝绸之路"的形成、发展及其历史意义[J]. 社会科学家，2017
（11）.

[99] 陈拴柱. 博格达乌拉石刻考证[J]. 中国文物报，2017（5）.

[100] 吕国明，李学明. 金代肇州城考略[J]. 大庆社会科学，2020（2）.

[101] 赵永春. 中华民族共同体视域下金人的"中国"历史认同——以大金德
运图说为中心的讨论[J]. 陕西师范大学学报（哲学社会科学版），2022
（1）.

[102] [俄]Д． Π．博尔金，等. 阿穆尔州布里亚奇诺村古城与墓葬研究成果[J]. 西
伯利亚及邻近地区的考古学、民族学、人类学问题. 新西伯利亚，1998.

学位论文

[1] 李钟洙. 夫余文化研究[D]. 长春：吉林大学，2004.

[2] 李方昊. 金朝府州研究[D]. 长春：吉林大学，2016.

[3] 赵里萌. 中国东北地区辽金元城址的考古学研究[D]. 长春：吉林大学，2019.